Der Übergang Schule–Beruf

Beiträge zur Beratung in der Erwachsenenbildung und außerschulischen Jugendbildung

herausgegeben von
Ursula Sauer-Schiffer

Band 3

Waxmann 2010
Münster / New York / München / Berlin

Ursula Sauer-Schiffer
Tim Brüggemann (Hrsg.)

Der Übergang Schule–Beruf
Beratung als pädagogische Intervention

Waxmann 2010
Münster / New York / München / Berlin

Bibliografische Informationen der Deutschen Nationalbibliothek
Die Deutsche Nationalbibliothek verzeichnet diese Publikation in
der Deutschen Nationalbibliografie; detaillierte bibliografische Daten
sind im Internet über http://dnb.d-nb.de abrufbar.

**Beiträge zur Beratung in der Erwachsenenbildung
und außerschulischen Jugendbildung, Band 3**

ISBN 978-3-8309-2297-1
ISSN 1613-7744

© Waxmann Verlag GmbH, Münster 2010

www.waxmann.com
info@waxmann.com

Umschlaggestaltung: Christian Averbeck, Münster
Druck: Hubert & Co., Göttingen
Gedruckt auf alterungsbeständigem Papier, säurefrei gemäß ISO 9706

Inhalt

Vorworte

Theoretische Impulse

Aus und für die pädagogische Praxis

Vorwort
der Bundesministerin für Bildung und Forschung

Eine Berufsausbildung eröffnet jungen Menschen den Weg zu einer selbstständigen Lebensführung. Sie ist der Schlüssel für einen erfolgreichen Einstieg in das Berufsleben und stellt nach wie vor die beste Versicherung gegen Arbeitslosigkeit dar. Unser Ziel in der beruflichen Ausbildung ist es deshalb, allen Jugendlichen Zukunftschancen durch eine Ausbildung zu eröffnen.

Deutschland ist das Land der Innovationen in Industrie, Handwerk und den immer wichtiger werdenden wissensintensiven Dienstleistungen. Unser Wohlstand beruht auf Ideen und der Kreativität engagierter Wissenschaftler, Ingenieure, Facharbeiter und Fachangestellter. Wirtschaft und Verwaltung sind auf gut ausgebildete Fachkräfte angewiesen, um sich im globalen Wettbewerb behaupten zu können. Angesichts des demografischen Wandels brauchen wir jeden jungen Menschen mit seinen Talenten und Fähigkeiten.

Jedes Jahr verlassen rund 80.000 Schüler die Schule ohne einen Abschluss. Jeder sechste junge Erwachsene im Alter zwischen 20 und 29 Jahren hat keinen Berufsabschluss. Jeder Einzelne von ihnen ist einer zu viel. Wir gehen in unserer Gesellschaft ein hohes, auch ökonomisches Risiko ein, wenn es uns nicht gelingt, diese jungen Menschen zu integrieren und teilhaben zu lassen an gesellschaftlichen Prozessen und am Wohlstand unseres Landes.

Deshalb haben sich die Regierungschefs von Bund und Ländern auf dem Bildungsgipfel im Oktober 2008 darauf verständigt, die Zahl der Schulabbrecher und die Zahl der jungen Erwachsenen ohne Berufsabschluss bis zum Jahr 2015 zu halbieren. Mit der Qualifizierungsinitiative für Deutschland haben wir ein Maßnahmenpaket für Bildung beschlossen, das in der Geschichte der Bundesrepublik einmalig ist. Wir wollen im Jahr 2015 zehn Prozent des Bruttoinlandsproduktes in Deutschland in Bildung und Forschung investieren. Dieses Ziel steht für eine enorme Kraftanstrengung aller Beteiligten –

der Bundesregierung, der Länder und Kommunen, aber auch der Unternehmen, der Zivilgesellschaft und jedes Einzelnen.

In den vergangenen Jahren haben sich Berufseinmündungswege junger Menschen weiter ausdifferenziert. Für viele sind die Einstiegswege von der Schule in Ausbildung und Arbeit aufwändiger, langwieriger und komplexer geworden. Insbesondere gilt dies für Jugendliche mit niedrigen oder fehlenden Schulabschlüssen, von denen viele einen Migrationshintergrund haben. Wo das Elternhaus nicht die notwendige Orientierung, Förderung und Rückhalt bieten kann, ist die Gesellschaft gefragt und gefordert zu unterstützen. Damit mehr Jugendliche in Schule und bei der Ausbildungsplatzsuche erfolgreich sind, kommt einem breit angelegten, gezielten und individuell zugeschnittenen Übergangsmanagement zwischen Schule und Beruf zentrale Bedeutung zu.

Wegen der steigenden Qualifikationsanforderungen der Betriebe und der deshalb strengeren Auswahlkriterien sind viele Jugendliche der Konkurrenzsituation am Ausbildungsstellenmarkt nicht gewachsen. Wie der zweite nationale Bildungsbericht 2008 zeigt, gelingt einem wachsenden Anteil der Jugendlichen der direkte Weg in eine reguläre Ausbildung im bewährten dualen System der Berufsausbildung in Deutschland nicht. Je nach Art des sozialen Herkunftsmilieus und der spezifischen Gegebenheiten auf dem regionalen Ausbildungsstellenmarkt sind gelingende Übergänge deshalb vor Ort ungleich verteilt.

Deshalb ist die optimale Gestaltung von Übergängen, von Einstiegswegen in Ausbildung und Arbeit in das Zentrum bildungs- und sozialpolitischer Aufmerksamkeit gerückt. Alle Erfahrungen und Erkenntnisse zeichnen ein klares Bild: Ungeachtet der rechtlichen Zuständigkeiten kommt der kommunalen Ebene, der Region bzw. der Stadt, das heißt allen Verantwortlichen vor Ort, eine große Verantwortung für die Steuerung und Planung von Bildungsprozessen und für die Gestaltung der Übergangswege zu. Immer mehr Kommunen sehen darin eine Chance und machen sich die Gestaltung von lokalen Bildungslandschaften und die Restrukturierung des beruflichen Übergangssystems vor Ort zur Aufgabe. In den vergangenen Jahren sind dazu eine Vielzahl unterschiedlicher Projekte und Förderprogramme angestoßen worden.

Erfolge erzielen wir dort, wo der Bürgermeister einer Stadt die Eröffnung von Zukunftschancen für Jugendliche, die abzurutschen drohen, zur Chefsache macht; dort, wo jeder seinen Beitrag leistet – ob Wohlfahrtseinrichtungen, Jugendhilfe, Unternehmerinnen und Unternehmer, Stiftungen, Vereine; dort, wo einzelne engagierte Bürger sich kümmern, damit Aufstieg durch Bildung möglich wird.

Das Bundesministerium für Bildung und Forschung unterstützt mit dem Programm „Perspektive Berufsabschluss" gezielt sechzehn Städte und elf Landkreise, die sich der Aufgabe stellen, den Übergang von der allgemeinbildenden Schule in die Berufsausbildung für die Jugendlichen in ihrer Region systematisch transparent zu gestalten.

Gerade für Jugendliche, die sich schwertun in der Schule, ist eine passgenaue Berufsorientierung noch während der Schulzeit besonders wichtig, um sich frühzeitig eigene Vorstellungen über die berufliche Zukunft machen zu können und sich so Perspektiven zu eröffnen. Ergänzend zur Berufsberatung und -orientierung in den Schulen hat das Bundesministerium für Bildung und Forschung deshalb im Rahmen der Qualifizierungsinitiative das Programm „Maßnahmen zur Verbesserung der Berufsorientierung" gestartet. Allein bis Ende dieses Jahres werden rund 70.000 Schülerinnen und Schüler einen ersten Einblick in verschiedene Berufe gewinnen, indem sie unter Anleitung von erfahrenen Berufspraktikern in überbetrieblichen Berufsbildungsstätten und vergleichbaren Einrichtungen ihre persönlichen Fähigkeiten und Stärken konkret ausprobieren können.

Die optimale Gestaltung des Übergangssystems mit einer Vielzahl unterschiedlicher berufsvorbereitender Maßnahmen verschiedener Akteure bleibt eine Aufgabe, der sich die Bundesregierung auch in Zukunft verstärkt widmen wird. Bildungsgerechtigkeit bedeutet nicht den Einheitsweg für alle, sondern eine große Vielfalt an Bildungswegen, die den Vorstellungen und Fähigkeiten jedes Einzelnen gerecht werden. Nur so haben alle Jugendlichen eine Chance zum Aufstieg durch Bildung. Nur so wird Deutschlands Wirtschaft auch in Zukunft mit gut ausgebildeten Fachkräften weltweit in der ersten Liga mitspielen.

Prof. Dr. Annette Schavan, MdB

Vorwort von John Erpenbeck
Übergang als Untergang?

Lesen *Sie* solche Textsammlungen gern, deren Autoren man mehrheitlich nicht kennt, deren Inhalte einen ziemlich breiten Bereich überstreichen, deren Qualität äußerst inhomogen ist? Ich auch nicht. Deshalb meine Empfehlung: Lesen Sie *diese* Texte. Sie sind es wert. Ich will den schmalen Raum des Vorworts nutzen, um zu begründen, warum.

Den *ersten* und einfachsten Grund benennen die Herausgeber selbst: Die Vorbereitung auf den Übergang Schule–Beruf ist für *alle* Jugendlichen von Bedeutung. Jeder von uns, jeder Autor, jeder Leser, jeder Erwachsene war oder ist einer dieser Jugendlichen. Das Thema geht einfach alle etwas an. Was freilich auch eine der Schwierigkeiten ausmacht. Jedermann hat etwas dazu zu sagen, umso mehr jede Frau.

Damit ist bereits ein *zweiter* Grund berührt. Es gibt sehr viele, sehr unterschiedliche, sehr unterschiedlich gestaltete und gestaltbare Übergänge. Eine gewisse Ordnung und Klassifikation dieser Übergänge und der entsprechenden Beratungsmöglichkeiten tut not. Am Beispiel des Übergangs Schule–Beruf gelingt dem Spektrum der unterschiedlichsten, hier zu Wort kommenden, Autoren genau dies. Besonders im theoretischen Teil findet der Leser zahlreiche systematisierende, einleuchtende Ansätze für eine solche Ordnung. Sicher steht die große, mehrheitlich akzeptierte Systematik solcher Übergänge noch aus. Aber gerade deshalb ist diese Textsammlung so wichtig.

Mit dem Stichwort Spektrum ist ein *dritter* Grund namhaft gemacht, der den Leser auf die Texte neugierig machen sollte. Es handelt sich weder um ein abgehobenes Theoretisieren noch um ein in Beispielen steckenbleibendes Empirisieren. Theoretisch kann man viel behaupten. Mit Beispielen kann man alles beweisen. Dadurch, dass hier viele unterschiedliche Akteure – aus Wissenschaft, Praxis und Politik – mitwirken, dadurch dass die Theorie stets praktisch untermauert, die Praxis stets theoretisch fundiert ist, entziehen sich die Texte ausdeutbarer Beliebigkeit und sind als Grundstock jener anzustrebenden Systematik zu lesen, weisen also über sich selbst hinaus.

Ein *vierter* Grund liegt in der stupenden praktisch-politischen Bedeutung des Themas und geht Schule, außerschulische Jugendarbeit, Erwachsenenbildung und Politik gleichermaßen an. Jeder nicht gelungene Übergang fordert in der Folge immense monetäre, soziale und psychische Kosten, wirkt angesichts all der demografischen, interkulturellen, wissensgesellschaftlichen Veränderungen, vor denen Europa ohnehin steht, verheerend. Auch ein gutes Übergangsmanagement kann diese Kosten nicht vermeiden. Aber es kann sie deutlich verringern.

Damit ist es an der Zeit, die hoffentlich auf Widerspruch stoßende Überschrift zu rechtfertigen und einen abschließenden und entscheidenden *fünften* Grund für die Notwendigkeit dieser Textsammlung hinzuzufügen.

Zum einen und ganz vordergründig ist der Übergang ein Untergang für all jene, die ihn nicht schaffen. Die arbeitslos werden und bleiben, die in einer Ausbildung versagen, die eine Ausbildung oder ein Studium abbrechen. Die *objektiv* versagen, weil sie den Übergang aus sozialen, sprachlichen, geistigen Gründen allein nicht schaffen, deren soziale Herkunft, Migrationshintergrund oder maskulines Geschlecht sie für einen Untergang risikohaft prädestiniert und bei denen *kein* helfendes Management eingreift. Die *subjektiv* versagen, weil sie dem doppelten Druck von sozialen Anforderungen und sozialen Diskriminierungen nicht standhalten, die physisch und psychisch schlapp machen. Völlig zurecht widmet sich ein großer Teil des Bandes dem Übergangsmanagement bei solchen Risikokonstellationen und -gruppen.

Zum anderen, und in einem viel breiteren Maße, ist der Übergang ein Untergang auf Raten für das weitgehend inputorientierte Schulsystem. Das wird nur deshalb nicht so deutlich, weil immer noch die Mehrheit der Jugendlichen in Ausbildung und Beruf schnell lernt, von der Input- zur Outputorientierung umzuschalten, weil sie begreifen lernt, dass nun Können und nicht reproduzierbares Wissen gefragt ist, dass der Zug unaufhaltsam von Pisa nach Bologna unterwegs ist. Schule vermittelt viel Wissen und wenig Kompetenz, Berufe brauchen viel Kompetenz und nicht weniger, sicher sogar mehr Wissen – aber eingeschmolzen in Kompetenzen. Dabei kann man unter Kompetenzen grob die Fähigkeiten begreifen, selbstorganisiert und kreativ handeln zu können. Diese Fähigkeiten sind keineswegs nur in Führungspositionen gefragt, sondern zunehmend auch in einfachsten Arbeitstätigkeiten. Ja, gerade Menschen mit mangelhafter Schulbildung und ohne Abschlüsse erweisen sich in komplizierten, schnelle Entscheidungen fordernden Handlungssituationen oft als viel kompetenter als ihre eingelernt-analytisch vorgehenden Kollegen. Die großen Erfolge des Übergangsmanagements der CJDs zeigen beispielhaft, dass formale Wissensabschlüsse nur ein Teil der wirklichen Kompetenzen sind, die auf ganz andere Weise als durch Wissensvermittlung erworben werden.

An diesem Punkt setzen zurecht zahlreiche Beiträge in diesem Band an. Wissen allein führt zu keiner Handlungsfähigkeit. Den Kern von Kompetenzen bilden, wie man zeigen kann, zu eigenen Emotionen und Motivationen interiorisierte Wertungen (Werte), um das richtige Wissen und die richtigen Qualifikationen zum erfolgreichen Handeln aussieben und willensmäßig umsetzen zu können. Wertungen (Werte) können nicht wie Sachwissen vermittelt werden; sie sind dann „bloß gelernt", aber nicht handlungswirksam. Der Interiorisationsprozess von Wertungen (Werten) aber bedarf der emotionalen Labilisierung, um gelingen zu können. Erlebnislernen, Erfahrungslernen, situiertes Lernen, Expertiselernen sind die in diesem Zusammenhang fälligen Stichworte. Hinsichtlich der pädagogisch gesetzten emotionalen Labilisierung als Voraussetzung jeglicher Kompetenzentwicklung versagt die traditionelle Schulbildung.

Wenn die hier vorgelegten, lesenswerten Texte dazu beitrügen, dass der Übergang Schule–Beruf immer seltener zum Untergang führt, hätten sie ihr wichtigstes Ziel schon erreicht.

Prof. Dr. John Erpenbeck

Einführung der Herausgeber
Übergangsmanagement: Beratung am Übergang Schule–Beruf

Die beruflichen Problemlagen unserer Gesellschaft – vom demografischen Wandel über mangelnde Ausbildungsreife, mutlose Jugendliche hinsichtlich ihrer beruflichen Aussichten über zu hohe Abbruchquoten in Ausbildung und im Studium bis hin zu dem immer größer werdenden Anteil von jungen Menschen, die jährlich im sozialen Netz gänzlich „verschwinden" – drängen zum Handeln. Die Kosten für die Betreuung von Jugendlichen in der Nachsorge des Übergangssystems liegen mittlerweile weit über den Kosten, die ein gut durchdachter präventiver Beratungsprozess im Übergangsmanagement Schule–Beruf benötigen würde.

Übergangsmanagement minimiert aber nicht nur Kosten, es bietet auch die Möglichkeit, die vielfach geforderte Chancengleichheit wieder herzustellen, denn die Vorbereitung auf den Übergang Schule–Beruf ist für *alle* Jugendlichen von Bedeutung. Die erste berufliche Schwelle ist eine individuelle, gesellschaftspolitische wie pädagogische Herausforderung. Ein Grund mehr, den Jugendlichen frühzeitig und langfristig in Form von Beratung bei ihrer Lebens- und Berufsplanung zur Seite zu stehen, und zwar individuell auf ihre jeweiligen Bedürfnisse abgestimmt.

Die zunehmende politische Relevanz eines Übergangsmanagements Schule–Beruf wird deutlich, schaut man sich diverse nationale wie europäische Förderinitiativen an oder zieht den Bildungsbericht 2008 heran, der dieses Themenfeld zu seinem Schwerpunkt erklärt.
In Deutschland bietet sich jedoch derzeit ein Bild eines unstrukturierten und punktuell aktivierten Konglomerats von Maßnahmen zum Übergangsmanagement. Je nach Förderlage und politischem Kalkül sprießen regionale Projekte und Initiativen aus dem Boden, die oft nach kürzester Zeit wieder eingestellt oder durch andere Maßnahmen ersetzt werden. Weder für die betroffenen Zielgruppen der Schüler, Lehrer und Eltern noch für die mit der

professionellen Umsetzung solcher Maßnahmen und Instrumente betrauten Institutionen ist dieser Dschungel zu überblicken oder zu durchschauen. Der Übergang von der Regelschule in ein Anschlussverhältnis wie Ausbildung oder Studium ist für junge Menschen eher durch Zufall und Glück bestimmt als durch Systematik und individuelle Förderung.

Die Reihe „Beiträge zur Beratung in der Erwachsenenbildung und außerschulischen Jugendbildung" nimmt aktuelle Entwicklungen im Bereich der pädagogischen Beratung auf und bietet damit einen Rahmen für innovative theorie- und praxisgeleitete Publikationen aus beratungsrelevanten Themenfeldern wie Bildung, Lernen und Organisation.

Der dritte Band richtet seinen Fokus auf die Beratung am Übergang Schule–Beruf. Ziel ist es, die beraterischen Interventionen am Übergang von der Schulausbildung zur Berufsausbildung zu systematisieren. Die Publikation gibt Einblicke in aktuelle theoretische Aspekte der Beratung am Übergang und präsentiert ausgesuchte konkrete Konzepte, Modelle und Instrumente aus der Praxis. Durch die Skizzierung des relevanten wissenschaftlichen wie praktischen Status quo sollen konkrete Handlungsimpulse für die weitere Professionalisierung dieses Beratungsfeldes geliefert werden. Autoren aus Wissenschaft, Politik und Praxis beschreiben ihr Verständnis von qualitativ hochwertigem Übergangsmanagement und stellen aktuelle Projekte und Initiativen zur beruflichen Beratung vor.

Die Beiträge im Überblick:
Die theoretischen Impulse zum Themenkomplex Beratung am Übergang Schule–Beruf leitet Ursula Sauer-Schiffer mit ihrem Beitrag zur „Beratungskompetenz für die pädagogische Intervention am Übergang" ein. Die Autorin nimmt eine theoretische Einbettung der Beratungsarbeit in die erwachsenen- und berufspädagogische Lebenslauf- und Laufbahnberatungsdebatte vor und zeigt damit die Breite und die Vielfalt des Feldes auf, was sich auch in den Beiträgen dieses Bandes niederschlägt. Auf der Grundlage einer Theorie der Beratung am Übergang beschreibt sie die fachlich-inhaltliche und die fachlich-methodische Beratungskompetenz für eine professionelle Beratungsarbeit am Übergang.

Der Beitrag von Tim Brüggemann leitet in den Themenkomplex des Übergangsmanagements ein. Dabei weist Brüggemann auf die Tatsache hin, dass ein systematischer Überblick über Beratungsmöglichkeiten an Übergängen vollkommen fehlt und dass die Forschung zum Übergangsmanagement erst am Anfang steht. Tim Brüggemann liefert erste Ansätze einer Theorie des Übergangsmanagements und bietet so eine Einordnung und Systematisierung dieses breiten Feldes.

Matthias Rübner greift die aktuelle nationale und internationale Diskussion um Beratung im Kontext von Bildung und Beruf auf. Aufgrund der neuen Anforderungen an die Qualität und Professionalität wurde eine Beratungskonzeption der Bundesagentur für Arbeit entwickelt, die Matthias Rübner hier vorstellt. Der Autor analysiert zwei für den Übergang relevante Beratungsformate der Bundesagentur für Arbeit: die Orientierungs- und Entscheidungsberatung sowie die integrationsbegleitende Beratung.

Im Fokus des Beitrages von Jochen Tscheulin, Lars Castellucci und Kirstin Hein stehen Jugendliche mit eher niedrigem formalen Qualifikationsniveau, bei denen jedoch gerade „verborgene Talente" liegen – so die wertschätzende These der Autoren. Der Beitrag zeichnet sich nicht nur durch den vollkommen anderen Blick auf die Jugendlichen aus. Die Autoren gehen davon aus, dass ein erfolgreiches Übergangsmanagement nur als Netzwerk vieler Akteure (Schule, Unternehmen, Politik, Arbeitsagenturen, Eltern, Ehrenamtliche etc.) funktioniert. Dieser Beitrag liefert mit den Ausführungen zu einem systematischen Netzwerkmanagement einen wichtigen bildungspolitischen Theorieimpuls für die Beratungsarbeit am Übergang.

Elisabeth Fuchs-Brüninghoff fokussiert in ihrem Beitrag auf den Berater oder den Begleiter im Beratungsprozess. Sie geht von der These aus, dass es eine anspruchsvolle Aufgabe von Bildungs- und Beratungsarbeit sei, Jugendliche dabei zu begleiten, einen Beruf zu finden, der ihr Selbstwertgefühl stärkt und zur Identitätsbildung beiträgt. Die Autorin beschreibt in ihrem Beitrag mögliche identitätsstiftende Interventionen und liefert somit praktische und theoretische Impulse für Begleiter und professionelle Berater am Übergang.

Martina Nohl diskutiert in ihrem Beitrag „Laufbahnberatung als pädagogische Übergangsberatung" die Beratung an Übergängen als genuin gezielte pädagogische Intervention, die Aufklärungs-, Bildungs- und Edukationsmöglichkeiten beinhalte. Besonders interessant und für die erziehungswissenschaftliche Fachdiskussion aufschlussreich ist die kritische theoretische Reflexion der (pädagogischen und erwachsenenpädagogischen) Fachdiskussion um Ansätze der Laufbahnberatung. Mit dem Zürich-Mainzer Modell stellt sie ein erprobtes und erfolgreiches Modell vor, das den aktuellen Anforderungen an eine „neue" Laufbahnberatung entspricht.

Die beiden letzten theoretischen Impulse befassen sich mit Berufsorientierungsmodellen, in denen die Beratung am Übergang nicht explizit im Mittelpunkt steht, die jedoch wichtige theoretische Impulse zum fachlich-inhaltlichen Kontextwissen (s. Beitrag Sauer-Schiffer in diesem Buch) zum Übergang Schule–Beruf liefern.

Das Team der Universität Erfurt um Katja Driesel-Lange, Ernst Hany, Bärbel Kracke und Nicola Schindler stellt in seinem Beitrag das „Thüringer Berufsorientierungsmodell" vor, das auf Anregung des Thüringer Kultusministeriums als Rahmenmodell zur Qualitätssicherung an Thüringer Schulen erarbeitet wurde. Der Fokus und die theoretische Fundierung des „Kompetenzentwicklungsmodells für die schulische Berufsorientierung" liegen auf der Selbststeuerung als Entwicklungsprinzip. Interessante Einblicke bieten hier die entwicklungspsychologischen Ansätze aus der Lebensspannenperspektive. Die Besonderheit dieses Modells: die Entwicklung von spezifischen Messverfahren, mit denen das Modell überprüft und die Wirkung schulischer Berufsorientierung erfasst werden kann.

Das Team der Pädagogischen Hochschule Karlsruhe, Eberhard Jung und Aline Oesterle, beschreibt die Entwicklung eines Strukturmodells für ein beruflich-orientiertes Selbstkonzept an der ersten Schwelle zum Ausbildungssystem. Ihr wissenschaftlicher Schwerpunkt liegt in der theoretischen Fundierung von Arbeits- und Berufsfindungskompetenzen und in der Entwicklung eines Kompetenzmodells zur Ausbildungsfähigkeit. Die Besonderheit dieses Modells ist der Fokus auf unterrichtlich-didaktische Aspekte.

Die Impulse aus und für die Praxis sollen Anregungen nicht nur für Praktiker, sondern auch für Theoretiker bieten. Es existieren viele gute Ansätze in der Praxis, was eine Auswahl schwer macht. Die Herausgeber hoffen, mit der Auswahl an „Best Practice"-Beispielen eine interessante und anregende Grundlage für Fachdiskussionen zur Verfügung zu stellen. Anzumerken bleibt: In fast allen Beiträgen aus der Praxis geht es in erster Linie um die Gestaltung des Übergangs und nicht um eine explizite Darstellung der Beratungsarbeit am Übergang.

Die Beiträge aus und für die pädagogische Praxis leitet Roland Herzog (Jugendbildungsstätte Königsdorf in Bayern) mit einer Projektbeschreibung zur Berufsorientierung ein. Das Projekt wird als Gemeinschaftsaufgabe mit Verankerung in der Kommune gesehen. Zielgruppe sind Hauptschüler ab Klasse sieben.

Vernetztes Arbeiten zur ganzheitlichen Förderung Jugendlicher steht im Mittelpunkt des Beitrages des Autorenteams Isabel Biegel, Jürgen Dillmann, Sibylle Groh, Dorothee Karl und Jürgen Udwari. Neben einer theoretischen Verortung beschreiben sie mit dem Kooperativen Übergangsmanagement Schule–Beruf KÜM ein ganzheitliches und integratives Ausbildungsfähigkeitskonzept, das in der Metropolregion Rhein-Neckar seit 2007 durchgeführt wird.

Elisabeth Buschmann beschreibt in ihrem Beitrag „Berufswahlorientierung im Rhein-Erft-Kreis" den Potentialcheck als integratives Element in der Berufswahlorientierung. Zielgruppen dieses Projektes sind insbesondere Hauptschüler, aber auch Realschüler, die im System der Schule gefördert werden.

Bernhard Buchta und Thomas Wagenfeld legen den Schwerpunkt ihres Beitrags auf die Arbeit mit Hauptschülern. Hier wird ein integriertes Konzept zur Berufswahlorientierung für die 7.–10. Jahrgangsstufe vorgestellt. Interessant ist das Konzept, weil es aus der Praxis für die Praxis entstanden ist und von Berufswahlkoordinatoren und Lehrern gemeinsam entwickelt wurde.

Jürgen Lange stellt mit dem Projekt SchuB – Übergang Schule–Beruf ein innovatives Modell vor, das ehrenamtlich tätige Ruheständler aus unterschiedlichen Berufsgruppen in den Prozess der Berufswahlorientierung einbindet. Die Einbindung älterer Praktikerinnen und Praktiker ist nur einer von vielen interessanten und zukunftsleitenden Aspekten, die in diesem Beitrag beschrieben werden.

Katja Birkner und Björn Müller-Bohlen beschreiben spezifische (Seminar- und Bildungs-)Angebote für Gruppen aus Förder- und Hauptschulen und Berufskollegs. In ihrem Beitrag werden kurzzeitpädagogische Seminarkonzepte zum Übergangsmanagement vorgestellt, deren Fokus und Grundlage die Persönlichkeitsbildung ist.

Fred Schelp (Stadtbibliothek Bielefeld) skizziert in seinem Beitrag zur „Rolle der Stadtbibliotheken in der Berufsorientierung" ein innovatives Projekt. Vorgestellt werden verschiedene Angebote der Berufsorientierung in Bibliotheken: Praktika, Mitarbeit in ehrenamtlichen Bibliotheken, Job-und-Karrierebibliothek, spez. Bibliotheksführungen. Interessant sind die Beschreibung der Erfahrungen und die Erkenntnisse aus den Angeboten.

Die in diesem Buch dargestellten Inhalte und Aspekte wollen wir als Impulse verstanden wissen, um die bundesweite Diskussion in diesem Themenfeld in politischer, wissenschaftlicher und praktischer Dimension weiter voranzutreiben. Wir hoffen einen ersten Baustein in der neuen Ära des Übergangsmanagements Schule–Beruf gelegt zu haben und wünschen uns weiterhin eine konstruktive Zusammenarbeit und Vernetzung aller Akteure im Feld der Berufsorientierung.

Münster, im Januar 2010
Ursula Sauer-Schiffer und Tim Brüggemann

Ursula Sauer-Schiffer

Beratungskompetenz für die pädagogische Intervention am Übergang

0. Vorwort

Im Laufe der Recherche zu diesem Beitrag bin ich auf einen Zeitungsartikel aus meiner eigenen Schulzeit gestoßen. Der Anlass des Artikels war das bestandene Abitur des Jahrgangs 1976 an einem Gymnasium im ländlichen Sauerland. Damals, so der Zeitungsartikel, entließ man uns Pennäler mit einem Vortrag über „Die Intellektuellen und die Politik" in eine Zukunft, „in die man mit realistischem Blick durchaus noch vertrauensvoll schauen könne" (Westfalenpost v. 17. Juni 1976).

Im Anschluss des Zeitungsartikels wurden alle Namen der 47 Abiturientinnen und Abiturienten der drei Abschlussklassen (die noch „nach altbewährtem System" unterrichtet wurden) aufgeführt. Aus der Rückschau war Folgendes interessant: Hinter vielen Namen war der Berufswunsch zu lesen. Jeder hatte relativ klare Vorstellungen von der Zukunft, die bis auf wenige Ausnahmen ein Universitätsstudium beinhalten und dann in einen akademischen Beruf führen sollte. Die Angabe der Berufswünsche war nicht sehr einfallsreich, wollte doch die Mehrzahl der Abiturienten in den Lehrberuf.

Die damalige Vorstellung einer erfolgreichen Berufsbiografie, die mit einem bestandenen Abitur begann, sollte sich im erfolgreichen Studium fortsetzen und daran anschließend in einen akademischen Beruf führen. Der Übergang von der Schule zum Studium oder in die Ausbildung war an dieser Vorstellung orientiert. Darum verlief der Übergang unaufgeregt linear, mehr oder weniger unreflektiert und aus heutiger Sicht an den Möglichkeiten und Grenzen des Umfeldes orientiert.

Aber: Damals im Jahre 1976 ahnte noch niemand, dass den Abiturienten von 1976 und Absolventen der Lehramtsstudiengänge der 1980er-Jahre der Weg in die Schulen lange Jahre versperrt blieb und sie sich beruflich „umorientieren" mussten.

Ein Abituriententreffen 30 Jahre später zeigte, dass in der Tat für viele der damaligen Abiturienten der angestrebte (Lehr-)Beruf nach einem erfolgreichen Studium verschlossen blieb. Eine reibungslose Abfolge von Abitur, (Lehramts-)Studium bzw. berufsvorbereitender Phase (Referendariat) und Erwerbstätigkeit in einem einzigen Beruf (Festanstellung als Lehrer) gab es für die meisten der Abiturienten dieses Jahrgangs nicht.

Die Planungssicherheit in Bezug auf den Beruf, wie es der Zeitungsartikel aus 1976 suggeriert, gibt (und gab) es nicht mehr, da „die Bedingungen der eigenen Arbeit zunehmend von Faktoren abhängen, die der eigenen Kontrolle entzogen sind." (Lang-von Wins & Triebel 2006, S. 8).

Diese Überlegungen sind der Ausgangspunkt für die nachfolgenden Ausführungen zur Beratungskompetenz beim Übergang von der Schule in den Beruf bzw. ins Studium: Anders als vor 40 Jahren stehen junge Menschen heute vor der Situation einer zunehmend offenen Berufs- und Lebenslaufbahn. Die Normalerwerbsbiografie gibt es schon lange nicht mehr. Häufiger Berufs- und Branchenwechsel sind die Kennzeichen einer „modernen" Erwerbsbiografie.

Anders als vor 40 Jahren sind Pädagogen und Verantwortliche angesichts der Veränderungen diesseits und jenseits des Übergangs gefordert, den Übergang professionell zu gestalten. Der Hinweis auf den erfolgreichen Schulabschluss als sichere Ausgangslage für einen erfolgreichen Berufseinstieg oder die „erfolgreiche" Aufnahme eines Studiums reichen bei weitem nicht mehr als Unterstützung aus.

Anders als vor 40 Jahren gilt es, den Übergang von der Schule in den Beruf oder das Studium nicht als punktuelles Ereignis zu betrachten, sondern als eine längere Phase, die es zu gestalten gilt.

1. Einleitung: Beratungskompetenz für die pädagogische Intervention am Übergang

Die Gestaltung des Übergangs von der Schule in den Beruf oder das Studium hat in den letzten Jahren in Deutschland hohe Aufmerksamkeit erfahren. Heute gilt, dass angesichts komplexer und unübersichtlicher werdender Lebens- und Berufsmöglichkeiten insbesondere der Übergang einer professionellen Begleitung bedarf. Beratung als eine Form professionellen pädagogischen Handelns ist eine von verschiedenen Möglichkeiten, diesen Prozess des Übergangs zu begleiten.

Die Diskussionen und auch die wissenschaftlichen Auseinandersetzungen um die persönliche und berufliche Orientierung von jungen Menschen sind nicht neu. Allerdings setzten sie bisher immer an den beiden Polen diesseits und jenseits des Übergangs, an der Schule oder dem Beruf bzw. dem Studium, an. Das Neue an den heutigen Ansätzen ist, dass der Übergang nun selbst in den Fokus rückt.

Hier einige Szenarien auf den Übergang aus unterschiedlichen Blickwinkeln:

- Aus der Perspektive von Jugendlichen oder jungen Erwachsenen stellt der Übergang von der Schule in den Beruf bzw. in das Studium eine Herausforderung dar, den jede und jeder individuell bewältigen muss. Im Laufe der Schullaufbahn werden Jugendliche mehr oder weniger intensiv auf diesen Übergang vorbereitet, sei es durch die Berufsorientierung im Unterricht der Sekundarstufe I oder durch Praktika, die in allen Schulformen angeboten werden. Eine Aufgabe der Schule ist, den Schülern Kompetenzen für die Arbeitswelt zu vermitteln, was folgende Themenfelder beinhaltet: Vermittlung von Schlüsselqualifikationen, Medien- und Informationskompetenz, Arbeits- und Lernhaltung. Schüler und Schülerinnen verfügen demnach über ein gewisses Orientierungswissen und eine gewisse Vorstellung von dem, was sie nach der Schulzeit erwartet. Da die Schule nicht die einzige Sozialisationsinstanz im Jugendalter darstellt, spielen in diesem Zusammenhang Peers, Eltern und das Milieu eine entscheidende, wenn nicht gar die wichtigste Bedeutung bei der Begleitung des Übergangs.

- Aus der Perspektive der Erziehungsinstanzen wie Schule und Elternhaus werden die Schüler auf diesen Übergang vorbereitet und stellt der Übergang von der Schule in den Beruf oder das Studium sich ebenfalls als Herausforderung dar. Schule wie Elternhaus haben die Aufgabe, Jugendliche auf das Leben und auf einen angemessenen Beruf und/oder ein Studium vorzubereiten. In der Phase des Übergangs wird das Resultat dieser „Erziehung" sichtbar: Wie selbstbewusst, lebensmutig und neugierig sind Jugendliche am Übergang? In der Phase des Übergangs wird deutlich, dass der Einfluss und die Verantwortung von Schule und Elternhaus schwinden. Und gleichzeitig wird der erfolgreiche Übergang zum Beruf oder zum Studium sowohl von der Schule als auch von Eltern häufig als Maßstab für eine „erfolgreiche" Schulsozialisation gesehen.

- Aus der Perspektive erziehungswissenschaftlicher Bildungsforschung ist die Thematik der Beratung von Übergängen in den Kontext der Beratungsforschung sowie in den Kontext der Lebenslauf- und Laufbahnforschung einzuordnen. Beides sind neue Forschungsfelder, die sich erst im Zuge der (notwendigen) Hinwendung zu biografie- und subjektorientierter Forschung in der Erwachsenenbildungsforschung entwickelt haben.

Übergänge werden individuell erlebt und persönlich gestaltet. Die Verantwortung für die Gestaltung liegt bei den jungen Erwachsenen selbst. Auf dem Weg zum Schulabschluss sollten Jugendliche gelernt haben, diese Verantwortung zu erkennen und selbst die aktive Gestaltung der Übergangsphase in die Hand nehmen. Das individuelle Erleben des Übergangs und die nachfolgenden Entscheidungen hängen vor allen Dingen davon ab, ob die jungen Menschen gelernt haben, bewusste reflektierte Entscheidungen zu treffen und sich selbstbewusst den Herausforderungen des Übergangs zu stellen. Sich beraten zu lassen ist eine Möglichkeit, sich aktiv mit dem Übergang auseinanderzusetzen. Wer an diesem Prozess beteiligt ist und in welchen Kontexten Beratung geschehen kann, wird in Kapitel 3 thematisiert. Herausstellen möchte ich in diesem Kapitel die kontextuellen Zusammenhänge, in denen (informelle, halbformalisierte oder formalisierte) Beratung stattfindet, um das Spektrum an Beratungsgeschehen im zeitlichen, kulturellen und sozialen Umfeld des Übergangs Schule–Beruf darzustellen.

In meinem Beitrag lege ich meinen Schwerpunkt auf die notwendige Beratungskompetenz, die nach meiner Auffassung bei allen pädagogischen Interventionen am Übergang Schule–Beruf vonnöten ist (Anmerkung: Beratung wird hier verstanden als eine von mehreren pädagogischen Handlungs- und Interventionsformen). Ich werde relevante Aspekte der Handlungskompetenz Beratung herausarbeiten, die für eine erfolgreiche Beratung beim Übergang – im Sinne der Stärkung der Selbstmanagementkompetenzen der Ratsuchenden – erforderlich sind.

Meinen Überlegungen liegt folgende Definition zugrunde:
Beratung bei Übergängen hat in erster Linie die Funktion, dem Ratsuchenden Orientierung für sein zukünftiges Handeln zu geben. Ziel ist immer die Hilfe zur Selbsthilfe. Dabei steht der Ratsuchende immer im Mittelpunkt. In Anlehnung an Sauer-Schiffer 2004a und Bußhoff 1998 zielt Beratung beim Übergang ab

- auf besseres Verstehen des Jugendlichen
- auf die Aktivierung seiner Selbstbehauptungskräfte und auf das Erkennen seiner eigenen Ressourcen
- auf die Aktivierung seiner Fähigkeiten zur Selbsteinsicht
- auf die Fähigkeit zur Neuorientierung seiner Einstellungen und Verhaltensweisen
- auf die Erkundung möglichst eigenständiger Lösungsmöglichkeiten von Problemen
- auf die Förderung des selbständigen eigenverantwortlichen Handelns
- und auf das Bereitstellen von Informationen sowie
- auf die Förderung von Übergangskompetenzen (z.B. Herstellen einer zufriedenstellenden Balance zwischen eigenen (Arbeits-)Vorstellungen und arbeitsmarktpolitischen Bedingungen; Stärkung der Selbst- und Sozialkompetenz), so dass eine Beratung für nachfolgende Übergänge überflüssig wird.

Zusammengefasst kann gesagt werden, dass Beratung ein auf Lernen angelegter Prozess in biografischen Übergangssituationen ist. Ludger Bußhoff fasst die Anforderungen an die Beratung bei Übergängen folgendermaßen zusammen: „Beratung hat dafür zu sorgen, dass der Ratsuchende in der Lage ist, seine persönlich-berufliche Entwicklung selber in die Hand zu nehmen. Die primäre Aufgabe von BeraterInnen muss es deshalb sein, Übergangskompetenzen zu fördern" (Bußhoff 1998, S. 76).

Angesichts der umfangreichen Aufgaben und Funktionen von Beratung beim Übergang von der Schule in den Beruf bedarf es zielgerichteter und planvoller Handlungskompetenzen, um strukturiert und begründet handeln zu können. Es bedarf daher einer umfassenden Beratungskompetenz, die in Kapitel 4 skizziert wird.

Professionelle Beratung bedarf einer grundlegenden Beratungsqualifikation. Um den professionellen Erwerb von Beratungskompetenz für die Beratungsarbeit bei Übergängen geht es im letzten Kapitel, in dem der Masterstudiengang Beratung in (Weiter-)Bildung und Beruf vorgestellt wird (Kapitel 5).

Zuvor werde ich herausarbeiten, warum gerade in der Berufs- und Weiterbildungsberatung in den letzten Jahren eine Hinwendung zu eher personen-, subjekt- oder biografieorientierten Ansätzen in der der Beratung zu verzeichnen ist. Hierzu ist es erforderlich, einen systematischen Blick auf die aktuellen Debatten und Entwicklungen der Beratung im Bildungs-, Weiterbildungs- und Berufsbereich zu werfen, um so einen wissenschaftlichen Überblick über den Diskussionsstand der Beratung im Rahmen der Lebenslauf- und Laufbahnberatung zu erlangen (Kapitel 2).

2. Wissenschaftliche und theoretische Grundlagen: Übergänge in der Lebenslauf- und Laufbahnberatung

Im Gegenteil zu der Generation der 1976er-Abiturienten fehlt es den heutigen Schulabgängern an Planungssicherheit in Bezug auf das Leben und den Beruf.

Unsicherheitsfaktoren sind zusammengefasst folgende: Globalisierung und technologischer Wandel, neue Kommunikations- und Arbeitsformen; wirtschaftliche Umstrukturierung zu einer Dienstleistungsgesellschaft und Wissensgesellschaft; zunehmend rasch veraltendes Wissen und wachsende Informationsflut; Verschiebung der Altersstruktur; reduzierte Prognostizierbarkeit der erforderlichen Kompetenzen für einen bestimmten Beruf sowie schnelle Veränderung der beruflichen Anforderungsprofile und Aufgaben. Letzteres führt zur Nachfrage nach personalen und sozialen Kompetenzen, die über formale Qualifikationen hinausgehen (z.B. Entscheidungen treffen, organisieren, Informationen sammeln, aktiv in einer Gruppe arbeiten etc.).

Jugendliche und junge Erwachsene am Übergang werden konkret mit den Folgen dieser Entwicklung konfrontiert:

1. Eine reibungslose Abfolge von erstens berufsvorbereitender Phase, zweitens aktivem Erwerbsleben und drittens Ruhe im Rentenalter gibt es nicht mehr.

2. Sprach man früher von der 1. Schwelle des Arbeitsmarktes (von der Schule in die Ausbildung/das Studium) und der 2. Schwelle (Ausbildung/Studium in den Beruf) des Arbeitsmarktes, so ist heute eine zunehmende Auflösung dieser Schwellen in verschiedene berufliche Übergangssituationen zu verzeichnen. Gleichzeitig erhöht sich die Zahl der Laufbahnübergänge. So wählen gerade Jugendliche nach der Schule vermehrt nicht den Weg in die Ausbildung oder das Studium, sondern suchen andere Wege, sich persönlich und/oder beruflich weiterzuentwickeln (beispielsweise durch ehrenamtliche Arbeit wie das freiwillige soziale Jahr).

3. Jugendliche sind aufgefordert zur Gestaltung einer zunehmend offenen Laufbahn (vgl. auch Mörth & Söller 2005). Dies verlangt persönliche Anpassungsfähigkeit und vor allen Dingen die Entwicklung von Konzepten für die eigene Identität gegenüber destabilisierenden Einflüssen.

Es ist daher nicht verwunderlich, dass der Blick der Jugendlichen in die Zukunft nicht optimistisch ausfällt. So belegt die Shell Jugendstudie 2006, dass Jugendliche eher sorgenvoll in die Zukunft blicken, wobei die „Sorge um den

Verlust des Arbeitsplatzes bzw. davor, gar keinen Ausbildungs- oder Arbeitsplatz zu finden, in den letzten vier Jahren drastisch" (Langness, Leven & Hurrelmann 2006, S. 74) anstieg. Aber auch die persönlichen Zukunftsaussichten werden von den Jugendlichen eher pessimistisch eingeschätzt.

Angesichts dieser Situation und Problemlagen ist es nicht verwunderlich, dass die beraterische Unterstützungsleistung eine enorme Bedeutung gewinnt: Der Markt an Beratungsangeboten boomt. Es geht nicht mehr wie in den 1970er-Jahren um „Berufsberatung", sondern es geht um eine Beratung, in der auf eine (berufliche) Laufbahn vorbereitet wird, die von jedem individuell und offen gestaltet werden muss (hierzu bes. Beutel 2006, Lang-von Wins & Triebel 2006).

Der veränderte Fokus wird auch in den Ansätzen der Laufbahnberatung sichtbar: Die folgende Gegenüberstellung von traditioneller und neuer Laufbahnberatung zeigt, dass es einen Paradigmenwechsel in den Ansätzen zur beruflichen Laufbahnberatung gegeben hat: Der Ratsuchende als Person steht im Mittelpunkt von Lebenslauf- und Laufbahnberatungskonzepten:

Traditionelle Laufbahnberatung	Neue Laufbahnberatung
• Erhebung persönlicher berufsrelevanter Daten, um daraufhin Empfehlung für bestmöglichen Beruf auszusprechen (Person-Umwelt-Passung)	• Befähigung zu selbständigem Laufbahnmanagement, d.h. eigene Kompetenzen, persönliche Ziele, Wünsche und Stärken vergegenwärtigen. Außerdem Hinführung zur persönlichen Anpassungsfähigkeit und dynamische Entwicklung der Laufbahnidentität
• Standardisiertes Vorgehen (Tests)	• Ganzheitlich, subjekt- und biografieorientierter Ansatz
• Expertenrolle des Beraters	• Berater übernimmt Rolle des „Begleiters"
• Passive, untergeordnete und abhängige Position des Ratsuchenden	• Verankerung der beruflichen Planung in die Lebensplanung

Auch die Entwicklung von Beratungstheorien und Instrumenten in der Berufs- und Karriereberatung zeigt diesen Paradigmenwechsel auf:

	Ökonomisches Umfeld	Berufs- und Karriereberatung	Methoden und Instrumente
1950–1970	Unlimitiertes Wachstum	Person-Environment-Fit	Tests und Information
1970–1985	Dienstleistung und IuK-Technologien	Education and Guidance	Problemlösen und Entscheiden
1985–1995	Rekonstruierung und Arbeitslosigkeit	Career Development	Employability und Skills
1995–2005	Globalisierung und permanente Umstrukturierung	Lifelong and Life-wide Learning	Intrapreneurship und Coaching

Abb. 1: Entwicklung von Beratungstheorien und Instrumenten (nach Dauwalder 2007, S.10)

Zusammenfassend soll die folgende Abbildung die Komplexität von Lebenslauf- und Laufbahnberatung verdeutlichen. Kritisch in der deutschen Diskussion um Laufbahnberatungsansätze ist zu betrachten, dass immer noch der Beruf, nicht das gesamte Leben im Fokus der Ansätze steht. Ich plädiere gerade auch in der Beratung von jungen Menschen beim Übergang Schule–Ausbildung/Studium für eine erweiterte Perspektive auf den gesamten Lebenslauf, der Familie, Elternzeit, Freizeit, Ehrenamt etc. einschließt.

Der folgende Überblick fasst die zentralen Aspekte der Lebenslauf- und Laufbahnberatung zusammen. Er dient dazu, die Beratung an Übergängen in die Lebenslauf- und Laufbahnberatung einzuordnen und deutlichzumachen, welche Methoden, Instrumente und Sichtweisen der Beratung an Übergängen zugrunde liegen können.

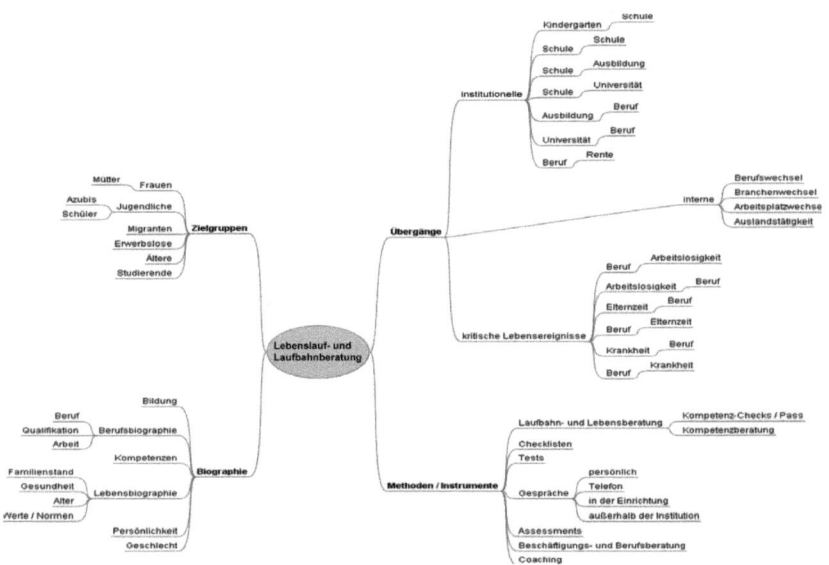

Abb. 2: Überblick zur Lebenslauf- und Laufbahnberatung

3. Zur Rolle von Schülern, Eltern und Peers, Lehrern und Dozenten sowie professionellen Beratern in der Phase des Übergangs

Der Übergang von der Schule in den Beruf oder das Studium und damit die Berufs- oder Studienwahl ist kein punktuelles Ereignis oder eine kurze Phase zwischen Schulentlassung und Beginn der Ausbildung oder eines Studiums. Aus der Berufssozialisationsforschung ist bekannt, dass die Berufswahlentscheidungen nicht nur individuelle Entscheidungsprozesse der Jugendlichen sind, sondern dass Einflüsse des Umfeldes, des Elternhauses, des Milieus eine entscheidende Rolle spielen. Diesen Zusammenhang belegen eindrucksvoll die Ergebnisse der 15. Shell Jugendstudie: Die Startchancen der Schulabgänger sind eng mit der sozialen Herkunft und dem Bildungsgrad der Eltern verbunden. So haben 74 % aller Jugendlichen, die das Abitur oder eine Fachhochschulreife anstreben, Väter, die ebenfalls einen höheren Schulabschluss besitzen. Nur 24 % der Jugendlichen mit (angestrebtem) Abitur geben an, dass ihre Väter einen einfachen Schulabschluss besitzen. „Bildung wird demnach in Deutschland weiterhin sozial vererbt" (Langness u. a. 2006, S. 66).

Die Jugendstudie belegt ebenfalls, dass Jugendliche heute länger und auch lieber in ihrer Herkunftsfamilie leben und dass Familie und Freunde soziale Netzwerke bilden, die eine wichtige Ressource für Jugendliche sind, den wachsenden Anforderungen in der Gesellschaft zu begegnen (vgl. hierzu: das sehr gute Verhältnis der Jugendlichen zu den Eltern, partnerschaftlicher Umgang zwischen Eltern und Kindern; Langness u.a., S. 57f.). Die Jugendstudie 2006 bestätigt das Ergebnis von 2002, dass die Mehrheit der Jugendlichen angibt, ein gutes und harmonisches Verhältnis zu den Eltern zu haben. Eltern sind sogar eher als Freunde Ansprechpartner für die langfristige Zukunfts- und Berufsplanung der Jugendlichen – so die 15. Shell Jugendstudie (Picot & Willert 2006, S. 291).

Allerdings belegen die Ergebnisse auch, dass die Schichtenzugehörigkeit den stärksten Einfluss auf das Verhältnis zwischen Eltern und ihren jugendlichen Kindern hat: Jugendliche aus der Unterschicht kommen schlechter mit ihren Eltern aus als Jugendliche aus der Oberschicht (Langness u. a. 2006, S. 60). Es ist anzunehmen, dass diese Jugendlichen, die zudem die größeren Sorgen haben, was die Verwirklichung ihrer beruflichen Wünsche anbelangt, sich Hilfestellung bei anderen „Instanzen" suchen.

Jungsein bedeutet heute insgesamt, unter vielen Möglichkeiten der privaten wie auch beruflichen Lebensführung wählen zu können, aber auch wählen zu müssen. Jugendliche sind sich der gesellschaftlichen Veränderungen, des demografischen Wandels und der prekären Ausbildungs- und Arbeitsmarktsituation sehr bewusst (Hurrelmann & Albert 2006, S. 15). Auch Jugendliche mit guten Qualifikationen und hoher Leistungsbereitschaft sehen sich unter zunehmendem Anforderungsdruck.

Es ist Ausdruck des menschlichen und familialen Miteinanders, dass sich Jugendliche Rat und Beratung bei Vertrauten, Eltern und Freunden suchen. Nestmann spricht von einem informellen alltäglichen Beratungsprozess „zwischen Personen einer gemeinsamen Lebenswelt" (Nestmann 2004, S. 548). Familienmitglieder sind häufig erste Anlaufstellen, wenn es um Entscheidungen, Möglichkeiten, Handlungsoptionen, Orientierung und Information geht.

An dieser Stelle muss Folgendes betont werden: Beratung ist ein zentraler Bestandteil der zwischenmenschlichen Kommunikation und damit Bestandteil menschlichen Handelns. Sich in der Familie oder von den Freunden beraten zu lassen und Rat einzuholen, ist eine zwischenmenschliche Interaktion, die voraussetzt, dass man sich beraten lassen will, dass es ein bestimmtes Problembewusstsein gibt und dass ein Repertoire an Interaktions- und Kommunikationsfähigkeiten vorhanden ist.

Die Rolle der Eltern in diesem Prozess ist die der vertrauten erwachsenen Begleiter. Die Begleitung durch die Eltern bezieht sich heute nicht mehr (wie bei den 1976er-Abiturienten) ausschließlich auf die erste „Schwelle", d.h. auf den Übergang von der Schule in einen Beruf oder das Studium. Die Jugendphase hat sich u.a. durch das Verweilen in Bildungs- und Ausbildungsverhältnissen zeitlich verlängert, so dass mehrere Übergänge begleitet werden müssen, bis nicht nur eine soziokulturelle Autonomie, sondern auch eine berufliche Selbständigkeit vorhanden ist. Als verantwortungsvolle Ratgeber sehen sich viele Eltern vor der Aufgabe und Herausforderung, sich selbst zu informieren. Diesen Bedarf decken die zahlreichen Informationsangebote zu Übergängen wie beispielsweise die Elterninformationstage, die von der Bundesagentur für Arbeit angeboten werden oder die Informationsabende vieler Institutionen, die über Hilfestellungen bei der Berufswahl informieren. Diese Informationsangebote erweitern das Repertoire der Eltern und bieten Unterstützung in der Übergangsphase.

Die zentralen Bedingungen einer jeden Beratung gelten auch in der informellen Beratung: Eine Beratung ist freiwillig, was für die jugendlichen Ratsuchenden als auch für die Eltern gilt. Vertrauen und Akzeptanz ist die zweite Bedingung für das Gelingen einer erfolgreichen Kommunikation und damit der Beratung.

Vertrauen und Akzeptanz sind auch die Gründe, dass *Gleichaltrige, die Freunde und Mitschüler* ebenfalls zu wichtigen Bezugsgrößen im Hinblick auf die zukünftige berufliche Orientierung und die Lebensplanung sind. Jedoch, ähnlich wie bei der informellen Beratung durch Eltern, kann diese Beratung gelingen oder auch nicht. Allerdings zeigen Peer-Counseling- und Peer-Education-Ansätze, dass alltägliche informelle Beratung auch professionalisiert werden kann, indem die grundlegenden Kommunikations- und Interaktionskompetenzen von Gleichaltrigen oder Schülern gestärkt werden.

Die informelle Beratung unterscheidet sich von der gezielt hergestellten Beratung, die durch Lehrer, Dozenten oder auch professionelle Berater initiiert wird. *Der Lehrer* in der Schule und *der Dozent* in der außerschulischen Jugendbildung oder *der Weiterbildner* verfügen über verschiedene pädagogische Interventionsmöglichkeiten. Beratung gilt als integraler Bestandteil in diesen pädagogischen Professionen. Parallel und neben dem Unterrichten durch Lehrer, dem Organisieren durch Pädagogen in der außerschulischen Jugendbildung oder dem Informieren durch Dozenten ist die Beratung eine Handlungsform, die angesichts veränderter Lern- und Lebensbedingungen von Jugendlichen mittlerweile als wichtigste Handlungsform betrachtet wird. Nestmann bezeichnet diese Beratung als „halbformalisierte Beratung" (Nestmann 2004, S. 548). Er stellt diesen Formalisierungsgrad als den Übergang von der informellen (alltäglichen) Beratung zur professionellen formalisierten Beratung heraus.

Lehrer, pädagogisch Tätige und Dozenten verfügen über Fachkenntnisse im Handlungsfeld Schule, Weiterbildung oder außerschulischer Jugendbildung ebenso wie über Erfahrungswissen, haben durch Studium oder Fortbildungen Kenntnisse in Beratungswissen erlangt. Übereinstimmend stellen Beratungsforscher fest, dass die Grenzen zu einer formalisierten Beratung fließend sind.

In der einschlägigen Literatur zur Schulforschung wird festgestellt, dass Lehrer „immer beraten" (Schnebel 2007, S. 163), was bedeutet, dass sie in vorwiegend vier Bereichen beraterisch tätig werden: Beratung mit Schülern (einzeln oder in Gruppen), Beratung mit Eltern, Beratung mit Familien, Beratung mit Kollegen. Beratung hat unterschiedliche Funktionen, wobei „Beratung in der ursprünglichsten ihrer schulischen Funktionen nach wie vor Bildungswegentscheidungen" (ebenda, S. 164) unterstützt. Damit werden die verschiedenen schulischen Übergänge, aber auch der Übergang von der Schule in die Berufsausbildung oder in das Studium in den Fokus pädagogischen Handelns gerückt. Abgesehen davon, dass aus dem Anspruch, dass Lehrer immer beraten, schnell eine Überforderung der Lehrerqualifikation werden kann, gibt es Ansätze des beratenden Unterrichts (Dinkmeyer & Dreikurs 1963/2004,

Tymister 1990, Stähling 2003, Lew/Bettner 1996/2000), die solche Kompetenzen fördern, die auch bei der Bewältigung von Übergängen notwendig sind – um wieder auf die Thematik des Beitrags zurückzukommen.

An dieser Stelle muss auf die Bedeutung der Beratungsarbeit in der außerschulischen Jugendbildung hingewiesen werden. Es hat sich in den letzten Jahren immer mehr der Eindruck verstärkt, dass es die Pädagogen der außerschulischen Jugendbildung sind, die bei Schwierigkeiten und Problemen angefragt werden und nicht die institutionalisierten oder fachorientierten Beratungsinstanzen. Dieses Phänomen beschreibt Angelika Weide für ihre Tätigkeit als Bildungsreferentin in einem Jugendverband, der DPSG, die zu 90 % eine beratende Tätigkeit sei. Sie schlussfolgert: „In der Berufspraxis kristallisierten sich vermehrt Themen heraus, die zur These leiten, dass Jugendverbandsarbeit eine Kompensationsaufgabe für Kommunikationsmängel in Schulen wahrnimmt". (Weide 2004) Damit beschreibt sie einerseits die Probleme der Schule, andererseits stellt sie aber auch dar, dass die Jugendbildungsarbeit deshalb so erfolgreich funktionieren kann, weil sie einen direkten Zugang zur Lebenswelt von Jugendlichen hat.

In seinem Überblicksbeitrag zur „Beratung für Jugendliche" greift Christian Reutlinger dieses Phänomen auf, wenn er bemerkt, dass die aktuellen Problemlagen von Jugendlichen nur bedingt im Blick sind: „Klassische Jugendberatungsansätze entfernen sich von den Jugendlichen und ihren Problemlagen durch das Gefangensein in den Institutionen, durch Defizitorientierung oder durch das Festhalten an einem Jugendbild aus vergangenen Zeiten. Damit können sie Jugendliche immer weniger unterstützen." (Reutlinger 2004, S. 272f.)

Auch Carolin Vogel weist in ihrer Untersuchung zum „Umgang mit Heterogenität als pädagogische Herausforderung in der Bildungsarbeit des Freiwilligen Sozialen Jahres FSJ" (Vogel 2009) nach, dass insbesondere durch die sich wandelnde Zusammensetzung der jugendlichen Teilnehmer Beratungskompetenzen von Pädagogen verlangt werden. Vor allem die berufliche Orientierungslosigkeit vieler Jugendlicher fordere die beraterische Kompetenz von Pädagoginnen.

Schulberater, Lebenslaufberater, Berufsberater, aber auch *beraterisch ausgebildete Lehrer, Dozenten* stehen als Experten für eine professionelle Beratung beim Übergang Schule–Beruf zur Verfügung. Die professionelle Beratung bedarf eines spezifischen Fachwissens über den Kontext – hier den Übergang von der Schule in den Beruf oder das Studium –, sie erfolgt auf der Grundlage einer wissenschaftlichen Beratungstheorie mit spezifischem Methoden- und Interventionsrepertoire und richtet sich nach ethischen und wissenschaftlichen Standards.

Frank Nestmann erweitert dies durch die institutionelle Perspektive, wenn er Folgendes unterscheidet: In der formalisierten Beratung „wird Beratung als explizites professionelles Hilfsangebot durch (wissenschaftlich) methodisch wie inhaltlich ausgebildete Berater und Beraterinnen im Rahmen von öffentlich ausgewiesenen Beratungseinrichtungen/Beratungsstellen geleistet" (Nestmann 2004, S. 549).

Im internationalen Vergleich verfolgen nach Haas Berufsberatungslehrer/-innen und Laufbahnberater/-innen, die in Schulen des Sekundarbereichs arbeiten, „regelmäßig einen präventiven Ansatz; systematische Vorbereitung und Begleitung von Bildungs- und Berufswahlentscheidungen sollen Friktionen beim Verlassen des Bildungssystems erst gar nicht entstehen lassen." (Haas 2004, S. 926) In der Regel sind sie eher gefordert, sich um solche Schüler zu bemühen, die schlechte Leistungen und/oder soziale Auffälligkeiten aufweisen, die den Schulabschluss oder den erfolgreichen Übergang in eine Ausbildung gefährden.

Die Vor- und Nachteile der formalisierten Beratung bei Übergängen wurden bereits im Rahmen der informellen, halbformalisierten Beratung erwähnt. Darum sei hier nur festzuhalten, dass es aus der Perspektive der Ratsuchenden zwar eine größere Nachfrage in Beratungsinstitutionen gibt, dass es jedoch eines verstärkten Aufwands an Marketing und niedrigschwelliger informierender Beratungsangebote bedarf, um Beratungsbedarfe bei Jugendlichen zu befriedigen. Eine Untersuchung von von der Haar (2004) stellte noch 1993 fest, dass die meisten Jugendlichen, die sich in einer Beratungsstelle beraten lassen, aus der Mittelschicht stammen. Die Ergebnisse der Shell Jugendstudie aus 2006 lassen auf eine ähnliche Teilnahmezusammensetzung heutiger Jugendlicher schließen. Die Jugendlichen, die sich beraten lassen, kamen 1993 zu 90 % mit Problemen aus den Bereichen Bildung/Ausbildung/Beruf in die Beratung, ein Hinweis auf die Problemlagen und auf das „neue" Problembewusstsein.

4. Beratungskompetenz beim Übergang Schule–Beruf/Studium

Um Jugendliche und junge Erwachsene in den Phasen des Übergangs kompetent und zielgerichtet beraten zu können, ist eine umfassende Beratungskompetenz vonnöten.

Wie weiter oben beschrieben wurde, kann zwar schon jede fürsorgliche zwischenmenschliche Kommunikation und Interaktion wirkungsvoll beim Übergang unterstützen und Orientierung bieten, eine professionelle Beratung jedoch ist nicht beschränkt auf eine angenehme vertrauensvolle Gesprächsatmosphäre oder auf die Anwendung bestimmter Methoden oder Techniken. Professionelle Beratung ist eine Dienstleistung. Sie umfasst mehr als nur eine Informationsvermittlung über Berufs- und Studienmöglichkeiten.

Professionelle Berater verfügen über umfassende professionelle Beratungskompetenz. Nach Brammer (1996) sind die Persönlichkeit des Beraters und seine beraterischen Kompetenzen ausschlaggebend für eine erfolgreiche Beratung. Die Skizze stellt diesen Zusammenhang dar:

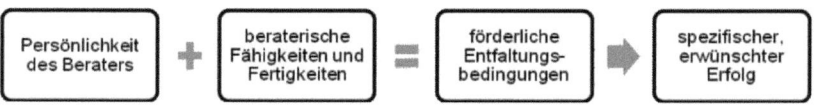

Dieses Konzept betont die Persönlichkeit des Beraters, der mit seinen beraterischen Kompetenzen wie spezifischen Beratungsmethoden und -techniken solche Voraussetzungen und Bedingungen schafft, die der Entfaltung und Weiterentwicklung des Ratsuchenden dienen. Vertrauen, Respekt und Freiwilligkeit sind Merkmale dieser förderlichen Voraussetzungen. Erst wenn diese Bedingungen existieren, kann der erwünschte Erfolg eintreten. Zur Professionalität des Beraters zählt demnach eine wertschätzende, unterstützende und ermutigende Haltung dem Ratsuchenden gegenüber einzunehmen und gleichzeitig auch herzustellen.

Grundlage für professionelles Beratungshandeln ist zum einen ein eher handlungsfeldspezifisches Fachwissen (hier speziell aus Pädagogik, Psychologie,

Soziologie, Arbeits- und Berufsforschung) und Kontextwissen zum Übergang Schule–Beruf/Studium sowie Praxis- und Erfahrungswissen in diesem Kontext. Zum anderen benötigt der Berater fachlich-methodische Beratungskompetenz, um Beratungssituationen gestalten zu können. Hierzu zählen in erster Linie die Kenntnis verschiedener Beratungstheorien und Ansätze, die Erklärungen zu menschlichen Verhaltenweisen, Normen und Werten menschlichen Verhaltens liefern und aus denen die jeweilige Beratungsdiagnostik, Methoden und Techniken der Beratung sowie Kommunikation, Interaktion im Beratungsgespräch abgeleitet werden. Grundvoraussetzung einer professionellen Beratung ist die Reflexionskompetenz des Beraters, der seine eigenen Einstellungen, Erlebens- und Verhaltensmuster kennen muss, um nach ethischen und wissenschaftlichen Standards (zielgerichtet und planvoll) handeln zu können (vgl. hierzu die Ausführungen zu den Elementen der Handlungskompetenz Beratung in Sauer-Schiffer 2004a, S. 46ff.).

4.1 Die fachlich-inhaltliche Beratungskompetenz: Kontextwissen zum Übergang Schule–Beruf/Studium

Die doppelte Verortung von professioneller Beratung trifft auch auf die Beratung beim Übergang Schule–Ausbildung/Beruf zu. Doppelte Verortung meint, dass Beratung einerseits immer auf einen Kontext wie hier den Übergang und gleichzeitig auf Beratungswissen und Beratungshandeln bezogen ist.

Für die konkrete Beratung beim Übergang ist das *Kontextwissen um den Übergang* von der Schule in den Beruf oder das Studium Grundvoraussetzung und Basis für eine qualifizierte Beratung.

Die Komplexität des Kontextwissens um den Übergang Schule–Beruf/Studium zeigt die Abbildung in Kapitel 2. Professionelle Berater besitzen Kenntnisse und Fachwissen über die dort beschriebenen Aspekte der Übergänge, über die verschiedenen Beratungsformen wie Berufsberatung oder Laufbahnberatung, über die Bildungs-, Lern- und Berufsbiografien sowie über die Zielgruppe der Ratsuchenden.

Die Unterteilung der Übergänge in institutionelle und interne Übergänge sowie in kritische Lebensereignisse macht deutlich, dass es sich bei Übergängen um Veränderungen in der individuellen Lern-, Bildungs-, Berufs- oder Lebensbiografie handelt. Daher ist die Kenntnis über das Erleben und die Verarbeitung der biografischen Phase des Übergangs und der Berufswahlorientierung für die Beratungsarbeit von Bedeutung. Hier gilt es zurückzugreifen auf empirische Arbeiten aus der erziehungswissenschaftlichen Biografieforschung, die in den letzten 20 Jahren in der Bildungsforschung Tradition haben (beispielsweise Sauer 1990). Die derzeitige Hinwendung zur biografieorientierten Lebenslauf- und Laufbahnberatung hat auch zur Folge, dass wieder verstärkt die Person des Ratsuchenden mit seinen individuellen Stärken, Motiven und Lebens-/Berufszielen im Mittelpunkt steht. Auch in der Beratung bei Interventionen im Übergang geht es darum, Prozesse und Lösungsstrategien anzustoßen, die es den Ratsuchenden ermöglichen, autonom, kritisch und in Achtung vor den Mitmenschen in dieser Gesellschaft das zukünftige Berufs- und Arbeitsleben zu gestalten.

Betrachtet man die Forschung zu Übergängen, so fällt auf, dass Übergänge in den 1990er-Jahren als „kritische Lebensereignisse" und als Identitätskrisen (Bußhoff 1998) für das Individuum beschrieben wurden. So charakterisiert Kutschka 1991 die Übergänge folgendermaßen: „Übergänge sind Schnittstellen individueller biographischer Verläufe und sozialer Strukturen, Verzweigungen gesellschaftlich vorgeformter Entwicklung… Sie markieren Brüche, die es zu überbrücken gilt." Diese Aussagen lassen den Eindruck entstehen, dass Übergänge punktuelle Ereignisse sind.

Jedoch: Seit fast 30 Jahren wird von Sozialisationsforschung und der Berufsforschung einstimmig dargelegt (beispielsweise Stooß 1984 oder Baethge 1979 in Sauer 1990), dass der Übergang von der Schule in den Beruf oder das Studium prozesshaft geschieht. Bußhoff fasst bereits 1984 für die Berufswahlentscheidung fünf Erklärungsansätze zusammen, die übertragbar sind auf den Übergang Schule–Beruf/Studium und die als Strukturierungshilfe für Beratungskonzepte dienen können:

Berufswahl als:

Entscheidungsprozess, Zuordnungsprozess	Im Mittelpunkt steht das Individuum und sein Verhalten; Entscheidungen bei Übergängen werden aus dem Blickwinkel der Entwicklungspsychologie betrachtet und als Aufgabe des Jugendalters angesehen
Zuweisungsprozess	Umwelt und deren Einflüsse; berufliche Übergänge werden aus soziologischer, arbeitsmarkt- und bildungspolitischer Perspektive betrachtet; Faktoren der Umwelt wie beispielsweise die Schichtenzugehörigkeit (Shell Jugendstudie 2006) wirken sich auf Zugangsmöglichkeiten aus
Entwicklungsprozess, Lernprozess	Interaktion; Hauptvertreter: Bußhoff 1998, der mit dem „Konzept des Übergangs" ein an den beruflich relevanten Persönlichkeitseigenschaften orientiertes Modell entwickelt; dieses Modell fokussiert mit dem Begriff der Berufswahlkompetenz auf eine pädagogische Dimension

Abb. 3: Erklärungsansätze der Berufswahlentscheidung (Sauer 1990, S. 50)

Beratung vom Übergang Schule–Beruf/Studium kann sich demnach auf folgende zeitliche Phasen beziehen:

- Beratung während der Schulzeit, beispielsweise vor oder während Orientierungspraktika, innerhalb des Unterrichts in Themenreihen zur Berufsorientierung und Lebensplanung
- Beratung am Ende der Schulzeit
- Beratung in der Phase des konkreten Übergangs

Als Grundlage für eine professionelle Beratung sind ebenfalls die Kenntnisse der Bereiche jenseits des Übergangs, also *Schule* und *Beruf oder Studium,* wichtig.

Das *Kontextwissen über die Schule* bezieht sich dabei auf das Bildungssystem des jeweiligen Bundeslandes, auf die entsprechenden Bildungsgänge und Schulformen, auf das Curriculum, auf die vermittelten Inhalte und Fächer, auf die Art der Wissensvermittlung im jeweiligen Schultyp, auf Leistungsermittlungen, auf das Lernen und auf allgemeine Kompetenzen. Hier ist es von Bedeutung, dass der professionelle Berater grundlegende Kenntnisse über das System Schule sowie dessen innere Struktur besitzt. Zur fachlichen Beratungskompetenz Kontextwissen zählt auch das Wissen um Möglichkeiten der Implementierung von Programmen zur beruflichen Orientierung sowie von Projekten zur Lebenslaufplanung in der Schule.

Das *Kontextwissen über Berufausbildung oder Studium* bezieht sich auf folgende Themen:

- Kenntnisse zur aktuellen Arbeitsmarkt- und Studiensituation (beispielsweise Verfolgen der regionalen Arbeitsmarktentwicklung und der Diskussionen um die Bildungsreform)

- Überblickswissen zur Berufsbildung (beispielsweise Berufsbildungsberichte 2004, 2006)

- Kenntnisse der aktuellen Programme zur Berufsorientierung (beispielsweise Pressemitteilung 123/2009 des BMBF vom 3.6.2009: Storm: „Berufsorientierungsprogramm ist Erfolgsmodell". Staatssekretär begrüßt in Dresden den 50.000. Jugendlichen)

- Überblickswissen über Theorien und Methoden der Berufswahlorientierung (beispielsweise Breuker 2008, Bußhoff 1998, Zihlmann 1998) und der Studienberatung (vgl. auch Bentler & Bührmann 2005, Wildt 2006)

- Da die Veränderungen im Bereich der Berufsausbildungen und der Studienangebote extrem sind, ist hier die Kenntnis der entsprechenden (Beratungs-)Netzwerke von besonderer Bedeutung

- Überblickswissen über Informationsbeschaffung im Internet, z.B. Bildungsserver oder www.bildungsportal.nrw.de

Die hier vorgestellte fachlich-inhaltliche Beratungskompetenz gilt als eine basale Kompetenz für eine professionelle Beratung und kommt vor allem dann zum Tragen, wenn die Beratung Informationen zur Gestaltung der Übergänge oder zu Ausbildung, Beruf, Studium oder anderen Perspektiven geben soll.

Festgehalten werden muss an dieser Stelle, dass mit den inhaltlich-fachlichen Kenntnissen zum Übergang professionelle Berater bereits erste Vorannahmen und erste Hypothesen für das Verstehen von Jugendlichen in Übergangsphasen entwickeln.

4.2 Die fachlich-methodische Beratungskompetenz: Beratungstheorien, beraterische Beziehung, Diagnostik, Methoden, Interventionen, Gesprächsführung

Professionelle Berater benötigen mehr als eine Theorie oder ein Buch mit einem Überblick über die praktikabelsten Theorien oder die besten Tools. Professionelle Berater benötigen für die Beratung beim Übergang Schule–Beruf/ Studium eine klare Vorstellung und Kenntnis über die Dynamik menschlichen Verhaltens und über das System, in dem Jugendliche leben, und dies insbesondere bezogen auf „herausragende" besondere Situationen des Übergangs. Ebenso benötigen sie die entsprechenden spezifischen Methoden, um Veränderungen anzuregen und zu implementieren.

Als Grundlage professioneller Beratung stehen zahlreiche Beratungstheorien (klientenzentrierte, psychodynamische, systemische, verhaltenstherapeutische, eklektizistische etc.) zur Verfügung, die jeweils theorie-spezifische Beratungskompetenzen erfordern. So ist beispielsweise in den eher tiefenpsychologisch fundierten Beratungsansätzen die *Selbstreflexionskompetenz der eigenen Gefühle und der eigenen Glaubens- und Überzeugungswerte* vonnöten als auch die Reflexionskompetenz im Hinblick auf die Emotionen und Glaubenssätze des Ratsuchenden sowie die Reflexionskompetenz im Hinblick auf die Gefühle im Beratungsprozess selbst.

Professionelle Berater haben aus der Vielzahl an Beratungsansätzen und Theorien eine Beratungstheorie gewählt, die zu ihrer Persönlichkeit und zu ihren eigenen Werten und Grundüberzeugungen passt. Die meisten professionellen Berater verfügen neben ihrer Grundlagentheorie über ein flexibles Methodenrepertoire aus unterschiedlichen Beratungsansätzen. Es würde den Rahmen sprengen, entlang einer Beratungstheorie die Vielzahl an Beratungskompetenzen darzustellen.

Stattdessen werde ich entlang ausgesuchter Phasen des Beratungsprozesses die wichtigsten Kompetenzen für die professionelle Beratung herausarbeiten.

Als Grundlage nutze ich ein allgemeingültiges Modell, das Nystul 1999 vorstellte (ähnliche Phaseneinteilungen findet man in vielen Beratungsansätzen, beispielsweise Bürgi & Eberhardt 2006, Ertelt & Schulz 1997, Mutzeck 2008, Tymister 1993):

- Aufbau einer tragfähigen Beziehung
- Diagnose und Diagnostik
- Formulieren des Beratungsziels
- Intervention und Problemlösungen
- Beendigung und Follow-up
- Forschung und Evaluation

Kompetenzen zum Aufbau und zur Gestaltung einer beraterischen Beziehung:

Die Beziehung zwischen Ratsuchendem und Berater ist die wichtigste Dimension in jeder Beratungskonstellation. Ohne eine vertrauensvolle, offene und auf die Zusammenarbeit aller am Prozess Beteiligten angelegte Beziehung ist keine erfolgreiche Beratung möglich (vgl. bereits die Diskussion um eine vertrauensvolle Beziehung als Basis für die Beratung in Kapitel 3).

In der US-amerikanischen Literatur (Nystul 1999) wird unterschieden zwischen zwei zentralen Kategorien von Bedingungsvariablen für eine gelingende beraterische Beziehung:

(1) zum einen wird unterschieden in die beraterischen (Grund-)Haltungen, mit denen der Berater den Beratungsprozess beeinflussen kann (counselor-offered conditions) und

(2) zum anderen in die Berater-Klient-Beziehungsvariablen (counselor- and client-offered conditions).

(1) Zur beraterischen Grundhaltung zählen die von Carl Rogers 1957 postulierten Merkmale wie: empathisches Verstehen, Wärme und Akzeptanz, Echtheit und Authentizität sowie die von Carkhuff 1969/1971 hinzugefügten Dimensionen des Respekts, der Unmittelbarkeit, der Konfrontation, der Konkretheit und der Selbstöffnung. In der folgenden Übersicht werden diese Merkmale erläutert und in ihren Funktionen beschrieben:

Core Conditions	Description	Purpose
Empathy	Communicating a sense of caring and understanding	To establish rapport, gain an understanding of the client, and encourage self-exploration in the client
Unconditional positive regard	Communicating to clients that they have value and worth as individuals	To promote acceptance of the client as a person of worth as distinct from accepting the client's behavior
Congruence	Behaving in a manner consistent with how one thinks and feels	To be genuine (not phony) in interactions with the client
Respect	Focusing on the positive attributes of the client	To focus on the client's strengths (not weaknesses)

Immediacy	Communicating in the here-and-now about what is occurring in the counselling session	To promote direct mutual communication between the counselor and client
Confrontation	Pointing out discrepancies in what the client is saying and doing (between statements and nonverbal behavior), and how the client is viewed by the counselor and client	To help clients clearly and accurately understand themselves and the world around them
Concreteness	Helping clients discuss themselves in specific terms	To help clients focus on pertinent issues
Self-disclosure	Making the self known to others	To promote increasing counseling-relevant communication from the client, enhancing the client's evaluation of the counselor, and increasing the client's willingness to seek counseling

Abb. 4: Core Conditions (aus: Nystul 1999, S. 53)

(2) Die zweite Kategorie, in der Beziehungsvariablen für eine unterstützende beraterische Beziehung gebündelt werden, sind die Berater-Klient-Beziehungsvariablen (counselor- and client-offered conditions). Hier spielt die Art und Weise des Arbeitsbündnisses zwischen Ratsuchendem und Berater eine Rolle.

Eine erfolgreiche Arbeitsbeziehung im Sinne dieser Unterscheidung hängt von folgenden Faktoren ab: von der Motivation, den sozialen und personalen Fähigkeiten und Kompetenzen des Ratsuchenden, der Persönlichkeit des Beraters, seinen Beratungskompetenzen und von der Passung zwischen den Bedürfnissen des Ratsuchenden und den Beratungskompetenzen und Fähigkeiten des Beraters. Förderlich für eine erfolgreiche Beratung erscheint hier die Einschätzung der Ratsuchenden, dass der Berater glaubwürdig ist und als Experte angesehen wird.

Die gerade beschriebenen Merkmale tragen insgesamt zu einer gelungenen Beratungsbeziehung bei. Gleichzeitig stellen sie die Kompetenzen von professionellen Beratern dar, die zur Gestaltung von Beratung und *in jeder Phase* des Beratungsverlaufs benötigt wird.

Diagnose und Diagnostikkompetenz

In der Beratung von Jugendlichen beim Übergang dient Diagnostik dazu, je nach Beratungsanlass die Situation oder die Problematik des Ratsuchenden besser zu verstehen. (Der Begriff Diagnose wird ursprünglich im medizinisch-therapeutischen Kontext verwendet, wird jedoch in den letzten Jahren im Kontext von Lernen, Bildung und Beratung zunehmend genutzt; beispielsweise spricht man in der Lehr- und Lernforschung der Erwachsenenbildung von Lerndiagnostik).
Die Diagnostik bietet einen differenzierteren Blick auf die innere Welt der Ratsuchenden und kann Ressourcen, aber auch Probleme identifizieren, die beim Übergang von Bedeutung sind. Analyse und Diagnose bei Übergängen erleichtert gleichzeitig die Beratungszielfindung. Ebenso ist eine differenzierte Analyse und Diagnose der Situation des Ratsuchenden die Grundlage für die Entscheidung des Beraters, welche pädagogischen Interventionen und welche Beratungsstrategien (d.h. Techniken und Methoden) er wählt (s. hierzu Sauer-Schiffer 2004a, S. 50).

Berater verfügen über eine spezifische Analyse- und damit Diagnosekompetenz. Dabei richtet sich diese Diagnosekompetenz immer nach den verwendeten Beratungstheorien und Beratungsansätzen und nach der fachlich-inhaltlichen Kompetenz (siehe Kapitel 4.1.) des Beraters. Anzumerken ist, dass die meisten erfahrenen Berater in der Analyse und Diagnostik Instrumente aus verschiedenen Beratungsansätzen verwenden.

Analyse und Diagnoseverfahren lassen sich allgemein in zwei Kategorien unterschieden: in standardisierte und in nicht-standardisierte Verfahren.

Zu den standardisierten Verfahren zählen (psychologische) Tests, die bestimmte standardisierte Testgütekriterien erfüllen. Der Einsatz von Tests erfordert Forschungskompetenz sowie die Kompetenz, Testdaten zu erheben, sie auszuwerten und für die weitere Beratungsarbeit das Interpretieren dieser Tests. In der Lebenslauf- und Laufbahnberatung werden seit den 1970er-Jahren diese Tests verwendet (s. Kapitel 2).

Nicht-standardisierte Verfahren schließen Strategien ein wie das Interview, Verfahren der Lebensstilarbeit (Nystul 1999), die Biografiearbeit (Mörth & Söller 2005) ebenso wie Beobachtungen. Hier sind auch die zahlreichen Instrumente der Selbstexploration von Fähigkeiten und Kompetenzen für die Berufswahlorientierung (Breuker 2008, ProfilPASS für junge Menschen 2007) oder die Entwicklung von Übergangskompetenzen (vgl. den Beitrag von Brüggemann in diesem Band) zu nennen. Weiterhin sind in diesem Zusammenhang die zahlreichen Verfahren zur Kompetenzerfassung im Kontext des lebenslangen Lernens zu nennen (z.B. ProfilPASS 2006 oder KODE; Erpenbeck 2003).

In den meisten Beratungsansätzen werden aus der Analyse und der Diagnose gemeinsame Beratungsziele oder Problemformulierungen abgeleitet. Die Entwicklung der Beratungsziele oder die Formulierung des Problems bedarf der Kompetenz des Hinhörens, des Verstehens, der Gesprächsführung, des Strukturierens und der Leitung, um in dieser Phase des Beratungsgespräches professionell und zielgerichtet zu handeln. Bürgi beschreibt an Beispielen aus der Praxis der Laufbahnberatung die Funktion und Notwendigkeit einer Problemdefinition. Dabei stellt er auch fest, dass bereits die Problemdefinition die Lösung des Problems sein kann (Bürgi & Eberhart 2006, S.149ff.).

Kompetenzen zur Gestaltung von Interventionen und Problemlösestrategien

In den Phasen der Interventionen und der Problemlösungen müssen professionelle Berater in der Lage sein, situationsangemessene, an den Beratungsanliegen und den Ratsuchenden orientierte Interventionen und Problemlösestrategien anzubieten.

Da Berater den Ratsuchenden beim Übergang helfen sollen, sich selbst, ihre Stärken und Ressourcen besser zu verstehen, ihre Stärken zu erkennen und ihre Optionen wahrnehmen zu können, bedarf es eines flexiblen und breiten Repertoires an Interventions- und Problemlösungsstrategien. So ist beispielsweise an dieser Stelle die Entscheidung darüber zu treffen, ob eine informative, situative oder biografische Beratung durchgeführt wird (nach Gieseke in Müller 2005).

Cormier und Cormier (1991) schlagen sogar vor, dass der Ratsuchende aktiv in die Entscheidung einbezogen werden soll und auch welche Interventionsform, welche Problemlösestrategien genutzt werden sollen. Hier ist unter anderem die *Forschungskompetenz* des Beraters gefragt. Der Berater hat einen Überblick über Interventionen und Problemlöseverfahren, kennt ihre Wirkung und kann Vor- und Nachteile dem jugendlichen Ratsuchenden erläutern. Dem jungen Erwachsenen steht es offen, selbstbestimmt an dieser Stelle des Beratungsprozesses zu entscheiden.

Gerade bei der gemeinsamen Auswahl von Interventionsstrategien ist es von Bedeutung, dass unbedingt sehr sensibel das Wertesystem der Jugendlichen berücksichtigt wird. Auch kulturelle, soziale und milieuspezifische Aspekte gilt es hier zu berücksichtigen. Berater sollten ebenfalls über eine gewisse Genderkompetenz verfügen (vgl. Sauer-Schiffer 2004b).

In dieser Phase des Beratungsprozesses ist es nötig, solche Problemlösestrategien anzuwenden, die die ratsuchenden Jugendlichen motivieren, sich aktiv zu beteiligen, die möglichst keine oder nur geringe Widerstände hervorrufen und die eine Handlungsorientierung für die selbständige Gestaltung des Übergangs bieten (vgl. hierzu die Kurzzeitberatung bei Nystul 1999, S. 60ff.; die ressourcenorientierte Beratung, Bürgi & Eberhart 2006).

In der letzten Phase des Beratungsprozesses ist die *Vermittlungskompetenz* des Beraters gefragt. Der Berater verfügt über die Fähigkeit, gemeinsam mit dem Ratsuchenden Alternativen zum alten Muster zu erkunden, neue Entscheidungswege aufzuzeigen, neue Verhaltens- und Einstellungsmuster zu entwickeln. In solchen Ansätzen, in denen der Ratsuchende angeregt wird, um- und neu zu lernen, ist die Vermittlungskompetenz bzw. die Fähigkeit des Beraters, in kleinen, machbaren Schritten anzuleiten, gefordert.

So enthält beispielsweise die individualpsychologische Beratung immer auch Phasen, „in denen ein entsprechendes Handlungstraining vorbereitet und gelungene Veränderungen ermutigend gewürdigt werden" (Tymister 1990, S. 23; vgl. auch die Ausführungen von Nystul 1999). Ermutigung (im Sinne der Stärkung des Selbstwertgefühls des Ratsuchenden) ist ein entscheidendes Element der gelingenden Beratung, die zukunftsorientiert ist. Je mehr der Ratsuchende sich um Einsicht in die eigenen Wünsche und Entscheidungen der Lebens- und der Berufswahlplanung bemüht, je mehr es um zukünftige Lebens- und Berufsmöglichkeiten geht, um so eher wird sichtbar, dass Handeln auf Zukunft hin veränderbar wird. „Der Sinn aller Ermutigung, Beratung, Pädagogik liegt schließlich darin, dass Menschen Hilfe bekommen, nicht nur, um in Zukunft selbständiger handeln zu können, sondern auch, um sich selbst zu ermutigen, zu beraten, zu erziehen." (Tymister 1993, S. 92)

5. Professionalisierung der Beratung: Beratungskompetenzentwicklung durch Qualifizierung. Der berufsbegleitende Master of Arts Beratung in (Weiter-) Bildung und Beruf

Um Jugendliche und junge Erwachsene professionell beraten zu können, ist – wie beschreiben wurde – eine *umfassende Beratungskompetenz* erforderlich, die insbesondere Beratungswissen sowie Handlungs-, Forschungs- und Selbstreflexionskompetenz beinhaltet.

Im Folgenden soll der Masterstudiengang Beratung in (Weiter-)Bildung und Beruf vorgestellt werden, der in einem Schwerpunkt explizit im Bereich der Lebenslauf- und Laufbahnberatung qualifiziert (dazu auch Kapitel 2 und Sauer-Schiffer 2008). Die diesem Masterstudiengang zugrundeliegende Kompetenzsystematik wird aus dem theoretischen Grundverständnis von Beratung abgeleitet (Sauer-Schiffer 2004a), das die Beratung als professionelle Handlungsform ausweist.

Das berufsbegleitende Masterstudium „Beratung in (Weiter-) Bildung und Beruf" ist auf der Grundlage von Erfahrungen eines zuvor erprobten Zertifikatstudiums, das in zwei Durchgängen an der Universität Münster (2006–2008 und 2008–2010) stattgefunden hat, konzipiert worden. Es orientiert sich an den Qualitätsstandards der US-amerikanischen universitären Counselor-

Studiengänge, an den Standards der DGfB und an den Ausbildungsrichtlinien der DGIP (die seit 1960 Ausbildungen zur individualpsychologischen Beratung anbieten).

Das Profil des Studiengangs:
Der weiterbildende Masterstudiengang „Beratung in (Weiter-) Bildung und Beruf" qualifiziert

- Führungskräfte des (Weiter-)Bildungsbereichs,
- Weiterbildungspersonal,
- Bildungsplaner und Bildungsmanager,
- Personalberater sowie Absolventen von sozial- und erziehungswissenschaftlichen Studiengängen,

die im Bereich von Weiterbildung, Bildung, Hochschule, Schule, Personalentwicklung lehrend, planend und beratend tätig sind auf der Grundlage wissenschaftlicher Beratungstheorien zu praktischer Durchführung von professioneller Beratung.

Der Masterstudiengang zielt ab auf die professionelle Aneignung der Handlungskompetenz Beratung. Durch eine spezielle theoretisch-methodisch-reflexive Ausbildungsdidaktik werden die Studierenden im Masterstudium qualifiziert, professionelle Beratungsarbeit zu initiieren, durchzuführen und auf wissenschaftlicher Basis weiterzuentwickeln.

Der Masterstudiengang vermittelt theoretische und praxiserprobte Beratungskonzepte. Die Methoden und Techniken basieren auf den Grundlagen der individualpsychologischen und systemischen Beratungstheorien sowie auf der erziehungswissenschaftlichen Lern- und Biografieforschung. Diese Beratungsansätze wurden gewählt, da Beratung im Kontext von (Weiter-) Bildung und Beruf sich auf den Menschen und das System, in dem er lebt und arbeitet, beziehen muss.

Eine Besonderheit des Masterstudiums sind die Schwerpunkte, in denen eine beraterische Spezialisierung erfolgt:

- Lernberatung und Beratung der Lehre (in Schule und Weiterbildung), Beratung von Schülern und Eltern;
- Beratung im Beruf: Coaching, Supervision, Organisationsberatung;
- Lebenslauf- und Laufbahnberatung.

Diese Schwerpunkte bieten einen konkreten Berufsfeld- und Anwendungsbezug. Sie orientieren sich an empirischer Grundlagenforschung der erziehungswissenschaftlichen Profession.

Die spezielle Didaktik im Studiengang sieht vor, dass Beratung durch erfahrungsorientierte Lehr- und Lernmethoden (z.B. Demonstrationen, Laborarbeit/Microcounseling, Journaling etc.) und durch Erproben der Praxis von Beratung (Übungen, Lehrberatung, Intervisionsgruppe, Beratungsarbeit in der Berufstätigkeit oder im Praktikum) vermittelt wird. Durch diese Vermittlungsformen wird die – für eine professionelle Beratungsarbeit gebotene – personorientierte als auch die berufsorientierte Selbsterfahrung gesichert.

Die Vermittlung geschieht während der Präsenzphasen in der Plenumsgruppe (maximal 20 Studierende), in der Lehrberatungsgruppe (max. fünf Studierende mit Lehrberater/-in), in der Intervisionsgruppe (drei Studierende) und in Einzelarbeit (Studierender – Coach). Diese verschiedenen Settings ermöglichen eine enge Verknüpfung von Theorie und Praxis sowie das Erlernen von Beratung am Modell des Lehrberaters. Die Gruppengröße und die Settings im Studiengang sind mit Realsituationen der Beratung in Bildung und Beruf vergleichbar.

Hier ein Überblick über Lernergebnisse im Studiengang:

- Die Studierenden können professionelle Beratungsarbeit im Kontext von Bildung und Beruf initiieren, durchführen und auf wissenschaftlicher Basis weiterentwickeln.

- Die Studierenden haben einen Überblick über Theorien und Konzepte der Beratung und besitzen fundierte Kenntnisse der Beratungsdiagnostik auf der Grundlage von Individualpsychologie, Systemik und der erziehungswissenschaftlichen Lern- und Biografieforschung.

- Die Studierenden beherrschen professionelle Gesprächsführung und die Fähigkeit der Gestaltung von Beratung.

- Die Studierenden können Techniken und Methoden der Beratung situationsangemessen einsetzen und begründen.

- Die Studierenden kennen Konzepte der Lernberatung und Beratung der Lehre, der Beratung von Eltern und Schülern, der Supervision, Coaching, Organisationsberatung sowie der Lebenslauf- und Laufbahnberatung und können sie zielgruppen- und kontextgerecht modifizieren und anwenden.

- Die Studierenden können die eigene Beratungsarbeit wissenschaftlich begründen, evaluieren und weiterentwickeln.

- Die Studierenden sind in der Lage zu professioneller Selbstreflexion.

- Die Studierenden sind an eigener Persönlichkeitsentwicklung interessiert.

- Sie entwickeln ein eigenes professionelles beraterisches Profil.

Die Struktur des Studiengangs im Überblick:

1.Studien-jahr	1. WS	Modul 1 (9 LP) Theorien und Konzepte der Beratung 270	Modul 2 (8 LP) Gesprächsführung- und Gestaltung von Beratung 120	Modul 10 (8 LP) Persönlichkeitscoaching 120
	2. SS	Modul 3 (8 LP) Techniken und Methoden der Beratung 240	120	120
2.Studien-jahr	3. WS	Modul 4 (8 LP) Lernberatung und Beratung der Lehre, Beratung von Schülern und Eltern 240	Modul 5 (8 LP) Beratung im Beruf (Supervision, Coaching, Organisationsberatung) 240	Modul 9 (15 LP) Lehr-beratung 112,5 — Modul 11 (22 LP) Intervision 165 — und beraterische Praxis 112,5 165
	4. SS	Modul 6 (8 LP) Lebenslauf- und Laufbahnberatung 240	Modul 7 (6 LP) Forschung und Professionalisierung 180	112,5 165
3.Studien-jahr	5. WS	Modul 8 (20 LP) Masterarbeit und Disputation 600		112,5 165

Abb. 5: Struktur des Masterstudiengangs „Beratung in (Weiter-) Bildung und Beruf"

Der Beitrag hat die Komplexität der Beratungskompetenz für die Intervention am Übergang beschrieben. Es ist nur folgerichtig, dass das komplexe Feld der Beratung in Übergangssituationen durch Beratungsexperten begleitet wird, die über eine gründliche wissenschaftliche und praxisorientierte Qualifizierung verfügen.

Literatur

Baethge, M. (1979). Berufliche Sozialisation und Berufsbildungssystem. In *BWP* 5, S. 1–8.

Bentler, A. & Bührmann, T. (2005). Beratung im Übergang. Schnittstellen von Schule und Studium sowie von Studium und Beruf. Theoretische Grundlagen und Perspektiven der Erwachsenenbildung. In *DIE-REPORT* 1(2005), S. 181–188.

Beutel, I. (2006). *Paradigmenwechsel in der Laufbahnberatung – eine erwachsenenpädagogische Diskussion.* Unveröffentlichte Diplomarbeit, Westfälische Wilhelms-Universität Münster.

Brammer, L.M. (1996). *The helping relationship: Process and skills.* Engelwood Cliffs, NJ: Prentice-Hall.

Breuker, C. (2008). *Berufswahlorientierung nicht nur für Mädchen. Eine Methodensammlung für Pädagoginnen und Pädagogen.* Ahaus, Sendenhorst: Berufsorientierungszentrum der Berufsbildungsstätte Westmünsterland GmbH.

Bundesministerium für Bildung und Forschung (2004). *Berufsbildungsbericht 2004.* Bonn.

Bundesministerium für Bildung und Forschung (2006). *Berufsbildungsbericht 2006.* Bonn.

Bürgi, A. & Eberhart, H. (2006). *Beratung als strukturierter und kreativer Prozess. Ein Lehrbuch für die ressourcenorientierte Praxis.* Göttingen: Vandenhoeck & Ruprecht.

Bußhoff, L. (1984). *Berufswahl. Theorien und ihre Bedeutung für die Praxis der Berufsberatung.* Stuttgart: Kohlhammer.

Bußhoff, L. (1998). Konzept des Übergangs. Konsequenzen aus dieser Konzeption für „Berufswahlhelfer". In R. Zihlmann (Hrsg.): *Berufswahl in Theorie und Praxis.* Zürich: Sauerländer Verlag, S. 9–85.

Carkhuff, R.R. (1969). *Helping and human relations* (Vol. 1–2). New York: Holt, Rinehart & Winston.

Carkhuff, R.R. (1971). *The development of human resources.* New York: Holt, Rinehart & Winston.

Cormier, W.H. & Cormier, L.S. (1991). *Interviewing strategies for helpers* (erd. Ed.). Monterey, CA: Brooks/Cole.

Dauwalder, J.-P. (2007). Beratung: Herausforderung für eine nachhaltige Entwicklung. In *DIE-REPORT* 1(2007), S. 9–19.

DIE, DIPF & IES (Hrsg.). *ProfilPASS für junge Leute. Stärken kennen – Stärken nutzen.* Bielefeld: Bertelsmann Verlag.

Dinkmeyer, D. & Dreikurs, R. (1963/2004). *Ermutigung als Lernhilfe.* Stuttgart: Klett-Cotta.

Erpenbeck, J. (2003). KODE – Kompetenz-Diagnostik und -Entwicklung. In J. Erpenbeck & L. von Rosenstiel (Hrsg.): *Handbuch Kompetenzmessung.* Stuttgart: Schäffer-Poeschel, S. 365–375.

Ertelt, B.-J. & Schulz, W. (1997). *Beratung in Bildung und Beruf. Ein anwendungsorientiertes Lehrbuch.* Leonberg: Rosenberger Verlag.

Haar, E. von der (2004). *Jugendberatung. Leitfaden für die Praxis in der Jugendarbeit, Ausbildung und Schule.* Darmstadt: Luchterhand Verlag.

Haas, H. (2004). Berufsberatung in internationaler Sicht. In F. Nestmann; F. Engel & U. Siekendiek (Hrsg.): *Das Handbuch der Beratung,* Bd. 2. Tübingen: Dgvt-Verlag, S. 910–931.

Hurrelmann, K. & Albert, M. (Hrsg.) (2006). *Jugend 2006. 15. Shell Jugendstudie.* Frankfurt am Main: Fischer Taschenbuch Verlag.

Kutschka, G. (1991). Übergangsforschung – Zu einem neuen Forschungsbereich. In K. Beck & A. Kell (Hrsg.): *Bilanz der Bildungsforschung. Stand und Zukunftsperspektiven.* Weinheim: Deutscher Studienverlag, S. 113–157.

Langness, A.; Leven, I. & Hurrelmann, K. (2006). Jugendliche Lebenswelten: Familie, Schule, Freizeit. In Shell Deutschland Holding (Hrsg.): *Eine pragmatische Generation unter Druck. 15. Shell Jugendstudie.* Frankfurt: Fischer Verlag, S. 49–102.

Lang-von Wins, T. & Triebel, C. (2006). *Kompetenzorientierte Laufbahnberatung.* Berlin: Springer Verlag.

Lew, A. & Bettner, B. (1996/2000). *A Parent's Guide to Understanding and Motivating Children.* Boston: Connexious Pr.

Mörth, M. & Söller, I. (2005). *Handbuch für die Berufs- und Laufbahnberatung.* Göttingen: Vandenhoeck & Ruprecht.

Müller, A. (2005). *Weiterbildungsberatung. Qualitative Analyse von Interaktions- und Prozessverläufen situativer und biographieorientierter Weiterbildungsberatungsgespräche.* Berlin: Rhombos-Verlag.

Mutzeck, W. (2008). *Kooperative Beratung: Grundlagen, Methoden, Training, Effektivität.* 6., vollst. überarb. Aufl., Weinheim: Beltz Verlag.

Nestmann, F. (2004). Beratung zwischen alltäglicher Hilfe und Profession. In F. Nestmann; F. Engel & U. Siekendiek (Hrsg.): *Das Handbuch der Beratung,* Bd. 1. Tübingen: Dgvt-Verlag, S. 547–558.

Nystul, M.S. (1999). *Introduction to Counseling. An Art and Science Perspektive.* Boston: Allyn and Bacon.

Picot, S. & Willert, M. (2006). Jugend in einer alternden Gesellschaft. In Shell Deutschland Holding (Hrsg.): *Eine pragmatische Generation unter Druck. 15. Shell Jugendstudie.* Frankfurt: Fischer Verlag, S. 241–302.

Reutlinger, C. (2004). Beratung für Jugendliche. In F. Nestmann; F. Engel & U. Siekendiek (Hrsg.): *Das Handbuch der Beratung,* Bd. 1. Tübingen: Dgvt-Verlag, S. 269–279.

Rogers, C.R. (1957). The necessary and sufficient conditions of therapeutic personality chance. In *Journal of Counseling Psychology* 21, p. 95–103.

Sauer, U. (1990). *Das schönste Jahr ihres Lebens: Erwerbslose junge Frauen ohne Hauptschulabschluß in Bildungsmaßnahmen der Weiterbildung.* Münster: Waxmann.

Sauer-Schiffer, U. (2004a). Beratung in der Erwachsenenbildung und außerschulischen Jugendbildung. Eine Einführung in Theorie und Praxis. In U. Sauer-Schiffer (Hrsg.): *Bildung und Beratung.* Münster: Waxmann, S. 9–65.

Sauer-Schiffer, U. (2004b). Die Handlungskompetenz Beratung: Herausforderungen für Pädagoginnen und Pädagogen in der Erwachsenenbildung und außerschulischen Jugendbildung. In U. Sauer-Schiffer (Hrsg.): *Bildung und Beratung.* Münster: Waxmann, S. 275–289.

Sauer-Schiffer, U. (2008). *Der Masterstudiengang Beratung (Weiter-)Bildung und Beruf. Master of Arts Counseling in (Adult) Education and Career* (unveröffentlichtes Manuskript).

Schnebel, S. (2007). *Professionell beraten: Beratungskompetenz in der Schule.* Weinheim: Beltz Verlag.

Stähling, R. (2003): Der Klassenrat – Fortführung reformpädagogischer Praxis. In K. Burk u.a. (Hrsg.): *Kinder beteiligen – Demokratie lernen?* Frankfurt: Grundschulverband – Arbeitskreis Grundschule, S. 197–207.

Stooß, F. (1984). Berufsqualifikation. Eine individuelle und gesellschaftliche Chance. In H. Apel (Hrsg.): *Keine Arbeit – Keine Zukunft? Die Bildungs- und Beschäftigungsperpektiven der geburtenstarken Jahrgänge.* Frankfurt: Diesterweg Verlag, S. 134–147).

Tymister, H.-J. (1990). Individualpsychologisch-pädagogische Beratung. In H.-J. Tymister (Hrsg.): *Individualpsychologisch-pädagogische Beratung. Grundlagen und Praxis. Beiträge zur Individualpsychologie* 13. München: Reinhardt Verlag, S. 9–26.

Tymister, H.-J. (1993). Beratung als Interventionsmodell in der Lehr-Lern-Situation. In Studienbibliothek für Erwachsenenbildung (Hrsg.): *Vermittlungsprobleme und Vermittlungsaufgaben.* Bd. 5. Frankfurt: Klinghardt-Verlag, S. 82–93.

Vogel, C. (2009). *Der Umgang mit Heterogenität als pädagogische Herausforderung in der Bildungsarbeit des Freiwilligen Sozialen Jahres. Eine qualitative Studie.* Unveröffentlichte Diplomarbeit, Westfälische Wilhelms-Universität Münster.

Weide, A. (2004). Beratung in der außerschulischen Jugendbildung am Beispiel der DPSG im Diözesanverband Münster. In U. Sauer-Schiffer (Hrsg.): *Bildung und Beratung. Beratungskompetenz als neue Herausforderung für Weiterbildung und außerschulische Jugendbildung?* Münster: Waxmann, S. 261–274.

Wildt, J. (Hrsg.) (2006). *Consulting, Coaching, Supervision. Eine Einführung in Formate und Verfahren hochschuldidaktischer Beratung.* Bielefeld: Bertelsmann.

Zihlmann, R. (Hrsg.) (1998). *Berufswahl in Theorie und Praxis.* Zürich: Sauerländer.

Tim Brüggemann

Berufliches Übergangsmanagement – Herausforderungen und Chancen

1. Einleitung

Im Leben eines Menschen existieren diverse Übergangssituationen, viele sind natürlicher Art wie beispielsweise von der Kindheit ins Jugendalter. Es stellen sich aber auch diverse berufliche Übergänge und unter diesen ist der erste, Schule–Beruf, eine große individuelle, gesellschaftspolitische wie pädagogische Herausforderung. Gelingt der erfolgreiche Übergang an der ersten Schwelle nicht, werden sich gegebenenfalls keine weiteren beruflichen Übergänge mehr stellen, da diese auf den ersten aufbauen. Ist der erste Übergang jedoch adäquat vorbereitet und wird erfolgreich gemeistert, so sind gute Voraussetzungen geschaffen, alle folgenden beruflichen Hürden ebenfalls zu bewältigen.

Eine weitere herausragende Bedeutung des Übergangs Schule–Beruf ist die, dass sich diese Herausforderung jedem jungen Menschen gleichermaßen stellt. Die erste Schwelle gleicht einer allumfassenden Lebensprüfung, die jedem Menschen zwangsläufig widerfährt. Bildungstheoretisch betrachtet handelt es sich bei der Vorbereitung auf diese Lebenssequenz also nicht um einen Prozess der Benachteiligtenförderung für nur einige wenige Jugendliche, sondern eher um einen Teil des lebenslangen Lernens und der Allgemeinbildung.

Die Begrifflichkeit „Übergang Schule–Beruf" stellt hierbei einen Überbegriff/Sammelbegriff dar, der diverse Bildungsverläufe mit spezifischen Übergangssituationen (beispielsweise Schule–Ausbildung–Berufseinstieg, Schule–Studium–Berufseinstieg oder Schule–Ausbildung–Studium–Berufseinstieg usw.) vereint, denn der direkte Übergang Schule–Beruf, wie es der Begriff nahelegt, existiert in dieser Form im Regelfall nicht.

Die zunehmende politische Relevanz eines Übergangsmanagements Schule–Beruf wird deutlich, wenn man sich nationale wie europäische Förderinitiativen anschaut (vgl. GIB 2009) oder den Bildungsbericht 2008 heranzieht, der dieses Themenfeld zu seinem Schwerpunkt erklärt (vgl. Bildungsbericht 2008).

Der folgende Artikel stellt zunächst die Notwendigkeit einer präventiven, bereits während der Regelschulzeit beginnenden Vorbereitung auf den Übergang Schule–Beruf dar, um dann die Herausforderungen, die sich einer Implementierung eines Übergangsmanagements Schule–Beruf in den Weg stellen, zu betrachten.

Behandelt werden hierzu die Effekte, Dilemmata und Paradoxien, die derzeit in der pädagogischen Praxis zu beobachten sind. Im weiteren Verlauf des Artikels soll die praktische Einführung eines regionalen Übergangsmanagements erörtert werden. Hierzu werden Systematisierungen und modellhafte Überlegungen zur Diskussion angeboten.

2. Zur Notwendigkeit einer präventiven Berufsorientierung

Internationale wie nationale Märkte und Produkte haben sich in den letzten Jahren rasant und tiefgreifend verändert. Die zunehmende Komplexität und Veränderungsgeschwindigkeit von Arbeitsabläufen sowie der Wandel von einer funktionsorientierten zur prozessorientierten Betriebs- und Arbeitsorganisation erfordern einen radikalen Wechsel im Prozess der Mitarbeiterqualifizierung wie auch in der Berufsvorbereitung von angehenden Auszubildenden oder Studierenden.

Eine Strategie einer präventiven Vorbereitung auf die erste Schwelle eines beruflichen Übergangs ist dabei in jedem Falle anzustreben, wie die nun näher skizzierten Begründungen (vgl. Brüggemann & Knierim 2008):

a) Entwicklung von Schlüsselkompetenzen,
b) Reduzierung von Ausbildungs- und Studienabbrüchen,
c) Verminderung von negativen Effekten im Übergangssystem,
d) Kosteneinsparungen und
e) Zeiteinsparung im Hinblick auf die demografische Entwicklung belegen.

a) Entwicklung von Schlüsselkompetenzen

Für die heutigen komplexen und dynamischen Arbeitszusammenhänge, die sich nicht mehr überschaubar und vorhersehbar gestalten, sind über beschreibbare Qualifikationen hinaus weitere berufliche Kompetenzen (vgl. Erpenbeck & von Rosenstiel 2007) notwendig. Diese zusätzlichen Kompetenzen sollen es den Akteuren möglich machen, in nicht vorhersehbaren oder unübersichtlichen Situationen angemessen handeln zu können. Der Umgang mit dem Unbekannten, aber auch der Umgang mit neuen sozialen Arbeitsstrukturen wie der Teamarbeit, Mitarbeiterpartizipation und Lean-Management erfordern von Mitarbeitern eine umfassende beziehungsweise von Auszubildenden und Studierenden eine allgemeine berufliche Handlungskompetenz.

Der Trend der heutigen Zeit erlaubt es Auszubildenden und Studierenden nicht mehr, sich ohne besonderen Pool an Kompetenzen auf dem Arbeitsmarkt zu behaupten. Wenn solche Schlüsselkompetenzen im Vergleich zu tradierten Fertigkeits-, Wissens- und Qualifikationsbündeln nun mehr Gewicht bekommen, dann muss die Entwicklung der allgemeinen beruflichen Handlungskompetenz bereits vor Antritt einer Erstausbildung vollzogen werden, um den Schülern eine benötigte Ausbildungs- und Studienreife (vgl. Kriterienkatalog zur Ausbildungsreife 2006) zu vermitteln. Es ist zukünftig also nötig, in der Lebensspanne vor Antritt der Erstausbildung Kompetenzen zu diagnostizieren und zu entwickeln, d.h. bereits in der Schule müssen Instrumentarien dieses Themenfeld noch intensiver als bisher erfassen und fördern.

b) Reduzierung von Ausbildungs- und Studienabbrüchen

Auch gesellschaftspolitisch lässt sich der Handlungsbedarf für die Entwicklung und den Einsatz von Instrumentarien am Übergang Schule–Beruf begründen, denn die Zahl der Ausbildungs- und Studienabbrüche ist extrem hoch. Gemäß Lehrstellenstatistik der Kammern und den Berechnungen des Deutschen Jugendinstituts (vgl. DJI 2007) sowie der Bundesagentur für Arbeit (vgl. Bertelsmann 2008b) gehen nur ca. 50 % aller Jugendlichen (480.800 im Jahr 2007) direkt nach der Schule in eine Ausbildung (vgl. ebenda S. 11ff.). Jeder zweite Jugendliche scheitert bereits am ersten Übergang seiner Berufsbiographie. Von diesen ca. 50 % der Jugendlichen, die sich erfolgreich einen Ausbildungsplatz sichern konnten, bricht wiederum jeder vierte junge Mensch seine Lehrzeit frühzeitig ab. Die Gründe der vorzeitigen Vertragsauflösung bei jungen Auszubildenden liegen hauptsächlich in folgenden Problemlagen, wie nachstehende Grafik verdeutlicht:

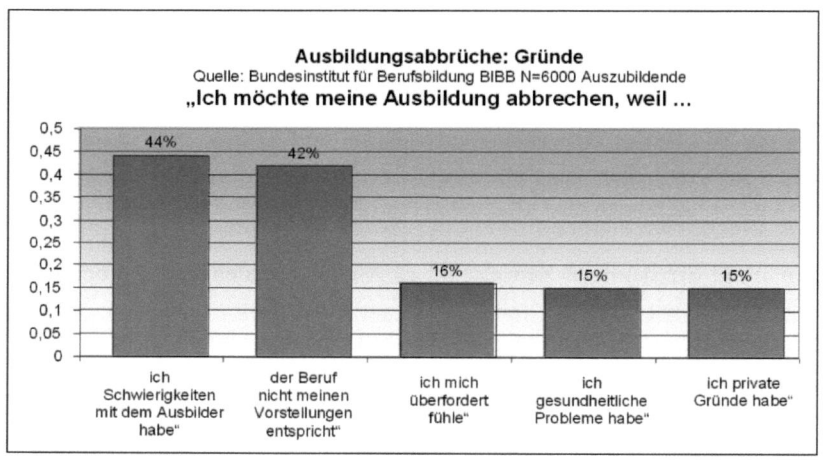

Grafik 1: (vgl. www.bibb.de, eigene Darstellung)

Die Begründungen mit den häufigsten Nennungen der Jugendlichen, „Schwierigkeiten mit dem Ausbilder" und „unpassende Berufswahl", belegen die These, dass ein frühzeitiges Training der sozialen Kompetenzen sowie eine frühzeitige Berufsorientierung und -beratung den beiden Hauptproblemen entgegenwirken können.

Die Abbruchszahlen von jungen Studierenden liegt indes auf gleich hohem Niveau wie das der Ausbildungsabbrüche, was verdeutlicht, dass auch mit höherem Lebensalter die Übergangsproblematik nicht aufgehoben, sondern lediglich aufgeschoben wird.

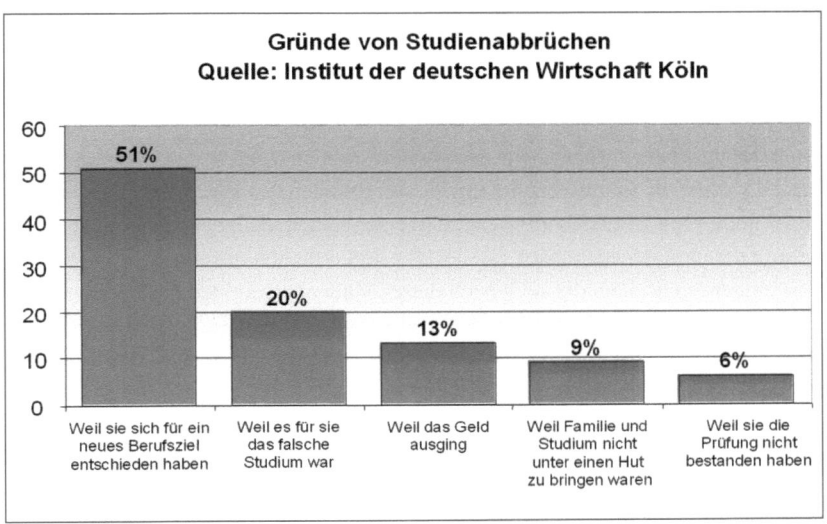

Grafik 2: (vgl. Zedler, Selbach, Waldhausen 2003, eigene Darstellung)

Auch hier weisen die Hauptgründe des Abbruchs, „neues Berufsziel" und „falsches Studium", auf die fehlende Passung zwischen Anforderungsprofil und Persönlichkeitsprofil der jungen Menschen hin. Durch adäquate Vorbereitung und Begleitung des ersten beruflichen Übergangs könnten Fehlentscheidungen in der Studien- und Berufswahl gegebenenfalls abgemildert oder vermieden werden.

c) Verminderung von negativen Effekten im Übergangssystem

Wendet man nun weiter den Fokus der Betrachtung auf die Zahl der Jugendlichen, die nicht erst in die Situation geraten, eine Ausbildung oder ein Studium abzubrechen, da sie der Hälfte von jungen Menschen angehören, die keine Anschlussmöglichkeit nach der Schulkarriere erhalten haben, wird ein weiteres gesellschaftspolitisches Problem deutlich. Im sog. „Übergangssystem" (Konsortium Bildungsberichterstattung 2006, S. 80) werden junge Menschen in Maßnahmen zur Berufsvorbereitung auf ihren späteren Einsatz im Berufsleben nachqualifiziert. Die nachfolgende Grafik verdeutlicht dabei stark vereinfacht einige typische „Übergangskarrierewege" im Anschluss an die Regelschule. Nach der Schullaufbahn stehen für Jugendliche ohne Anschlussmöglichkeit beispielsweise das Berufsvorbereitungsjahr (BVJ) oder das Berufsgrundjahr (BGJ) als Unterstützungsleistungen zur Verfügung. Nach Beendigung dieser Programme erreichen ca. 50 % der Jugendlichen ihr Ziel eines Ausbildungsplatzes, für die anderen schließen sich weitere Schritte des Übergangssystems an. Ohne Verzahnung zu den Inhalten des BVJ oder BGJ, da sich hier Länder- mit Bundeskompetenzen überschneiden, sollen nun sogenannte Berufsvorbereitungsmaßnahmen (BVB) die Jugendlichen auffangen. Für diejenigen jungen Menschen, die auch nach dieser Maßnahme keinen Ausbildungsplatz vorweisen können, stellt das soziale System Konzepte wie beispielsweise die Arbeitsgelegenheit mit Mehraufwandsentschädigung (AGH-MAE), die 1-€-Jobs, zur Verfügung. Dort können Menschen ein berufliches Umfeld mit staatlicher Unterstützung erfahren. Obschon das Übergangssystem für etliche junge Menschen eine adäquate Chance zur Herstellung der Anschlussfähigkeit darstellt, bleiben letztlich bei diesem System der „Warteschleifen" zur Nachqualifizierung pro Jahrgangskohorte ca. 15 % der jungen Menschen dauerhaft im sozialen Netz und werden nicht in Ausbildungs- oder Arbeitsverhältnisse vermittelt.

Weiterführende Schulen	BVJ = Berufsvorbereitungsjahr BGJ = Berufsgrundjahr ca. 200.000 Jugendliche ca. 1 Mrd. € Kosten p.a.	ca. 50 % in Ausbildung		
		BVB =Berufsvorbereitende Maßnahme ca. 113.000 Jugendliche ca. 1/2 Mrd. € Kosten p.a.	ca. 50 % in Ausbildung	
			1-€-Jobber	ca. 15 % aller Jugendlichen eines Jahrgangs verschwinden im „sozialen" Netz (ca. 144.000 Jugendliche), ca. 2 Mrd. € Kosten p.a.
Schulpolitik: Länderebene		**Arbeitsmarktpolitik: Bundesebene**		

Grafik 3: Das Übergangssystem und seine Quoten
(vgl. DJI 2007; Statistisches Bundesamt 2006, eigene Darstellung)

d) Kosteneinsparungen

Die jährliche Übergangsproblematik der Jugendlichen wächst sich dabei immer mehr zu einem volkswirtschaftlichen Problem mit erheblichem finanziellen Aufwand aus. Die Kosten für das nachqualifizierende Übergangssystem sind derzeit, bei einer minimalen Schätzung (eigene Berechnungen in Anlehnung an: Bertelsmann Stiftung, 2008a), bei der noch nicht alle Kostenfaktoren Berücksichtigung finden, wie folgt zu beziffern:

Kosten für Prozess im Jahr: 3.703.691.052,– €
(für 50 % der Jugendlichen!)

Im Umkehrschluss stünde jedem Jugendlichen eines Jahrgangs folgender Betrag zur Verfügung, transferierte man die Mittel in prophylaktisches Übergangsmanagement:

Pro Jugendlichem: 3.800,– €
(für alle Jugendlichen zur Prävention!)

Legte man folglich zukünftig den Fokus stärker von der Nachsorge auf die Prävention und würde bereits während der Regelschulzeit die Jugendlichen intensiver prozessbegleitend beraten und die Berufsorientierung intensivieren, könnten jährlich bis zu 3.800,– € pro Schüler investiert werden.

Nicht allein volks-, sondern auch betriebswirtschaftlich brächte eine frühzeitige Passung zwischen Anforderungs- und Persönlichkeitsprofil von Ausbildungsstelle und Jugendlichem so erhebliche Vorteile und Kostenersparnisse.

e) Zeiteinsparungen im Hinblick auf die demografische Entwicklung

Im Hinblick auf die demografische Entwicklung in Deutschland muss dieser Paradigmenwechsel in der Betrachtung und Bearbeitung des Übergangs Schule–Beruf rasch erfolgen, da der Sockel der erwerbsfähigen jungen Menschen im Vergleich zu den auf Sozialleistungen angewiesenen Menschen dramatisch kleiner wird. Das Zitat der Bertelsmann Stiftung, „Die Jugend ist eine Ressource, deren Verschwendung wir uns nicht leisten können" (vgl. Bertelsmann Stiftung 2008b), verdeutlicht die Dringlichkeit in diesem Zusammenhang.

Demografischer Wandel
Deutsche Gesamtbevölkerung

Davon unter 6	4.245.200	45–65 Jahre alt	21.644.600
6–15 Jahre alt	7.196.200	65–mehr Jahre alt	16.299.300
15–25 Jahre alt	9.610.600		82.314.900
25–45 Jahre alt	23.319.000		

Grafik 4: (vgl. Statistisches Bundesamt 2006)

Die oben stehende Grafik verdeutlicht, wie gering der Sockel der Jugendlichen anteilmäßig im Vergleich zur älteren Bevölkerungsschicht ist. Deutschland kann es sich zukünftig nicht mehr länger „leisten", jährlich ca. 144.000 Jugendliche (siehe Grafik zum Übergangssystem weiter oben) nicht ins Beschäftigungssystem zu integrieren. Das Dilemma des missglückten Übergangs verschärft sich in Deutschland zusätzlich für Jugendliche mit Migrationshintergrund (vgl. Bildungsbericht 2008). Der demografische Wandel zeigt auf, warum der Paradigmenwechsel von der Nachsorge zur Vorsorge im Bereich der beruflichen Orientierung junger Menschen schnellstmöglich erfolgen sollte.

Als Schlussfolgerungen aus den oben genannten Problemlagen kann folgende Bilanz gezogen werden:
- um jungen Menschen Schlüsselkompetenzen als Basis einer Ausbildungs- und Studienreife zu vermitteln,
- um die Zahl der Abbrüche von Ausbildungen und Studiengängen zu verhindern und
- um den „Verlust" von jährlich 15 % der Jugendlichen in der Arbeitswelt zu verhindern,

ist es notwendig, die Bemühungen zur präventiven Berufsorientierung während der Regelschulzeit zu intensivieren und den bildungspolitischen Fokus zukünftig noch stärker als bisher auf die Gestaltung von Übergangsmanagement zu legen.

Ein vorbereiteter und systematisch begleiteter erster Übergang zu Beginn der Beruflichkeit eines jungen Menschen legt die Basis für eine lebenslange berufliche Übergangskompetenz (vgl. Jung & Oesterle in diesem Band). Gutes Übergangsmanagement schafft keine Arbeits- und Ausbildungsplätze, kann aber Übergangsprozesse optimieren und Abbrüche von Anschlusswegen verhindern helfen.

Welche Hindernisse und Probleme sich aber derzeit in der Planung und Durchführung dieses Übergangs stellen, soll im Folgenden skizziert werden.

3. Herausforderungen

Übergangsmanagement ist ein komplexer pädagogischer Prozess. Wissenschaftlich gesehen haben wir die Systematik von beruflichen Übergängen noch nicht hinreichend erforscht, befinden uns aber bereits in einem Dschungel der Praxisangebote. Die Praxis selbst aber ist es, die viele Herausforderungen und Schwierigkeiten in sich birgt. Langfristig kann der Bereich des Übergangsmanagements nur weiter professionalisiert werden, wenn fundierte wissenschaftliche Grundlagenforschung und Begleituntersuchungen ein theoretisches Grundgerüst und eine Didaktik für die methodische Ausgestaltung liefern.

Die hauptsächlichen Hürden, die sich derzeit herauskristallisieren lassen, sind kritisch-wissenschaftlich betrachtet das Ad-hoc-Dilemma, das Nachhaltigkeits-Dilemma, das Tarzan-Paradoxon und der Systematisierungs-Effekt (vgl. Brüggemann 2009).

Das Ad-hoc-Dilemma

Bisher unterliegt Berufsorientierung den Gesetzen der Förderperioden.

Förderperiode I	Förderperiode II	Förderperiode III
Projekt A	Projekt B	Projekt C

Gefördert werden von EU, Bund und Land nur Modell- und Pilotprojekte, sogenannte „Best Practice"-Konzepte. Läuft Förderperiode I aus, läuft auch fast zwangsläufig Projekt A aus, nur in absoluten Ausnahmefällen werden Weiterfinanzierungen ermöglicht. Mit der Förderperiode II muss das „Rad" ad hoc neu erfunden werden. Kontinuität und Nachhaltigkeit sind somit außer Kraft gesetzt. Eine Durchbrechung kann nur durch vorausschauendes Handeln und geschicktes Kombinieren von Maßnahmemöglichkeiten geschehen. Zum vorausschauenden Handeln zählt z.B. der Aufbau von Firmennetzwerken, die Stiftungs- und Fördervereinsarbeit sowie die Miteinbeziehung der Kommunen. Bei entsprechendem Nachweis der Wirksamkeit der Maßnahme ist es möglich, Verbündete zu finden, die helfen eine dauerhafte Finanzierung zu gewährleisten. Damit ein reibungsloser Übergang in der Finanzierung eines Projektes möglich wird, bietet es sich an, bereits kurz nach Start der Förderperiode nach Alternativen zu suchen. Um das „Ad-Hoc-Dilemma" zu entschärfen, muss es gelingen, den Teufelskreis zu durchbrechen und zu „Permanent Practice"-Konzepten mit langfristiger und unabhängiger Finanzierung zu gelangen.

Das Nachhaltigkeits-Dilemma

Befragt, ob sich Schüler der 9. Klasse im Anschluss an die Berufsorientierungsmaßnahme „Kompetenzcheck" (vgl. Brüggemann & Knierim 2008, S. 104) ein halbes Jahr später noch an das Beratungsgespräch am Ende des zweiten Tages dieses Programms erinnern, bejahten dies 81 % aller Probanden.

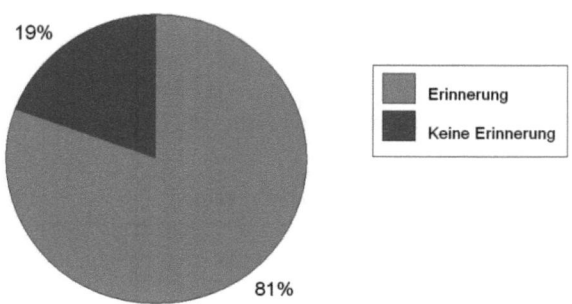

Grafik 5: eigene Darstellung

Sogar 68 % aller Schüler aller Schulformen konnten sich noch detailliert an die im Endauswertungsgespräch besprochenen Entwicklungsschritte und Ergebnisse erinnern.

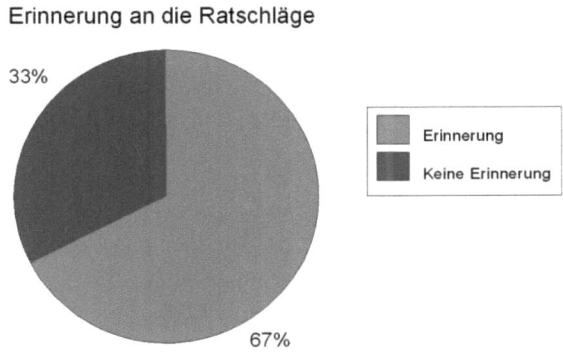

Grafik 6: eigene Darstellung

Diese Zahlen sind enorm, bedenkt man den komplexen und schnelllebigen Alltag der Jugendlichen.

Sechs Monate im Nachgang der Maßnahme haben jedoch 68 % aller ehemaligen Teilnehmer des Kompetenzchecks nichts von den besprochenen Ergebnissen und den entsprechenden Entwicklungsimpulsen in die Tat umsetzen können.

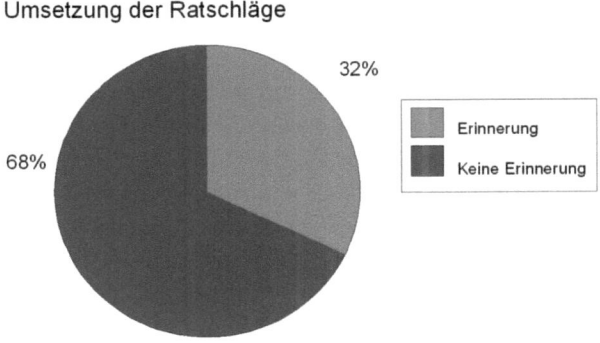

Grafik 7: eigene Darstellung

Dieser alarmierende Wert zeigt eindrücklich, dass die Einbettung des Kompetenzchecks in vor- oder nachbereitende Maßnahmen erheblichen Optimierungsbedarf aufweist. Wo genau das Problem der mangelnden Verzahnung liegt, können nur Folgestudien eindeutig dokumentieren. Die Daten der Kompetenzcheck-Forschung zeigen jedoch primär auf, dass eine mangelnde Fähigkeit zur Kompetenzentwicklung bei den Schülern vorgelegen hat. Die Ursachen können bei den Schülern selbst oder in der unzureichenden Hilfestellung durch private oder professionelle Beratungsinstanzen begründet liegen.

Das Dilemma der „Verpuffung" von Wirksamkeiten in Maßnahmen zur Berufsorientierung ist sicherlich nicht nur im Rahmen der hier aufgeführten Kompetenzcheck-Forschung aufgetreten, sondern wird in ähnlichem Maße in vielen Einzelmaßnahmen am Übergang Schule–Beruf zu beobachten sein. Die Einbindung und Verzahnung von Maßnahmen ist eine große Herausforderung, die nur im Rahmen eines Übergangsmanagements mit der Einbindung aller an diesem Prozess beteiligten Akteure zukünftig gelöst werden kann und muss.

Das Tarzan-Paradoxon

Die Redensart „viel hilft viel" ist in der Vorbereitung auf den Übergang Schule–Beruf nicht zutreffend. Bietet man einer Versuchsperson so viele unterschiedliche Instrumentarien und Maßnahmen zur Berufsorientierung und Übergangsgestaltung wie möglich an, so tritt häufig der Effekt auf, dass die Versuchsperson viele unterschiedliche Aussagen zu ihren Stärken und Kompetenzen erhält. Welche Aussage ist nun die zutreffende? Welches Instrument macht Angaben mit der höchsten Validität? Der Dschungel der Ratlosigkeit wird durch einen Dschungel der multiplen Aussagen ersetzt. Die Versuchsperson „hangelt" sich also, wie einst Tarzan, von einem Dschungel in den nächsten. Das Motto „viel verwirrt viel" beschreibt diese Situation zutreffender, denn je mehr Angebote genutzt werden, desto größer ist die Verwirrung.

Ohne Qualitäts-Mindeststandards und Kriterien zur Bewertung von Maßnahmen und Instrumenten am Übergang Schule–Beruf liegen alle existierenden

Angebote in einem Pool und die Instrumente werden genutzt, die die beste Marketingstrategie, oder die beste Lobbyarbeit verfolgen. Der Forschungsbedarf ist hier zukünftig in der Definierung von einheitlichen Phasen des Übergangsgeschehens begründet, die eine passgenaue Einsortierung von Maßnahmen und Instrumenten ermöglichen, sowie durch die Erarbeitung von Gütekriterien je Phase, die eine Aussage zur Qualität der angebotenen Interventionsmaßnahme zulassen.

Grundsätzlich ist hier zu beachten, dass vor der Methodenwahl, also der Entscheidung über ein Instrument oder eine Maßnahme der Berufsorientierung, didaktische Überlegungen stehen müssen. Wann ist welches Instrument für wen passend? Diese Frage macht klar, Didaktik muss vor Methodik stehen, um das Tarzan-Paradoxon abzuschwächen.

Der Systematisierungseffekt

In einigen Regionen herrscht zudem die problematische Situation vor, dass es nicht grundsätzlich an Unterstützungsangeboten zur Berufsorientierung mangelt, sondern die vorhandenen Angebote schlicht nicht aufeinander abgestimmt sind und eine Systematisierung fehlt (vgl. Damberg 2009, S. 23). Durch diesen Effekt wird der Übergang nicht erleichtert, sondern zusätzlich erschwert und behindert.

Die didaktische Planung eines Übergangsmanagements kann helfen, diesen Effekt und die Dilemmata zu beheben, wie folgender Abschnitt aufzeigt.

4. Chancen durch ein regionales Übergangsmanagement

Da die großen Unterschiede im Bildungs-, Ausbildungs- und Übergangssystem zwischen den Ländern, aber auch für Regionen, Arbeitsagenturbezirke und Landkreise innerhalb der Länder kein einfaches Herunterbrechen von bundesweiten oder landesweiten Daten erlaubt, kann ein Übergangsmanagement nicht linear übertragen werden. Ein einfacher Transfer von Konzepten zur Berufsorientierung am Übergang Schule–Beruf von Bundes- auf Landesebene oder von Kreis- zu Kreisebene ist nicht realisierbar, da jeder Kreis über unterschiedliche lokale Akteure, Förderprogramme und Erfahrungswerte verfügt und sich somit eine jeweils spezifische Ausgangslage ergibt. Die kleinste gemeinsame Planungseinheit ist somit die Region, die Kommune, der Kreis selbst. Übergangsmanagement Schule–Beruf muss auf regionaler Ebene geplant, koordiniert und durchgeführt werden, um effektive Ergebnisse zu produzieren. D.h. auf regionaler Ebene muss zunächst eine Transparenz hergestellt werden über die Bedarfszielgruppe, die Akteure, Instrumente und Fördermöglichkeiten zum Thema Berufsorientierung, bevor die Planung und Konzeption eines Übergangsmanagements erfolgen kann. Um einen durchgängigen Weg der Jugendlichen in und durch die Ausbildung und das Studium zu gewährleisten und die plausible Positionierung von Angeboten der Berufsorientierung und Folgemaßnahmen in eine Schrittfolge im Zuschnitt auf die Bedarfslage der Jugendlichen zu bringen, kann die konzeptionelle Erstellung einer Übergangsmanagement-Matrix hilfreich sein (vgl. Brüggemann 2009). Zur besseren Transparenz des lokalen Übergangsgeschehens sollten dazu folgende pädagogisch-didaktische Fragestellungen erörtert werden:

1. Wann und für welche Zielgruppe soll etwas durchgeführt werden beziehungsweise wird bereits etwas angeboten?
2. Welche Zielsetzung soll das Instrument, die Methode verfolgen?
3. Wo soll es durchgeführt werden, beziehungsweise wird es bereits durchgeführt?
4. Wer kann es durchführen beziehungsweise führt es durch?
5. Wie wird es finanziert, könnte es finanziert werden?

Durch die Beantwortung der oben genannten Fragestellungen ergibt sich ein Bild von der derzeitigen Übergangssituation beziehungsweise es lässt sich der Planungsstand inklusive Lücken und Bedarfslagen für zukünftige Berufsorientierungsmaßnahmen darstellen.

Unsinnige Dopplungen, Leerstellen und Lücken, mangelnder roter Faden und falsche Einsatzzeiträume können durch den Einsatz dieses einfachen didaktischen Grundgerüstes verhindert werden. So ergibt sich ein modulares transparentes Übergangsmanagement für eine definierte Region.

	7. Klasse		8. Klasse		9. Klasse		10. Klasse	
Bildungsträger	Sozialtraining	§ 33						
Ausbildungs-betrieb					Betriebs-praktikum	kostenfrei		
Agentur für Arbeit			BIZ-Besuch	kostenfrei			Berufsberatung	kostenfrei
Freie Anbieter			Kompetenzcheck	ESF-Mittel			AC-Training	lokale Versicherung
Schule	Berufs-parcours	Klassen-kasse			Frag den Chef	Rotary Clubs		
Feinziele	Basis der Schlüssel-kompetenzen legen		Diagnostik der Kompetenzen und Interessen Erste berufliche Infos geben		Entwicklung von Kompetenzen Praxiseinblicke ermöglichen		Case Management Vorbereitung auf die Auswahl	
Grobziele	Ausbildung- und Studienreife				Berufseignung		Vermittlung	

Grafik 8: Matrix für das regionale Übergangsmanagement
(stark vereinfacht, eigene Darstellung)

Planen mithilfe dieses Modells versteht sich als die „[…] Vorwegnahme von Entscheidungen durch die intelligente Verknüpfung von Einzelmaßnahmen zu Handlungsketten" (Meyer 2007, S. 98) und lässt sich in einem einfachen Kreislaufmodell darstellen, welches auch im Zuge von Qualitätsmanagementprozessen häufig seine Anwendung findet (vgl. Deming 1986):

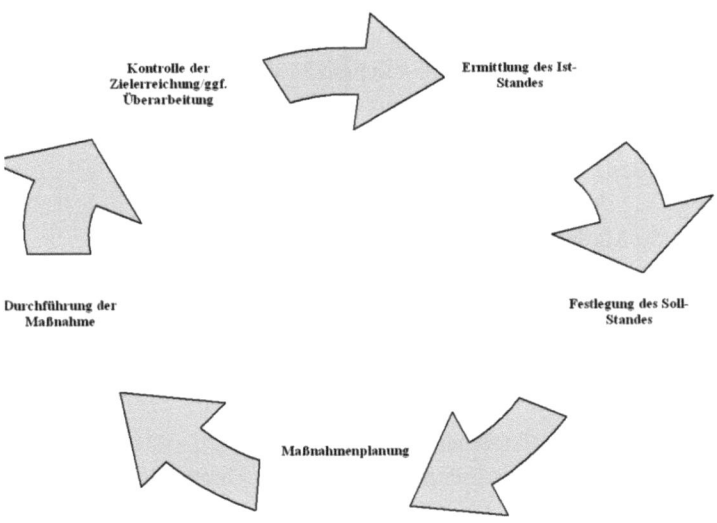

Grafik 9: (vgl. Meyer 2007, S. 98)

Der logische Aufbau dieses Kreises ist in fünf Stationen repräsentiert, die stetig wiederkehren und sich in Anlehnung an die oben genannten didaktischen Fragestellungen bearbeiten lassen.

Bei der Analyse der Ausgangslage geht es darum, die Rahmenbedingungen und Vorraussetzungen des geplanten übergangspädagogischen Schrittes zu erfassen. Dies geht mit der Beantwortung der didaktischen Fragestellung einher: „Wann (in welchem Schuljahr) und für welche Zielgruppe soll etwas durchgeführt werden bzw. wird bereits etwas angeboten?"

Die Antworten auf die zweite Frage ergeben den Planungsschritt „Festlegung des Soll-Standes". Hierdurch wird die Zieltaxonomie der geplanten Maßnahme genauer definiert.

Im Schritt der Maßnahmenplanung im Kreislauf müssen die Fragen vier und fünf des didaktischen Modells eine Beantwortung erfahren, damit das anvisierte Instrument einen konkreten Bezug erhält.

Erst nach diesen Schritten der Vorplanung kann tatsächlich eine übergangspädagogische Maßnahme durchgeführt werden. Im Anschluss an die Umsetzung muss dann der letzte Schritt klären, ob die zuvor geplanten Zielsetzungen erreicht worden sind und in welchem Maße. Aus diesen Überlegungen heraus müssen dann Schlussfolgerungen für weitere Planungen oder gegebenenfalls komplett neue Instrumentarien für das Übergangsmanagement gesucht werden.

Aber welche Maßnahmen und Instrumente stehen eigentlich bei der didaktischen Planung eines regionalen Übergangsmanagements zur Anwendung zur Verfügung? Das Angebot an Projekten und Tools, die scheinbar alle mit dem Themenbereich Übergangsmanagement und Berufsorientierung in Zusammenhang stehen, scheint unüberschaubar.

Berufsorientierungsmaßnahmen lassen sich jedoch grundsätzlich in folgende fünf Gruppen einer Berufsorientierungsmethodik (hier mit Beispielen versehen) kategorisieren:

1. Dokumentationsinstrumente
- Berufswahlpass[1]
- Datenbanksysteme
- Projektmappe
- …

2. Online-Verfahren
- Berufsinteressentests
- Eignungstests
- …

3. Betreuungs- und Beratungssysteme
- Die staatliche Berufsberatung
- Lehrer als Berufswahlkoordinatoren
- Übergangscoaching
- …

4. Informationssammlungen und -börsen
- Das Berufsinformationszentrum BIZ der Bundesagentur für Arbeit
- Das Berufsorientierungsbüro BOB[2]
- Der Girls' day[3]
- …

5. Handlungsorientierte Methoden
- Erlebnispädagogische Übungen
- Assessment-Center-Aufgaben
- Praktika
- …

6. Misch-Konzepte
- Berufsorientierungs-Camps[4]
- Kompetenzchecks
- …

---

1 vgl. www.berufswahlpass.de
2 vgl. www.partner-fuer-schule.nrw.de
3 vgl. www.girls-day.de
4 vgl. www.partner-fuer-schule.nrw.de

Neben Einzelprodukten und Maßnahmen existieren auch Maßnahmenbündel, die verschiedene Angebote kombinieren, wie bspw. das handlungsorientierte Misch-Konzept Kompetenzcheck NRW (vgl. Brüggemann & Knierim 2008), bei dem Online-Verfahren, an Assessment-Center angelehnte Verfahren sowie Dokumentations- und Betreuungssysteme in einer mehrtägigen Abfolge angeboten wurden.

Ob die Planungen und Instrumentarien den gewünschten Effekt erreicht haben, sich die Jugendlichen durch die angebotenen Unterstützungsmaßnahmen nun besser auf ihren beruflichen Übergang vorbereitet fühlen, können nur die Jugendlichen selbst beurteilen.

Geht man davon aus, dass ein gelungener Berufsorientierungs- und Berufswahlprozess, ein erfolgreicher Übergangsprozess also, sich darin widerspiegelt, dass es auf den vier individuell empfundenen Ebenen sach-, selbst-, sozial- und globe über den Zeitraum des Übergangsprozesses bei den Jugendlichen zu keinem Mangelerleben gekommen ist, so lässt sich diese Annahme in folgender Grafik darstellen (vgl. Cohn 1975 & 1992):

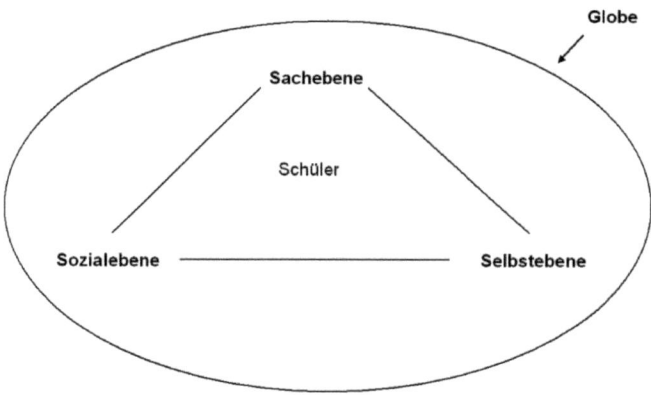

Grafik 10: Berufsorientierung in Balance (in Anlehnung an das Modell der Themenzentrierten Interaktion von Ruth Cohn, vgl. Cohn 1975 & 1992)

Die vier hier skizzierten Ebenen sind inhaltlich und methodisch wie folgt zu verstehen:

Ebene	Methodische Unterstützung
Sachebene: • Berufsfeldinformationen • Berufsinformationen • Tätigkeitsbeschreibungen • …	• Dokumentationsinstrumente • Betreuungs- und Beratungs- systeme • Informationssammlungen und -börsen • …
Selbstebene: • Selbstwahrnehmung & Fremdwahrnehmung • Berufliches Selbstkonzept • Motivation und Sicherheit • Ausbildungsreife und Eignung • …	• Betreuungs- und Beratungs- systeme • Online-Verfahren • Handlungsorientierte Methoden • …
Sozialebene: • Schlüsselkompetenzen verstehen und kontinuier- lich entwickeln • …	• Handlungsorientierte Methoden • Betreuungs- und Beratungs- systeme • …
Globe: • Arbeitsmarktsituation • Soziales Umfeld • …	• Betreuungs- und Beratungssysteme • …

Wird durch das individuelle Unterstützungsempfinden und die persönliche Einschätzung oder durch Verfahren zur Fremdbeurteilung zu den vier Ebenen zurückgemeldet, dass auf allen Ebenen ein ausgeglichenes Niveau vorhanden ist, kann von einem gelungenen Übergangsmanagement gesprochen werden. Hat der junge Erwachsene beispielsweise ein realistisches Selbstbild und ist motiviert (Selbstebene), ist mit sozialen Umgangsformen vertraut und trainiert (Sozialebene), verfügt über ausreichende Informationen über die für ihn relevanten Berufe (Sachebene) und hat eine realistische Einschätzung hinsichtlich der gegebenen äußeren Einflüsse auf dem Arbeitsmarkt (Globe), so kann von einem gelungenen Übergangsmanagement ausgegangen werden.

Ziel dieses Modells und der pädagogischen Unterstützungen im Rahmen des Übergangsmanagements ist es, eine „dynamische Balance" (Löhmer & Standhardt 1992, S. 37) zwischen den vier beschriebenen Ebenen herzustellen. Keine Ebene sollte im Rahmen der Berufsorientierung über- oder untergewichtig behandelt werden, da sonst kein gelungener Übergangsprozess möglich ist. Zu viele Informationen (Sachebene) beispielsweise, aber zu wenig Kenntnis über eigene Fähigkeiten und Interessen (Selbstebene), führen zu einem Ungleichgewicht und somit zu keinem optimalen Übergangsprozess, so die Hypothese.

5. Ausblick

Die Professionalisierung und qualitative Weiterentwicklung der Gestaltung des Übergangs Schule–Beruf verlangt zukünftig ein grundsätzliches und allgemeingültiges Verständnis der verwendeten Begriffe und Modelle. Zudem wird eine Professionalisierung nicht ohne wissenschaftliche Fundierung leistbar sein, denn dem Primat der Praxis muss nun eine theoretische Grundlage geschaffen werden, ein didaktisches Gerüst, auf dessen Basis die praktische Arbeit fußen kann. Neben Evaluationen zur Wirksamkeit und Nachhaltigkeit von Instrumenten und Maßnahmen bezieht dies auch Längsschnittuntersuchungen mit ein, die Auskunft über die Verlaufswege und Einstellungen von Jugendlichen am Übergang geben. Bildungsbedarfe müssen rechtzeitig identifiziert und Irrwege und Sackgassen der Jugendlichen gegebenenfalls eliminiert werden können, damit wir uns den Herausforderungen dieses Tätigkeitsfeldes adäquat stellen und die Chancen optimal nutzen.

Literatur

Bertelsmann Stiftung (2008a). *Volkswirtschaftliche Potentiale am Übergang von der Schule in die Arbeitswelt*. Gütersloh: Verlag Bertelsmann Stiftung.

Bertelsmann Stiftung (2008b). *Leitfaden lokales Übergangsmanagement*. Gütersloh: Verlag Bertelsmann Stiftung.

Bildungsbericht (2008). *Bildung in Deutschland*. Berlin/Frankfurt am Main: WBV.

Brüggemann, T. (2009). Wie wirken Instrumente der Berufsorientierung? In *PÄDA-GOGIK* 5(2009), S. 30–33.

Brüggemann, T. & Knierim, B. (2008). *Kompetenzchecks. Daten, Konzepte und Impulse zur Berufsorientierung am Beispiel des Instrumentariums „Kompetenzcheck Ausbildung NRW"*. Münster: ecotransfer-Verlag.

Bundesinstitut für Berufsbildung (2009). Verfügbar unter: http://www.bibb.de [14.08.2009].

Cohn, R.C. (1975/11. Auflage 1992). *Von der Psychoanalyse zur Themenzentrierten Interaktion. Von der Behandlung einzelner zu einer Pädagogik für alle*. Stuttgart: Klett-Cotta.

Damberg, F. (2009). Das berufliche Übergangssystem – politische Akzentuierungen und Gestaltungsoptionen im Land NRW. In Friedrich-Ebert-Stiftung (Hg.): *Politische Gestaltung des kommunalen Übergangsmanagements an der Passage von der Schule in die Arbeitswelt*. Bonn: bub.

Deming, W.E. (1986). *Out of the crisis: quality, productivity and competitiv position*. Cambridge: Massachusetts Institute of Technology.

Deutsches Jugendinstitut (2007). *Forschungsschwerpunkt Übergänge in Arbeit*. Verfügbar unter: http://www.dji.de [16.08.2009].

Erpenbeck, J. & von Rosenstiel, L. (2007). *Handbuch Kompetenzmessung. Erkennen, verstehen und bewerten von Kompetenzen in der betrieblichen, pädagogischen und psychologischen Praxis*. Stuttgart: Schäffer-Poeschel.

GIB (2009). *Jugend und Beruf. Übersicht zentraler Förderprogramme*. Verfügbar unter: http://www.gib.nrw.de [12.01.2009].

Konsortium Bildungsberichterstattung (2006). *Bildung in Deutschland 2006. Ein indikatorengestützter Bericht mit einer Analyse zu Bildung und Migration.* Bielefeld: WBV.

Kriterienkatalog zur Ausbildungsreife (2006). *Nationaler Pakt für Ausbildung und Fachkräftenachwuchs.* Im Auftrag des Pakt-Lenkungsausschusses. Vorgestellt auf dem 14. Hochschultag Berufliche Bildung am 17.03.2006. Nürnberg/Berlin.

Löhmer, C. & Standhardt, R. (1992). *Themenzentrierte Interaktion (TZI). Die Kunst, sich selbst und eine Gruppe zu leiten.* Mannheim: PAL Verlagsgesellschaft.

Meyer, H. (2007). *Leitfaden Unterrichtsvorbereitung.* Berlin: Cornelsen.

Statistisches Bundesamt (2006). *Berufliche Bildung.* Fachserie 11. Reihe 3. (Veröffentlichungen des Statistischen Bundesamtes). Wiesbaden.

Zedler, R.; Selbach, A. & Waldhausen, V. (2003). Abitur – was nun? In Institut der deutschen Wirtschaft Köln (Hrsg.): *Thema Wirtschaft* Nr. 79. Köln: DIV.

Matthias Rübner

Wirksame Beratung für Berufswähler und Ausbildungssuchende

Ansatzpunkte der neuen Beratungskonzeption
der Bundesagentur für Arbeit

1. Einleitung

In modernen Gesellschaften vollzieht sich der Übergang von der Schule in den Beruf nicht mehr plötzlich, gleichsam von einem Tag auf den anderen, sondern erstreckt sich über einen längeren Zeitraum und mehrere Etappen. Diese Übergangsphase in den Beruf hat sich sowohl für die jeweils nachrückende Schülergeneration als auch für die institutionellen Akteure in Bildung, Politik und Wirtschaft als eine fest verankerte Planungsgröße herauskristallisiert. Der Übergang Schule–Beruf gehört damit zu den institutionalisierten und normierten Übergangsphasen im Lebenslauf (Blossfeld 1989; Bußhoff 1998). Während sich mit diesem Übergang aus der Binnenperspektive junger Menschen zahlreiche lebensgeschichtliche Handlungsaufgaben stellen, sind mit ihm auf gesellschaftlicher Ebene bedeutende Ziele und Ansprüche assoziiert, insbesondere:

- die Ermöglichung einer für alle Bürger/-innen freien Berufswahl,
- der Abbau von sozial ungleichen Zugangschancen in den Bereichen Bildung, Beruf und Beschäftigung,
- die Sicherstellung des Fachkräftebedarfs und der Wettbewerbsfähigkeit der Wirtschaft,
- die Inklusion der nachrückenden Generationen in die Arbeitsgesellschaft (OECD 2004).

Vor diesem Hintergrund ist es verständlich, dass in der Öffentlichkeit die Sensibilität für Übergangsprobleme von der Schule in den Beruf relativ groß und die Angebotsstruktur des institutionalisierten Übergangsmanagements in beständiger Bewegung begriffen ist. So hat die Bundesagentur für Arbeit (BA) als größter Anbieter von Unterstützungsleistungen in diesem Handlungsfeld in den letzten Jahren nahezu alle ihre Fachaufgaben neu positioniert und weiterentwickelt – teils resultierend aus gesetzlichen Vorgaben und Förderinitiativen der Bundesregierung, teils aus eigenständigen geschäftspolitischen Entscheidungen heraus (Weise, Alt & Becker 2009; Rübner 2010).

Aus diesem Spektrum der neu ausgerichteten Unterstützungsangebote der BA soll im Folgenden gezielt auf eine Dienstleistung eingegangen werden, die von der BA selbst erbracht wird und in der sie ihr professionelles Selbstverständnis weiter stärken will: die berufliche Beratung von jungen Menschen am Übergang von der Schule in den Beruf. Berufliche Beratung hat in der BA eine wichtige Brückenfunktion im Verhältnis zu anderen Leistungen der aktiven Arbeitsförderung, hier insbesondere im Zusammenhang mit der Förderung von Integrationsprozessen in eine betriebliche Ausbildung. Daher werde ich auch diesen in der Berufswahlforschung eher vernachlässigten Bereich der Realisierung einer Berufswahlentscheidung behandeln, allerdings immer aus einer spezifisch beraterischen Perspektive.

Ich beginne mit einer kurzen Rekapitulation der Teilprozesse am Übergang Schule–Beruf, um auf dieser Grundlage die Beratungsangebote der BA zunächst organisatorisch und dann konzeptionell zu verorten. Bei der Frage, wie beraterische Interventionen am Übergang Schule–Beruf möglichst wirkungsvoll gestaltet werden können, konzentriere ich mich auf die 1. Schwelle.

2. Teilprozesse des Übergangs Schule–Beruf

Aus einer laufbahntheoretischen Perspektive betrachtet vollzieht sich der Übergang von der Schule in den Beruf über mehrere Teilprozesse, die in ihrer Verlaufsstruktur und zeitlichen Ausdehnung, ihrer persönlichen Wahrnehmung und Bewältigung sehr unterschiedlich ausfallen können (Herzog, Neuenschwander & Wannack 2006; Seifert, Bergmann & Eder 1987, Bußhoff 1998). Als erfolgskritische Teilprozesse des Übergangs Schule–Beruf können unterschieden werden:

1. der berufliche Orientierungs- und Entscheidungsprozess,
2. der Integrationsprozess in eine berufliche Ausbildung,
3. der berufliche Ausbildungsprozess und
4. der Integrationsprozess in eine berufliche Startposition.

Die Einmündung in eine berufliche Startposition, die Überwindung der zweiten beruflichen Schwelle, markiert den lebensgeschichtlichen Abschluss dieses Übergangs und stellt zugleich die erste Etappe für die anschließende Etablierungsphase im Beschäftigungssystem dar (Super 1994).

Jeder dieser Teilprozesse ist mit einem Komplex grundlegender Handlungsaufgaben verbunden, die in Abhängigkeit von den persönlichen Voraussetzungen der betroffenen Akteure und den vorgegebenen Rahmenbedingungen bewältigt werden müssen (Bußhoff 1998, Seifert et al. 1987). Im Mittelpunkt der weiteren Ausführungen stehen die ersten beiden Teilprozesse des Übergangs Schule–Beruf.

1. Der berufliche Orientierungs- und Entscheidungsprozess: Charakteristisch für die primäre Laufbahnentscheidung ist ihre Unausweichlichkeit. Wenn die Schulzeit sich dem Ende zuneigt, tauchen unweigerlich Fragen rund um die Berufswahl auf, das soziale und institutionelle Umfeld erwartet vom Jugendlichen bestimmte berufliche Entscheidungen. In Auseinandersetzung mit den eigenen Neigungen, Fähigkeiten, Werten und beruflichen Beschäftigungsmöglichkeiten sollen sie eine berufliche Zielperspektive entwickeln und konsolidieren. Stellt man in Rechnung, dass die jugendlichen Erstwähler in der Regel zum ersten Mal vor einer solchen Laufbahnentscheidung stehen, über kein breites und verlässliches berufsbiographisches Erfahrungsfundament verfügen, selbst noch in der Phase der Identitätsbildung sind, in der sich berufliche Interessen und Fähigkeiten als wichtige Bausteine der Berufswahl noch festigen müssen, werden die Herausforderungen deutlich, die sich mit diesem Teilprozess verbinden. Insgesamt werden die verschiedenen Orientierungs- und Entscheidungsprozesse als Aktivitäten verstanden, die den Übergang in das berufliche Bildungssystem vorbereiten (Bahrenberg, Koch & Müller-Kohlenberg 2000; Hellberg 2005).

2. Der Integrationsprozess in eine berufliche Ausbildung: Ist mit Blick auf die berufliche Zielperspektive ein ausreichender Konkretisierungs- und Stabilisierungsgrad erreicht, sind die Voraussetzungen für direkt *übergangsbezogene* Aktivitäten geschaffen, d.h. die ernsthafte Suche nach einem passenden Ausbildungsplatz kann beginnen (Wahl eines Betriebes, einer Hochschule, Besuch von Vorbereitungskursen, Bewerbungen, Vorstellungsgespräche etc.). Der Erfolg oder Misserfolg dieser Aktivitäten entscheidet mit darüber, ob das aktuell verfolgte Ausbildungs- bzw. Berufsziel beibehalten werden kann oder nicht. Bleibt der Erfolg aus, weil berufliche Eignungsanforderungen, bestimmte Zugangskriterien oder Arbeitgebererwartungen nicht erfüllt werden bzw. der Markt zu wenig Ausbildungsangebote bereitstellt, kann der Betroffene möglicherweise ohne größere Probleme auf eine Alternative ausweichen, die er im Rahmen der Entscheidungsfindung bereits als Eventualplanung vorgesehen hatte. Im ungünstigen Falle muss er den ganzen Entscheidungsprozess noch einmal neu aufrollen (Bußhoff 1998). Gegebenenfalls muss auch im Vorfeld der eigentlichen Ausbildung auf Zwischenlösungen ausgewichen werden, um die gestellten Anforderungen der Ausbildung, des Berufes oder Marktes in der nächsten Bewerberrunde besser erfüllen zu können.

Als Berufswähler und Bewerber müssen junge Menschen unterschiedliche Kompetenzen und Ressourcen aktivieren und einsetzen, um die Herausforderungen dieser Teilprozesse erfolgreich meistern zu können. Hier setzt *berufliche Beratung* als eine spezifische Form der Intervention an. Sie ist auf die Bearbeitung von Herausforderungen spezialisiert, die sich im Kontext sozial typischer Lebenslagen und Lebensphasen stellen. Als spezialisierte Handlungsform bietet sie dabei im Kern keine fertigen Lösungen an, sondern erarbeitet in der Interaktion mit dem Betroffenen die Voraussetzungen für die Erreichung berufswahlrelevanter Ziele. Die Zielparameter beruflicher Beratung liegen in der Aktivierung und Stärkung von Handlungskompetenzen (Bußhoff 1998; Peterson, Sampson, Lenz & Reardon 2002) und der Erschließung von Ressourcen (Nestmann & Projektgruppe DNS 2002; MASQT 2000), und zwar von Kompetenzen und Ressourcen, die zur Bewältigung des beruflichen Übergangs gebraucht werden.

3. Beratungsangebote für Berufswähler und Ausbildungssuchende der Bundesagentur für Arbeit

Das Beratungsangebot der Bundesagentur für Arbeit gehört bei Jugendlichen zu den stark nachgefragten Dienstleistungen. So haben im Beratungsjahr 2005/2006 über zwei Millionen junge Menschen mindestens einen Termin für ein individuelles Beratungsgespräch bei der Berufsberatung wahrgenommen (BA 2007). In einer im Jahre 2007 durchgeführten Kundenbefragung gaben 43 Prozent der befragten Jugendlichen an, dass es ihnen um Entscheidungshilfen bei der Berufswahl gegangen sei, 21 Prozent der Antworten entfielen auf Informationen zu Berufen und Studium, 27 Prozent auf Bewerbungsfragen und Adressen und 5 Prozent auf das weitere Vorgehen nach erfolglosen Bewerbungsbemühungen und Ausbildungsabbruch; 4 Prozent hatten sonstige Anliegen (BA 2007).

Deutlich erkennbar bezieht sich die Nachfrage der jungen Menschen sowohl auf Fragen der beruflichen Entscheidungsfindung als auch auf Fragen der Integration in eine Ausbildung. Interessanterweise werden Herausforderungen und Schwierigkeiten, die im Zusammenhang mit der Implementierung einer getroffenen Entscheidung entstehen können, in der Berufswahlforschung nur zögerlich aufgenommen (Bußhoff 1998, S. 55ff.). Selbst die OECD bezieht Realisierungsaspekte beruflicher Entscheidungen nur unvollständig in ihre Definition von Bildungs- und Berufsberatung mit ein (OECD 2004; Nestmann, Sickendiek & Engel 2007). Eine Fokussierung von Beratung auf berufliche Entscheidungsprozesse, bei der Fragen der Realisierung vernachlässigt werden, erscheint angesichts der bestehenden Nachfrage aber nicht bedarfsgerecht zu sein.

Während der eigentlichen Ausbildung wird die Berufsberatung in erster Linie im Krisenfall aufgesucht, d.h. wenn aus unterschiedlichen Gründen ein Abbruch der Ausbildung oder des Studiums droht. Beraterisch kann es in diesen Fällen sowohl um die Unterstützung bei der beruflichen Neuorientierung als auch um die Suche nach neuen Ausbildungsmöglichkeiten gehen. Wie die relativ hohen Arbeitslosenquoten von jungen Menschen zeigen, vollzieht sich auch die letzte biographische Etappe in Richtung Beschäftigungssystem keineswegs als ein reibungsloser Übergang. Sofern erwünscht bzw. aufgrund drohender Arbeitslosigkeit erforderlich, erfolgt hierbei der weitere Beratungs- und Betreuungsprozess nicht mehr durch die Berufsberatung, sondern durch die Teams der Arbeitsvermittlung des jeweils zuständigen Leistungsträgers (Agentur für Arbeit, ARGE, optierende Kommune). Berufliche Beratung wird in diesen Fällen als eine Dienstleistung angeboten, die den Integrationsprozess in Arbeit befördert und begleitet.

Das Angebot berufliche Beratung erstreckt sich in der BA insofern auf alle Etappen und Teilprozesse des Übergangs von der Schule in den Beruf und wird in zwei Varianten angeboten:

- als eigenständige Dienstleistung zur Unterstützung beruflicher Orientierungs- und Entscheidungsprozesse und

- als eine Dienstleistung, die den Integrationsprozess in Ausbildung oder Arbeit in Kombination mit anderen Leistungen der Arbeitsförderung begleitet.

Für eine einheitliche Sprachregelung und als Grundlage für die konzeptionelle Ausarbeitung wird die erste Form der Beratung als *Orientierungs- und Entscheidungsberatung* und die zweite Form als *integrationsbegleitende Beratung* bezeichnet.[1] Bevor ich auf diese beiden Formen bzw. Formate der Beratung näher eingehe, möchte ich noch einige Grundpositionen der neuen Beratungskonzeption der Bundesagentur für Arbeit erläutern.

4. Konzeptionelle Grundlagen der neuen Beratungskonzeption der Bundesagentur für Arbeit

Mit dem Auftrag zur Erarbeitung einer Beratungskonzeption hat der Vorstand der BA eine Grundvoraussetzung zur Erreichung eines zentralen geschäftspolitischen Zieles geschaffen: „Beratung und Integration nachhaltig verbessern" (BA 2008). Es sollte ein für unterschiedliche Beratungssituationen und

---

1 Hinzukommen wird in einer späteren Projektphase die Ausarbeitung der *Beratung im beschäftigungsorientierten Fallmanagement,* welche für eine vertiefte Diagnose und Bearbeitung sozial- und arbeitsmarktintegrativer Fragestellungen sorgt.

Rechtskonstellationen gültiger Orientierungsrahmen und auf dieser Grundlage ein praxisnahes Methodeninventar entwickelt werden, das die Fachkräfte der BA bei ihrer täglichen Arbeit unterstützt.

Um einen gemeinsamen Orientierungs- und Bezugsrahmen von Beratung in der Bundesagentur für Arbeit zu etablieren, wurde zunächst ein Grundprozess der Beratung entwickelt, der sich an beraterischen Grundprinzipien orientiert und in drei zentrale Phasen gegliedert ist: Situationsanalyse – Zielfindung – Lösungsstrategien (Rübner 2009).

In jeder Phase der Beratung werden

- die Kunden ermutigt, ihre Überlegungen und Ideen einzubringen,

- die eingebrachten Themen und Anliegen mit Hilfe der fachlichen und methodischen Kompetenz des Beraters weiter ausgearbeitet und

- konkrete Ansatzpunkte für das weitere Vorgehen in geeigneter Weise festgehalten.

Die Modellierung des Bearbeitungsprozesses basiert dabei auf verhaltenstheoretischen und kognitiven Grundlagen der Problemlösung, die in zahlreichen Beratungskonzepten aufgegriffen und themenspezifisch weiterentwickelt wurden, so etwa in dem Problemmanagementansatz von Egan (2002), dem kognitiven Informationsverarbeitungsansatz (CIP Approach; Peterson et al. 2002; Peterson, Sampson & Reardon 1991) und dem Modell der lösungsorientierten Beratungsplanung (Bürgi & Eberhart 2004).

Dieser Grundprozess wurde fachlich und methodisch weiter ausgearbeitet, um eine optimale Unterstützung von Personen in beruflichen Übergangsphasen zu ermöglichen. Für die Beratung von jungen Menschen beim Übergang Schule–Beruf sind zum Beispiel Erkenntnisse aus der Berufswahlforschung, der Eignungsdiagnostik und dem Integrationsmanagement eingeflossen.

5. Orientierungs- und Entscheidungsberatung für Berufswähler

Die Orientierungs- und Entscheidungsberatung für Berufswähler kann als die aus der Berufswahl- und Beratungsforschung vertraute und grundlegendste Form der Beratung in diesem Feld bezeichnet werden. Der Jugendliche kommt als Ratsuchender und möchte bei der Bearbeitung seiner Fragestellungen unterstützt werden. Als zentrale Zielgrößen beraterischer Intervention werden dabei vor allem die Stärkung von Berufswahlreife, Problemlösefähigkeiten und Selbstwirksamkeit gesehen, die zu signifikant besseren und stabileren Laufbahnentscheidungen führen sollen (Bußhoff 1989; Brown & Brooks 1994; Brown et al. 2003). Die rechtlichen Rahmenbedingungen dieser Beratungsform sind in den §§ 29–32 SGB III verankert.

Die Grundstruktur der Orientierungs- und Entscheidungsberatung folgt dem genannten Prozessmodell. Dabei musste für alle Phasen ein gegenstandsbezogener Referenzrahmen entwickelt werden, auf dem die Situationsanalyse, Zielfindung und Lösungsstrategien aufsetzen können. Nach eingehender Sichtung relevanter Ansätze wurden fünf Dimensionen gewonnen, die als zentrale Elemente im beruflichen Orientierungs- und Entscheidungsprozess gelten können (vergleiche u.a. Seifert 1988; Bußhoff 1989; Super 1994; Mitchell & Krumboltz 1994; Peterson et al. 2002). Dieser Referenzrahmen hat für die Ausgestaltung des konkreten Beratungsgesprächs eine wichtige Orientierungsfunktion, denn er soll den Zielfindungsprozess und die Ausgestaltung von Lösungsstrategien anleiten (Kinnier & Krumboltz 1984). "As with most classification systems, more than one category can and probably should be used. Based on the category or categories chosen the counselling tasks that need to be accomplished are identified. (…) [If] a client is diagnosed as being uncertain about priorities and values and it is decided that some ordering and understanding of values are necessary prerequisite making an occupational choice, then appropriately selected intervention strategies to clarify values will need to be used." (Gysbers & Moore 1987, p. 181).

Folgende Dimensionen werden unterschieden:

1. *Problembewusstsein und Einsatzbereitschaft.* Mit dieser Dimension sind die Ausgangsbedingungen für die inhaltliche Arbeit an Fragen zur Berufswahl und der beruflichen Entwicklung angesprochen (Super 1994; Peterson et al. 2002; Sickendiek, 2007). Es geht dabei um die grundsätzliche kognitive, emotionale und verhaltensbezogene Bereitschaft eines Klienten, sich mit den Anforderungen der aktuellen beruflichen Entscheidungssituation aktiv auseinanderzusetzen. Insofern ist die Frage zu beantworten, inwieweit der Jugendliche bereits diese innere Bereitschaft ausgebildet hat (Problembewusstsein, Engagement, Bereitschaft zur Verantwortungsübernahme).

2. *Berufliche Selbsteinschätzung.* Diese Dimension gehört zu den prominentesten Kategorien beruflicher Beratung (Brown & Brooks 1984; Holland 1997; Ertelt & Schulz 2008). Sie ist der Ausgangspunkt für die Herstellung von Beziehungen zwischen der eigenen Person und der Berufswelt sowie ein wichtiger Bezugspunkt von Eignungsfragen. Im Rahmen der Situationsanalyse ist zu klären, inwieweit der Jugendliche bereits ein ausreichend präzises und realistisches Bild seiner beruflichen Interessen, Werte, Fertigkeiten und Fähigkeiten ausgebildet hat, um für sich passende und erreichbare berufliche Alternativen zu identifizieren. Selbstverständlich spielt hier auch das soziale und regionale Umfeld des Jugendlichen eine Rolle, das seine Selbsteinschätzung beeinflusst und mitprägt.

3. *Beruflicher Informationsstand.* Der berufliche Informationsstand und die berufliche Selbsteinschätzung sind zwei eng zusammenhängende, gleichwohl eigenständige Dimensionen des beruflichen Orientierungs- und Entscheidungsprozesses. Ohne ein Mindestmaß an strukturierten Informationen über Berufe und ihre Verankerung im Bildungs- und Beschäftigungssystem bleibt ein zentraler Parameter der beruflichen Entscheidungsfindung unbestimmt (Peterson et al. 2002; Ertelt & Schulz 2008). Insofern ist die Frage zu beantworten, inwieweit der Jugendliche über ausreichend präzise berufsrelevante und arbeitsmarktbezogene Informationen im Hinblick auf für ihn relevante berufliche Handlungsoptionen verfügt.

4. *Entscheidungsfähigkeit.* In dieser Dimension geht es um die zentrale Frage, wie der Jugendliche die vielfältigen berufsrelevanten Informationen, persönlichen Ansprüche, sozialen Erwartungen und möglichen Konsequenzen verarbeitet, sortiert und gewichtet, um zu einer für ihn tragfähigen Entscheidung zu gelangen (Potocnik 1990; Hellberg 2005). Insofern ist die Frage zu beantworten, inwieweit der Jugendliche über ausreichende Ansatzpunkte verfügt, um eine überlegte berufliche Entscheidung zu treffen.

5. *Realisierungsaktivitäten.* Diese Dimension beinhaltet die Art und Weise der Umsetzung einer getroffenen Ausbildungs-, Studien- oder Laufbahnentscheidung durch den Jugendlichen (Bußhoff 1998; Peterson et al. 2002). Insofern ist die Frage zu beantworten, inwieweit der Jugendliche über einen zielführenden Handlungsplan verfügt und diesen – auch unter Berücksichtigung seines persönlichen Umfeldes – umsetzen kann.

Auf diesen Bezugsdimensionen baut die *Situationsanalyse* der beruflichen Orientierungs- und Entscheidungsberatung auf, um ein zusammenhängendes Bild von den Ressourcen und dem Unterstützungsbedarf des Jugendlichen zu entwickeln. Art und Umfang der Standortbestimmung richten sich nach dem Anliegen des Jugendlichen, der fallbezogenen Komplexität des Problems sowie den jeweiligen organisationsspezifischen Rahmenbedingungen (Ort, Zeit). Durch die Herstellung von Transparenz, den Einsatz von Schaubildern und strukturiertes Feedback kann der Jugendliche ein zusammenhängendes Bild über seinen aktuellen Stand im beruflichen Entscheidungsprozess entwickeln sowie seine eigenen Handlungspotentiale reflektieren und aktivieren (Peterson et al. 2002; Bußhoff 1998). Diese beraterischen Aktivitäten können die Selbstwirksamkeitsüberzeugungen und Handlungsfähigkeit des Jugendlichen nachweislich verbessern helfen (Brown et al. 2003).[2]

Die Phase der *Zielfindung* ist darauf gerichtet, dass der Jugendliche für seine berufswahlbezogenen Aktivitäten eine Richtung erkennt und konkrete Ziele entwickelt. Nach der Zielsetzungstheorie (Locke & Latham 1994) können

---

2 Der hier und im Folgenden zitierte Artikel von Brown et al. (2003) baut auf einer viel beachteten Metaanalyse von 62 internationalen Studien im Hinblick auf so genannte "critical ingredients of career choice interventions" auf. Bezugspunkt für die Beurteilung war dabei die nachweisbare Verbesserung von Berufswahlkompetenzen.

Verhaltensintentionen als Wegbereiter realen Verhaltens aufgefasst werden. Dabei sollten diese als möglichst spezifische Ziele mit ausreichendem Anspruchscharakter formuliert werden. Die fünf Dimensionen helfen dabei, die Folgeaktivitäten in einen größeren Zusammenhang zu stellen (Peterson et al. 2002; Kinnier & Krumboltz 1984). Die Ausarbeitung und Verschriftlichung von Handlungszielen haben sich im Sinne der Förderung von Aktivitäts- und Umsetzungskompetenzen als wirksame Gestaltungselemente beruflicher Beratung gezeigt (Bimrose & Barnes 2006; Brown et al. 2003).

In der Phase der *Lösungsstrategien* geht es darum, geeignete Wege zur Erreichung von Berufswahlzielen zu entwickeln und zu beschreiten. Für jede der folgenden Leitstrategien wurden verschiedene methodische Ansatzpunkte entwickelt und Qualitätsstandards formuliert. Der Berater erhält auf diese Weise ein strukturiertes Rüstzeug zur Bearbeitung unterschiedlicher, gleichwohl wiederkehrender Themen und Situationen der Beratung.

1. *Aktivierungsstrategien.* Ziel ist es, den Jugendlichen dabei zu unterstützen, Anzeichen eines beruflichen Übergangs wahrzunehmen, sich den damit verbundenen Problemen zu stellen und mit einer förderlichen Einstellung an deren Lösung heranzugehen (Bußhoff 1998). Hilfreiche Aktivierungsansätze werden aus der Verhaltensberatung und der lösungsorientierten Beratung bezogen. In der Studie von Brown et al. (2003, pp. 422–424) haben sich Formen des Modelllernens und der systematischen Reflexion des persönlichen Unterstützungsnetzwerkes als empirisch wirksame Interventionen herauskristallisiert. Weitere methodische Ansatzpunkte bieten die Szenariotechnik und die Anleitung zu berufspraktischen Erprobungen (Bamberger 2005; Super 1994).

2. *Strategien der beruflichen Selbsteinschätzung.* Um den Jugendlichen gezielt bei der Erschließung und Beurteilung ihrer beruflichen Interessen, Fähigkeiten und Werte zu unterstützen, kommen empirisch getestete Verfahren zur Verbesserung der beruflichen Selbsteinschätzung zum Tragen (Preisinger-Kleine & Frahm 2006; Groher 2007; Jörin 2004). Der Jugendliche kann über diese Zugänge nicht nur auf der inhaltlichen Ebene mehr über sich erfahren, sondern lernt auch auf der methodischen Ebene, wie man bei der beruflichen Entscheidungsfindung vorgehen kann. Folgt

man den Schlussfolgerungen von Peterson et al. (1991) und Brown et al. (2003), dann können die Effekte dieser Methoden gesteigert werden, wenn ein zeitlicher Rahmen vereinbart wird, bis zu dem bestimmte Aufgaben zu bearbeiten sind, und wenn die Ergebnisse in einem Folgegespräch gemeinsam ausgewertet werden.

3. *Informationsstrategien.* Die Bereitstellung spezialisierter Sachinformationen über Berufe oder Studiengänge, der Vergleich von Berufen und die Ermöglichung einer strukturierten Informationsrecherche zählen sowohl zu den besonders nachgefragten als auch handlungswirksamen Aspekten beruflicher Beratung (Bimrose & Barnes 2006; Brown & Brooks 1994). Bezugspunkt ist dabei die Stärkung der Informations- und Medienkompetenz des Jugendlichen. Vor diesem Hintergrund werden Methoden der Informationsvermittlung, Informationsrecherche und Informationsbewertung näher beschrieben.

4. *Entscheidungsstrategien.* Das berufliche Entscheidungsverhalten und dessen Optimierung gehören naturgemäß zu den besonders intensiv bearbeiteten Fragestellungen der Berufswahlforschung. Im Kern geht es bei den im Beratungskonzept ausgearbeiteten Methoden der Entscheidungsfindung um die Eingrenzung der Optionsmenge, die kriteriengestützte Bewertung ausgewählter Alternativen, die Berücksichtigung des sozialen Umfeldes sowie eignungsrelevanter Sachverhalte (Gati & Tal 2008; Holling et al. 2000; Bußhoff 1989; Hilke 2007). Wie für alle Methoden der Beratung gilt auch hier, dass sie in der konkreten Beratungssituation auf die besonderen Bedarfe und Voraussetzungen des Jugendlichen abgestimmt werden müssen. Darin liegt eines der Kernelemente beraterischer Professionalität begründet.

5. *Realisierungsstrategien.* Die Beschäftigung mit Realisierungsfragen steht im Mittelpunkt, wenn der Jugendliche eine berufliche Entscheidung gefällt hat, ein entsprechendes Anliegen formuliert und kein weiterer Unterstützungsbedarf vorliegt. Der Jugendliche soll dabei unterstützt werden, dass er die Umsetzung seiner favorisierten Lösung zielstrebig und energisch betreiben kann (Bußhoff 1998). Für diese Teilstrategie bietet die klassische Berufswahlforschung nur wenige Anknüpfungspunkte. Wie bereits

bei den Informationsstrategien ist der Berufsberater im Falle von Realisierungsfragen besonders in seiner feldspezifischen Kompetenz gefragt, zum Beispiel wenn es um gezielte Bewerbungsaktivitäten geht (Erstellung von Bewerbungsmappen, Umgang mit Auswahlverfahren etc.).

Ein kompetenz- und ressourcenorientierter Beratungsansatz achtet darauf, dass die aktive Beteiligung des Jugendlichen ein durchgängiges Handlungsprinzip darstellt. In diesem Sinne stellt der Berater dem jungen Berufswähler Bearbeitungsmöglichkeiten zur Verfügung, die ihn in seiner Bereitschaft und Fähigkeit zur Bewältigung des Übergangs Schule–Beruf bestärken sollen. Dazu gehört auch ein schriftlich ausformulierter Umsetzungsplan, der die nächsten Aktivitäten konkret benennt und terminiert. Mit der Ausformulierung überprüfbarer Aktivitäten bekommt der Jugendliche zugleich eine Bewertungsgrundlage an die Hand, die er selbstständig nutzen kann. Der Verbindlichkeitsgrad der Vereinbarungen hat hier ausschließlich den Charakter einer intersubjektiven Verpflichtung zwischen Berater und Ratsuchendem (Peterson et al. 2002; Bimrose & Barnes 2006).

Mit diesem beraterischen Referenzrahmen werden die konzeptionellen Voraussetzungen für eine an den Anliegen der jungen Berufswähler orientierte beraterische Unterstützung gelegt. Der Grundprozess der Beratung ist ebenso wie die fünf Bezugsdimensionen der Berufswahl leicht verständlich, ermöglicht eine Vernetzung von Aktivitäten und leitet die inhaltliche Arbeit an. Der Jugendliche kann sich mithilfe des Beraters einen guten Überblick über seinen individuellen Stand im Berufswahlprozess machen: Wo liegen Stärken, Ressourcen und ungenutzte Potentiale, wo besteht weiterer Handlungsbedarf? Auch über das Gespräch hinausgehende Ziele und Beratungsstrategien können auf dieser Grundlage entwickelt und eingeordnet werden. Wirksame Beratung hieße dann, dass der Jugendliche entlang des Bearbeitungsprozesses sowohl konkrete inhaltliche Ansatzpunkte für seine weitere Berufswahl erhält als auch grundlegende Herangehensweisen an komplexere Problemstellungen erlernt und damit in seiner Handlungskompetenz gestärkt wird. Auch ein weitergehender Unterstützungsbedarf kann mithilfe der bereitgestellten Kategorien gut verortet werden. Hierbei übernimmt der Berater eine Art Lotsenfunktion in einem zunehmend unübersichtlichen Angebotsspektrum.

6. Integrationsbegleitende Beratung für Ausbildungssuchende

Die integrationsbegleitende Beratung für Ausbildungssuchende stellt einen Spezialfall beruflicher Beratung im Kontext der Arbeitsförderung dar. Als Träger der Arbeitsförderung hat die BA einen gesetzlichen Vermittlungsauftrag, der mit zahlreichen Folgeaktivitäten und Förderinstrumenten verbunden ist. Die §§ 35–38 SGB III bilden hierbei den rechtlichen Ausgangspunkt für die Ausbildungsvermittlung. Bittet ein junger Mensch um Unterstützung bei der Vermittlung in eine betriebliche Ausbildungsstelle, hat die BA diesen Integrationsprozess bis zur Einmündung oder Abmeldung des Jugendlichen zu begleiten und zu fördern. Damit erweitert sich das gesetzlich verankerte Mandat gegenüber dem Jugendlichen beträchtlich. Um deutlich herauszustellen, dass dieser Integrationsprozess mehr ist als ein Matching von Bewerber- und Angebotsprofilen, beraterisch begleitet werden muss und gegenüber der Orientierungs- und Entscheidungsberatung inhaltlich neue Akzente setzt, wurde diese zweite Angebotsform der Beratung konzipiert. Sie setzt unter den Voraussetzungen eines erweiterten Förderspektrums gezielt an dem Teilaspekt der Realisierung eines betrieblichen Ausbildungsziels an.

Im Bereich der Integration von Arbeits- und Ausbildungssuchenden arbeitet die BA mit einem *Vermittlungskonzept,* das sich entlang der gesetzlichen Vorgaben in vier Phasen gliedert: Profiling, Zielfestlegung, Strategieauswahl und Umsetzung. Die BA hat ein neues, rechtskreisübergreifendes System eingeführt, das die bis dato geltenden Handlungsprogramme der Arbeits- und Ausbildungsvermittlung abgelöst hat (BA 2009). Dieses so genannte „4-Phasen-Modell" wird durch das Beratungskonzept methodisch fundiert.

Zunächst wird in der integrationsbegleitenden Beratung ein strukturiertes Bild über die Kompetenzen und Handlungsbedarfe des Jugendlichen im Hinblick auf einen Zielberuf erarbeitet. In vielen Fällen wurde ein solcher Zielberuf bereits im Vorfeld mit dem Berater entwickelt, so dass die weiteren Überlegungen unmittelbar an die bereits erzielten Gesprächsergebnisse der Orientierungs- und Entscheidungsberatung anknüpfen können.

Die gemeinsame Situationsanalyse, hier Profiling genannt, fungiert einerseits als Stärkenanalyse, in der alle beruflich relevanten Kompetenzen des Jugendlichen erfasst werden, und andererseits als Bedarfsanalyse, in der gemeinsam jene Aspekte thematisiert werden, die einer Ausbildungsvermittlung im Wege stehen. Für die Erfassung des vermittlungsrelevanten Handlungsbedarfs werden mehrere Schlüsselgruppen unterschieden:

- Qualifikation
- Leistungsfähigkeit
- Motivation
- persönliches Umfeld
- spezifische Ausbildungsmarktchancen

Eine *beraterische Gestaltung* dieses diagnostischen Teils bedeutet, dass der Lernprozess für den Jugendlichen bereits während der Erhebungsphase einsetzt und dass nicht erst am Ende ein bestimmtes Ergebnis festgestellt und besprochen wird. Beraten heißt, auch den diagnostischen Prozess auf die Erweiterung des Wissens und die Steigerung der Handlungsfähigkeit des Jugendlichen auszurichten. In seiner *Rolle als Experte* kommt der Berufsberater zu einer Beurteilung der Ausbildungsreife, der beruflichen Eignung und Vermittelbarkeit des Jugendlichen und zieht daraus Schlüsse für das weitere Vorgehen. In seiner *Rolle als Berater* muss er seine Einschätzung nicht nur verständlich und gut begründet kommunizieren, sondern auch auf die Verarbeitung beim Jugendlichen achten und dessen Reaktion respektieren. Kann dieser die Einschätzung des Beraters teilen und mittragen, auch wenn sie für ihn unerwartet kommt (z.B. fehlende Ausbildungsreife)? Gibt es gegebenenfalls Revisionsbedarf aufgrund noch nicht berücksichtigter Sachverhalte? Kann bereits damit begonnen werden, gemeinsame Schlussfolgerungen aus der Situationsanalyse zu ziehen oder braucht der Jugendliche noch Zeit und möchte noch einmal einige Punkte durchgehen? Dieses Bemühen um Kongruenz und Abstimmung der Perspektiven in den Fragen der Analyse, Ziele und Aktivitäten ist ein wesentliches Qualitätsmerkmal wirksamer Beratung, es legt die Grundlage für eine konstruktive Zusammenarbeit auch in schwierigen Situationen (Hielscher & Ochs 2009; Göckler 2009).

Für den weiteren Integrationsprozess bilden die festgestellten Ressourcen und Vermittlungshemmnisse des Jugendlichen die zentralen Anknüpfungspunkte. Dabei muss der Berufsberater entscheiden, inwieweit der berufliche Übergangsprozess des Jugendlichen durch beraterische Aktivitäten unterstützt werden kann und inwieweit zusätzliche Förderinstrumente erforderlich sind. Auch der jeweilige Eigenbeitrag des Jugendlichen selbst ist einzubeziehen (subsidiäre Aufgabenperspektive; Bußhoff 1998).

Der eigenständige Beitrag von Beratung in der Umsetzungsphase des Integrationsprozesses liegt insbesondere in

- der Planung und Auswertung von Bewerbungsaktivitäten,
- der Verarbeitung von Enttäuschungen über ausbleibenden Erfolg und Absagen,
- der Entwicklung von beruflichen Alternativen bei ausbleibendem Erfolg oder mehrgleisigem Vorgehen,
- der Erarbeitung von Möglichkeiten zur Überwindung von persönlichen Entwicklungs- und Qualifizierungsdefiziten in einem für den Jugendlichen kaum überschaubaren Dschungel an Maßnahmen und Instrumenten,
- der Erarbeitung von Möglichkeiten zur Überwindung finanzieller Engpässe, die der Aufnahme einer Ausbildung im Wege stehen.

Auch die gemeinsame Erstellung eines individuellen Handlungsplans, der im Laufe des Integrationsprozesses fortgeschrieben wird, stellt einen wichtigen Beitrag wirkungsorientierter Beratung dar (Konle-Seidl 2005; Fromm & Sproß 2008).

Zahlreiche Integrationsprobleme können nicht allein durch beraterische Hilfe gelöst werden, sondern erfordern den Einsatz zusätzlicher Förderinstrumente. Beratung stellt hier gleichsam den Ausgangspunkt dar, von dem aus solche Förderentscheidungen mit dem Ausbildungssuchenden konkret abgestimmt und geplant werden können. Fachlich bieten die gemeinsam erarbeiteten und getragenen Ergebnisse des Profilings die Grundlage für eine zielgenaue und bedarfsgerechte Förderung. Wenn die Finanzierung der berufsvorbereitenden oder qualifizierenden Maßnahmen von der BA erfolgt, wird der Entwicklungsprozess des Jugendlichen regelmäßig vom Berufsberater begutachtet und spätestens zum Ende der Maßnahme eine gemeinsame Anschlussplanung für die weitere Integrationsarbeit erarbeitet.

Insgesamt kommt dieser Form der beraterischen Unterstützung eine stärker prozessbegleitende Funktion zu als dies bei der Orientierungs- und Entscheidungsberatung der Fall ist. Der Betreuungsprozess erstreckt sich über einen deutlich längeren Zeitraum und je nach Unterstützungsbedarf über mehrere Beratungsgespräche, die durch bestimmte Förderaktivitäten gerahmt werden können. Individuelle Beratung im Vermittlungsprozess kann dabei nicht nur die Handlungskompetenz des Jugendlichen stärken, sondern auch eine koordinierende Funktion übernehmen, indem sie nicht bedarfsgerechte Maßnahmezuweisungen und ineffektive Förderketten vermeiden hilft.

7. Ausblick

Angesichts eines unübersichtlichen und kostenintensiven Übergangsmanagements Schule–Beruf stellt sich die Frage, welchen spezifischen und ergänzenden Beitrag berufliche Beratung in diesem Feld zu leisten im Stande ist (Konle-Seidl 2005; Rübner 2006). Der hier aus der Perspektive der Beratungskonzeption der BA skizzierte Weg kann dabei sicherlich nur eine Facette der Fragestellung beantworten helfen.

Ein wichtiges Ziel der Beratungskonzeption besteht darin, grundlegende Gestaltungselemente beruflicher Beratung zu identifizieren, durch die Lernprozesse und Handlungskompetenzen von Jugendlichen am Übergang Schule–Beruf optimal gefördert werden können. Hierzu wurde ein in seiner Systematik leicht verständlicher, vielfach praktizierter und durch evidenzbasierte Verfahren methodisch fundierter Referenzrahmen entwickelt und für die beiden Beratungsformate der BA fachlich ausgearbeitet. Dieser konzeptionelle Rahmen wird, wie zahlreiche Rückmeldungen von Experten, Praktikern, Dozenten und Führungskräften der BA ergeben haben, als schlüssig, gut nachvollziehbar und praktikabel empfunden. Für die weitere Professionalisierung der beruflichen Beratung am Übergang Schule–Beruf ist damit konzeptionell ein wichtiger Schritt getan.

Die Frage, wie eine möglichst effektive und effiziente Unterstützung von Jugendlichen durch berufliche Beratung geleistet werden kann, eröffnet aber auch eine wichtige und übergeordnete Forschungsperspektive. Auch wenn es inzwischen – vorwiegend im englischsprachigen Raum – eine Reihe von Studien gibt, die die Wirksamkeit von Beratung untersuchen, bleibt festzuhalten, dass eine präzise Kennzeichnung zentraler Komponenten wirksamer Berufsberatung nach wie vor aussteht. Das müssen selbst die Autoren der auf 62 Einzelstudien basierenden Metaanalyse berufsberaterischer Interventionsformen einräumen (Brown et al. 2003, pp. 416–425). Diese schwache Befundlage im Bereich der Berufsberatung ist umso beachtlicher, als dass von politischer und wissenschaftlicher Seite hohe Leistungserwartungen an die Berufsberatung gestellt werden und daher ein breites, für alle Nutzergruppen offenes und leicht zugängliches Angebotsspektrum gefordert wird (OECD 2004; Schober 2007).

Dennoch bestärken zahlreiche Analysen die Annahme, dass einige besonders wirksame und grundlegende Gestaltungselemente der Berufsberatung gefunden werden können, und dass entsprechend positive Effekte relativ unabhängig von spezifischen Merkmalen wie Alter, Geschlecht oder Bildungsniveau nachweisbar sind (Brown et al. 2003; Hirschi & Läge 2008).

Bereits 1942 hat Carl Rogers in seinem Buch "Counseling and Psychotherapy" (Rogers 1972) eine konsequente empirische Überprüfung beraterischer Interventionen hinsichtlich ihrer Wirkung gefordert. „Dringend gebraucht werden offenbar einige hypothetische, auf Beratungserfahrung basierende Formulierungen, die empirischer Untersuchung unterworfen werden können. (…) Gute Absichten und der Wunsch zu helfen sind vielfach als Ersatz für eine sorgfältige Formulierung der in Frage kommenden Prinzipien akzeptiert worden." (Rogers 1972, S. 26). Rogers' Forderung nach einer konsequenten empirischen Fundierung von Beratung ist fast 90 Jahre alt, aber nach wie vor aktuell: Um die Wirksamkeit und Wirtschaftlichkeit von beruflicher Beratung im Übergangssystem Schule–Beruf besser einschätzen zu können, sollten neben Fragen nach der infrastrukturellen Ausstattung und Vernetzung von Beratungseinrichtungen auch die Prozesse in der Beratung selbst und die Wirkung beraterischer Gestaltungselemente stärker in den Mittelpunkt der Fachdiskussion und Forschung gerückt werden.

Literatur

BA (2007). *Das neue Angebot der Berufsberatung.* Nürnberg: Bundesagentur für Arbeit.

BA (2008). *Steigerung der Beratungsqualität* (Geschäftsanweisung Nr. 12/2008). Nürnberg: Bundesagentur für Arbeit.

BA (2009). *Flächeneinführung und Kurzinformation zum 4-Phasen-Modell der Integrationsarbeit* (Geschäftsanweisung Nr. 09/2009). Nürnberg: Bundesagentur für Arbeit.

Bahrenberg, R.; Koch, H. & Müller-Kohlenberg, L. (2000). *Praxis der beruflichen Beratung. Aufgaben und Praxis der Bundesanstalt für Arbeit.* Stuttgart: Kohlhammer.

Bamberger, G. (2005). *Lösungsorientierte Beratung* (3., vollständig überarbeitete Auflage). Tübingen: Psychologie Verlags Union.

Bimrose, J. & Barnes, S.-A. (2006). *Researching Effective Career Guidance: One Year On* (Research Bulletin No. 84). Warwick: University, Institute for Employment Research.

Blossfeld, H.-P. (1989). *Kohortendifferenzierung und Karriereprozeß. Eine Längsschnittstudie über die Veränderung der Bildungs- und Berufschancen im Lebenslauf.* Frankfurt, New York: Campus Verlag.

Brown, D. & Brooks, L. (Hrsg.) (1994). *Karriere-Entwicklung.* Stuttgart: Klett-Cotta.

Brown, S.D.; Ryan Krane N.; Brecheisen, J.; Castelino, P.; Budisin, I.; Miller, M. & Edens, L. (2003). Critical Ingredients of career choice interventions: More analyses and new hypotheses. In *Journal of Vocational Behavior* 62, S. 411–428.

Bürgi, A. & Eberhart, H. (2004). *Beratung als strukturierter und kreativer Prozess. Ein Lehrbuch für die ressourcenorientierte Praxis.* Göttingen: Vandenhoeck & Ruprecht.

Bußhoff, L. (1989). *Berufswahl. Theorien und ihre Bedeutung für die Praxis der Berufsberatung.* Stuttgart: Kohlhammer.

Bußhoff, L. (1998). Berufsberatung als Unterstützung von Übergängen in der beruflichen Entwicklung. In R. Zihlmann (Hrsg.): *Berufswahl in Theorie und Praxis* Zürich: Sabe, S. 9–84.

Egan, G. (2002). *The Skilled Helper* (7th ed.). Pacific Grove: Brooks/Cole Publishing Company.

Ertelt, B.J. & Schulz, W.E. (2008). *Handbuch Beratungskompetenz: Mit Übungen zur Entwicklung von Beratungsfertigkeiten in Bildung und Beruf* (2., neu bearbeitete Auflage). Leonberg: Rosenberger Fachverlag.

Fromm, S. & Sproß, C. (2008). *Aktivierende Arbeitsmarktpolitik: Wie wirken Programme für erwerbsfähige Hilfeempfänger in anderen Ländern* (IAB-Kurzbericht Nr. 4). Nürnberg: Institut für Arbeitsmarkt- und Berufsforschung.

Gati, I. & Tal, S. (2008). Decision-Making Models and Career Guidance. In J.A. Athanasou & R. Van Esbroeck (Eds.): *International Handbook of Career Guidance*. Dordrecht: Springer, S. 197–207.

Göckler, R. (2009). *Beratung im Sanktionskontext. Sanktionsgespräche in der Grundsicherung für Arbeitssuchende. Theorie und Praxis der Umsetzung*. Tübingen: dgvt-Verlag.

Groher, E. (2007). *Beschäftigungsorientierte Beratung. Ein Beitrag aus sozialkonstruktionistischer Perspektive*. Hamburg: Kovac.

Gysbers, N.C. & Moore, E.J. (1987). *Career Counseling. Skills and Techniques for Practitioners*. New Jersey: Prentice Hall.

Hellberg, B.-M. (2005). *Entscheidungsfindung bei der Berufswahl. Prozessmodell der Emotionen und Kognitionen*. Wiesbaden: Deutscher Universitätsverlag.

Herzog, W., Neuenschwander, M.P. & Wannack, E. (2006). *Berufswahlprozess. Wie sich Jugendliche auf ihren Beruf vorbereiten*. Bern: Haupt.

Hielscher, V. & Ochs, P. (2009). *Arbeitslose als Kunden? Beratungsgespräche in der Arbeitsvermittlung zwischen Druck und Dialog*. Berlin: Edition Sigma.

Hilke, R. (2007). Vom Begriff der Eignung zum Begriff der Ausbildungsreife – ein pragmatischer Vorschlag. In E. Schlemmer, H. Gerstberger (Hrsg.): *Ausbildungsfähigkeit im Spannungsfeld zwischen Wissenschaft, Politik und Praxis*. Wiesbaden: Verlag für Sozialwissenschaften, S. 109–130.

Hirschi, A. & Läge, D. (2008). Increasing the career choice readiness of young adolescents: an evaluation study. In *International Journal for Educational and Vocational Guidance, July*, 95–110.

Holland, J.L. (1997). *Making Vocational Choices. A Theory of Vocational Personalities and Work Environments* (3rd ed.). Odessa: Psychological Assesment Resources.

Holling, H.; Lüken, K.-H.; Preckel, F. & Stotz, M. (2000). *Berufliche Entscheidungsfindung. Bestandaufnahme, Evaluation und Neuentwicklung computergestützter*

Verfahren zur Selbsteinschätzung (Beiträge zur Arbeitsmarkt- und Berufsforschung Nr. 236). Nürnberg: Institut für Arbeitsmarkt- und Berufsforschung.

Jörin, S. (2004). *EXPLORIX – das Werkzeug zur Berufswahl und Laufbahnplanung. Deutschprachige Adaption und Weiterentwicklung des Self-Directed Search (SDS) nach John Holland.* Manual. Bern.

Kinnier, R.T. & Krumboltz, J.D. (1984). Procedures for Successful Career Counseling. In N.C. Gysbers (Ed.): *Designing Careers: Counseling to Enhance Education, Work, and Leisure.* San Francisco: Jossey-Bass, pp. 307–335.

Konle-Seidl, R. (2005). *Lessons learned. Internationale Evaluierungsergebnisse zu Wirkungen aktiver und aktivierender Arbeitsmarktpolitik* (IAB-Forschungsbericht Nr. 9). Nürnberg: Institut für Arbeitsmarkt- und Berufsforschung.

Locke, E.A. & Latham, G.P. (1994). Goal Setting Theory. In H.F. O'Neil & M. Drillings (Eds.): *Motivation: Theory and Research.* Hillsdale: Lawrence Erlbaum Associates, Inc., Publishers, S. 13–29.

Ministerium für Arbeit und Soziales, Qualifikation und Technologie (MASQT) (Hrsg.) (2000). *Modellprojekt „Sozialbüros" NRW.* Endbericht. Wissenschaftliche Begleitung. Düsseldorf.

Mitchell, L.K. & Krumboltz, J.D. (1994). Die berufliche Entscheidungsfindung als sozialer Lernprozeß: Krumboltz' Theorie. In D. Brown, L. Brooks (Hrsg.): *Karriere-Entwicklung.* Stuttgart: Klett-Cotta, S. 157–210.

Nestmann, F. & Projektgruppe DNS (2002). *Beratung als Ressourcenförderung. Präventive Studentenberatung im Dresdner Netzwerk Studienbegleitende Hilfen (DNS).* Weinheim, München: Juventa-Verlag.

Nestmann, F.; Sickendiek, U. & Engel, F. (2007). Die Zukunft der Beratung in Bildung, Beruf und Beschäftigung. In U. Sickendiek, F. Engel, F. Nestmann & V. Bamler (Hrsg.): *Beratung in Bildung, Beruf und Beschäftigung.* Tübingen: dgvt-Verlag, S. 13–51.

OECD (2004). *Career Guidance and Public Policy. Bridging the Gap.* Paris.

Peterson, G.W.; Sampson, J.P.; Lenz, J.G. & Reardon, R.C. (2002). A Cognitive Information Processing Approach to Career Problem Solving and Decision Making. In D. Brown and associates (Eds.): *Career Choice and Development.* San Francisco: Jossey-Bass, pp. 312–369.

Peterson, G. W.; Sampson, J. P. & Reardon, R. C. (1991). *Career Development and Services. A Cognitive Approach.* Belmont: Brooks/Cole Publishing Company.

Potocnik, R. (1990). *Entscheidungstraining zur Berufs- und Studienwahl.* Bern: Huber.

Preisinger-Kleine, R. & Frahm, A. (2006). *Kompetenzen Jugendlicher sichtbar machen. Fortbildungskonzept für Fachkräfte.* Projektgruppe Informal Competencies and their Validation (ICOVET). München: Deutsches Jugendinstitut.

Rogers, C.R. (1972). *Die nicht-direktive Beratung.* Frankfurt: Fischer Taschenbuch Verlag.

Rübner, M. (2006). Leitbildwechsel in der aktiven Arbeitsmarktpolitik? Professionelle Kundenkommunikation und Beratung als Erfolgsfaktoren neuer Integrationsstrategien in den Agenturen für Arbeit. In H.-D. Braun, B.-J. Ertelt (Hrsg.): *Paradigmenwechsel in der Arbeitsmarkt- und Sozialpolitik?* Brühl: Fachhochschule des Bundes für öffentliche Verwaltung, S. 126–137.

Rübner, M. (2009). Berufsberatung weiter stärken. Zielsetzungen und Perspektiven der Bundesagentur für Arbeit. In *Berufsbildung in Wissenschaft und Praxis* 4, S. 14–18.

Rübner, M. (2010). Reorientation of Counselling for Young People and Training Placement in the Public Employment Service of Germany. In: S. Kraatz, B.-J. Ertelt (Eds.): *Professionalisation of Career Guidance in Europe. Training, Guidance Research, Service Organisation, and Mobility.* Tübingen: dgvt-Verlag. Im Erscheinen.

Schober, K. (2007). Berufsberatung im internationalen Kontext. In U. Sickendiek, F. Engel, F. Nestmann & V. Bamler (Hrsg.): *Beratung in Bildung, Beruf und Beschäftigung.* Tübingen: dgvt-Verlag, S. 101–115.

Seifert, K.H. (1988). Berufswahl und Laufbahnentwicklung. In D. Frey, C. Graf Hoyos & D. Stahlberg (Hrsg.): *Angewandte Psychologie. Ein Lehrbuch.* München: Psychologie Verlags Union, S. 187–204.

Seifert, K.H.; Bergmann, C. & Eder, F. (1987). Berufswahlreife und Selbstkonzept-Berufskonzept-Kongruenz als Prädiktoren der beruflichen Anpassung und Bewährung während der beruflichen Ausbildung. In *Zeitschrift für Arbeits- und Organisationspsychologie* 31, S. 133–143.

Sickendiek, U. (2007). Theorien und Konzepte beruflicher Beratung. In U. Sickendiek, F. Engel, F. Nestmann & V. Bamler (Hrsg.). *Beratung in Bildung, Beruf und Beschäftigung.* Tübingen: dgvt-Verlag, S. 53–100.

Super, D.E. (1994). Der Lebenszeit-, Lebensraumansatz der Laufbahnentwicklung. In D. Brown, L. Brooks (Hrsg.), *Karriere-Entwicklung.* Stuttgart: Klett-Cotta, S. 211–280.

Weise, F.-J.; Alt, H. & Becker, R. (2009). *Gut gerüstet. Fundamente und Perspektiven einer modernen Arbeitsmarktpolitik.* Nürnberg: Bundesagentur für Arbeit.

Jochen Tscheulin, Lars Castellucci, Kirstin Hein

Warum Netzwerkarbeit? Was zeichnet erfolgreiche Netzwerke im Übergangsmanagement aus? – oder: „Vom Solo zur Sinfonie"

1. Einführung

Die Zahl der Erwerbstätigen in Deutschland sinkt. Gleichzeitig unterliegt die Wirtschaft einem permanenten Anpassungs- und Innovationsdruck, die Anforderungen an die Mitarbeiterinnen und Mitarbeiter werden zunehmend größer. Qualifiziertes Erwerbspotenzial optimal zu nutzen ist daher eine der zentralen Herausforderungen für künftigen wirtschaftlichen Erfolg und gesellschaftlichen Wohlstand. Kein Talent darf verloren gehen. Gerade Jugendliche mit einem eher niedrigen formalen Qualifikationsniveau gilt es angesichts dieser Herausforderung zu fördern – denn ihre Chancen am Arbeitsmarkt sind besonders gering und vielfach liegen gerade hier verborgene Talente. Derzeit jedoch wird gerade das Erwerbspotenzial dieser Gruppe nur mangelhaft gefördert und genutzt: Zwar hat sich auch im Jahr 2008 die seit 2006 zu beobachtende Entspannung auf dem Ausbildungsmarkt weiter fortgesetzt (Ulrich et al. 2008). Gleichzeitig jedoch bleibt die Zahl derer auf hohem Niveau, denen der direkte Übergang von der Schule in den Beruf verwehrt bleibt. Beispielsweise schaffen in der Region Rhein-Neckar derzeit nur etwa 10 Prozent der Hauptschülerinnen und Hauptschüler den unmittelbaren Übergang in die duale Ausbildung. Ihr Anteil ist zwischen 1992 und 2006 laut Angaben der Bundesagentur für Arbeit deutlich zurückgegangen (BIBB 2007, S. 7). Die Zahl der Altbewerber, die bereits vor einem Jahr oder länger die Schule verlassen haben, wächst kontinuierlich und lag 2007 bei etwa 385.000 (BMBF 2008, S. 18). Damit korrespondiert ein Anstieg an Einmündungen in Alternativen wie das Berufsvorbereitungsjahr oder das Berufsgrundbildungsjahr, die als Warteschleifen in der Kritik stehen (Bertelsmann Stiftung 2007, S. 15–18). Über Zahlen lässt sich bekanntlich trefflich streiten, was im vorliegenden Fall auch ein Teil des Problems ist. Fakt ist aber, dass viele Jugendliche für sich keine Perspektiven sehen und resignieren. Und Fakt ist, dass es sich die deutsche Volkswirtschaft in Zeiten des demografischen Wandels und der wachsenden Knappheit an qualifizierten Arbeitskräften nicht leisten kann, auf Talente zu verzichten – Talente, die unter den heute vielfach scheiternden Jugendlichen zu finden sind (vgl. hierzu auch den Beitrag von Tim Brüggemann in diesem Band). Henry Ford hat einmal gesagt: „Es gibt mehr Menschen, die kapitulieren, als solche, die scheitern." Die Aufgabe ist also, Menschen, die nicht scheitern müssten, vor dem Kapitulieren zu bewahren, indem konzertiert an ihren Stärken gearbeitet wird.

Auf diesen Handlungsdruck wurde und wird bereits reagiert. Das Bemühen darum, insbesondere Hauptschülerinnen und Hauptschüler erfolgreich ins Arbeitsleben zu integrieren, findet seinen Ausdruck in einer großen Fülle von Projekten, die von verschiedenen Trägern durchgeführt werden – etwa von Schulen, Arbeitsagenturen oder Kommunen. Im Übergangsmanagement mangelt es keineswegs an Maßnahmen. Es mangelt an systematischer Zusammenarbeit und Abstimmung über Institutionengrenzen hinweg, mit der nicht nur Abschlüsse, sondern auch Anschlüsse für die Jugendlichen sichergestellt werden (vgl. hierzu auch den Beitrag von Tim Brüggemann in diesem Band). Zudem sterben mit dem Ende eines Projekts häufig auch die in diesem Rahmen gemachten Erfahrungen. „Projektitis" und der ausschreibungsgetriebene Zwang zu sogenannten Innovationen verhindern ein Organisationslernen und behindern Verlässlichkeit und Nachhaltigkeit der Angebote. Schließlich bleiben viele Angebote den Zielgruppen, die sie eigentlich nutzen sollen, völlig unbekannt und damit ungenutzt.

2. Netzwerke als Erfolgsfaktoren für Übergangssysteme

Wie also lassen sich junge Menschen besser auf den beruflichen Erfolgsweg führen? Große Hoffnungen werden auf das sogenannte Übergangsmanagement gesetzt: Denn Erfolg verspricht nicht das – noch so hervorragende – Solo einzelner Akteure oder Institutionen, sondern das aufeinander abgestimmte Konzert aller für den Übergang relevanten Akteursgruppen und Institutionen. Systematisches Übergangsmanagement lebt nicht allein davon, dass Wirtschaft und Schule näher zusammenrücken, sondern vor allem davon, dass neben Schulen und Unternehmen auch Politik, Arbeitsagenturen, Eltern, Bildungsträger, Ehrenamtliche und Schulträger aufeinander abgestimmt handeln – als Netzwerk mit einer gemeinsamen Vision, Schülerinnen und Schüler nachhaltig zu Ausbildungs- und Berufsreife zu führen und ins Berufsleben zu integrieren.

2.1 Netzwerke – weder Modebegriff noch Allheilmittel, sondern Notwendigkeit

Es kommt also auf Netzwerke an. Netzwerke sind heute in aller Munde. Sie sind zu einem Modebegriff geworden, der oftmals vielversprechend daherkommt, in der Realität aber wenig einlöst. Die Netzwerkbegeisterung weicht durch negative Erfahrungen in schlecht gesteuerten, mit unklaren Zielen behafteten Beispielen einer Netzwerkmüdigkeit. Tatsächlich sind Netzwerke keine simplen Rezepte für Problemlösungen aller Art. Schon gar nicht können sie alle Defizite ausgleichen, die durch Unvermögen oder Verantwortungslosigkeit einzelner Akteure entstanden sind. Für Netzwerkarbeit sprechen aber drei zentrale Argumente, die sich mit den Leistungspotenzialen von Netzwerken befassen. Zum einen überfordert der Anspruch einer (ganzheitlichen) Problembehandlung einzelne Akteure mit ihren begrenzten Zuständigkeiten und Ressourcen. Beispielsweise stellt Arbeitslosigkeit ein komplexes Problem dar, das einzelne Zuständige wie etwa die Arbeitsagenturen, Politiker oder Wirtschaftsvertreter überfordert. Netzwerke hingegen können die Komplexität von Problemen auf der Lösungsseite nachbilden und dadurch Problemlösungen ermöglichen, die einzelnen Partnern verwehrt bleiben. Ein zweites Argument für Netzwerkarbeit im Übergangsmanagement ist, dass in Netzwerken Synergien[1] entstehen und sich Positivsummenspiele oder Winwin-Lösungen ergeben können. Alle Akteure des Übergangsmanagements arbeiten letztlich an der gleichen Herausforderung, Jugendliche auf dem Weg in ein selbstständiges, eigenverantwortliches Leben zu begleiten und damit

---

1   Positivsummenspiele zeichnen sich dadurch aus, dass zumindest in der Summe ein positives Ergebnis erreicht werden kann, das heißt, die Gewinne der Gewinner übersteigen die möglichen Verluste der Verlierer. Bei Win-win-Lösungen stehen den Gewinnen einzelner Teilnehmender zumindest keine Verluste anderer gegenüber oder es können sogar alle Teilnehmenden Vorteile aus der Kooperation ziehen.

immer wieder Anschlüsse statt nur Abschlüsse sicherzustellen. Es ist daher zum Vorteil aller, wenn sie ihre Kompetenzen zur gemeinsamen Lösungssuche einsetzen und auf diesem Wege schneller, leichter und qualitätsvoller zu nachhaltigen Ergebnissen gelangen. Ein drittes Argument besteht darin, dass in Netzwerken ganz konkret zusätzliche Ressourcen bereitgestellt werden können – sei es in Form von Wissen, Personal, Finanzmitteln oder auch Sachmitteln (Castellucci 2008, S. 98–101).

Abb. 1: Leistungspotenziale von Netzwerken (Castellucci 2008, S. 99)

2.2 Vom Solo zur Sinfonie – auf zwei Ebenen

Die skizzierten Argumente weisen darauf hin, dass es nicht reicht, wenn einzelne Akteure ihr Bestes geben. Jeder kennt die engagierten Bürgermeister, die zusätzliche Ausbildungsplätze einwerben, die Lehrerinnen, die Partnerschaften mit örtlichen Unternehmen aufbauen, oder die Sozialarbeiter, die mit hoher Motivation Jugendlichen zur Seite stehen. Diese Aktivitäten bleiben der berühmte Tropfen auf den heißen Stein, ein Solo, während sich die volle und nachhaltige Wirkung nur in einer Sinfonie, im Zusammenklang aller Beteiligten, entfalten kann.

Um Übergangsmanagement erfolgreich gestalten zu können, bedarf es einer systematischen Vernetzung auf zwei Ebenen,

a) der lokalen Ebene der Schule und ihres Umfelds und
b) der überschulischen, regionalen Ebene.

Auf lokaler Ebene sind es Lehrerinnen und Lehrer, Schulleitungen, Elternbeiräte, ehrenamtlich Engagierte, Berufsberater, Jugendberufshilfe sowie Partnerunternehmen und Schulträger, die zusammen das Übergangsnetzwerk bilden. Hier geht es um die optimale Abstimmung der direkt am Übergang beteiligten Akteure in starken Schulpartnerschaften. Solche Vor-Ort-Netzwerke können gewährleisten, dass verschiedene Bausteine eines erfolgreichen Übergangsmanagements in Schulen reibungsloser umgesetzt werden. Ein lokal koordinierter Baustein des Übergangsmanagements ist beispielsweise das kontinuierliche Coaching der einzelnen Schüler durch einen festen, entsprechend qualifizierten Ansprechpartner. Coaches zeigen den Schülern etwa geeignete Förderwege auf oder stellen ihnen bedarfsgerechte fachliche Hilfe von ehrenamtlicher oder professioneller Seite sicher. Darüber hinaus zählen Testverfahren, mit denen unter anderem die Kompetenzprofile der einzelnen Schülerinnen und Schüler ermittelt werden, zu den lokal koordinierten Elementen eines erfolgreichen Übergangsmanagements.

Diese lokalen Netzwerke müssen aber auf überschulischer oder regionaler Ebene unterstützt und flankiert werden. Die überschulischen Netzwerke bestehen aus Schulen, Schulträgern, Schulämtern, Unternehmensvertretern, Vertretern von Arbeitsagenturen, Ministerien, Kammern, Verbänden und Gewerkschaften sowie Ministerien. Hier geht es unter anderem um die politische Unterstützung der lokalen Netzwerke, um die Organisation von schulübergreifenden Lernprozessen oder die Definition und das Monitoring von Qualitätsstandards. Ein relevantes Element des Übergangsmanagements, das auf überschulischer Ebene koordiniert wird, ist beispielsweise das Monitoring aggregierter Daten der am Übergangsprojekt beteiligten Schülerinnen und Schüler. Durch dieses Monitoring lassen sich Vergleiche zwischen den beteiligten Schulen zur Entwicklung der Übergangszahlen ziehen oder die Karriereverläufe der Schülerinnen und Schüler auch über den Schulbesuch hinaus nachzeichnen. Auch die Evaluation von Wirkung und Wirtschaftlichkeit des Übergangsmanagements ist sinnvoll auf der regionalen Ebene angesiedelt. Auf deren Basis kann zudem das Organisationslernen sichergestellt werden.

Zwischen beiden Vernetzungsebenen ist dabei eine kontinuierliche Zusammenarbeit zu gewährleisten.

3. Die sechs Stellhebel erfolgreichen Netzwerkmanagements

Wie lassen sich Netzwerke im Übergangsmanagement sinnvoll aufbauen und zum Erfolg führen, so dass Jugendlichen ein reibungsloser Start ins Berufsleben ermöglicht wird?

Voraussetzung für das konzertierte Vorgehen ist, dass die in einem Netzwerk zusammengeführten Partner sich über Sinn und Ziele ihrer Kooperation verständigt haben und sich gegenseitig mit Vertrauen begegnen oder am Vertrauensaufbau arbeiten. Nur in einem solchen Rahmen kann die „Weisheit der Vielen" zum Tragen kommen. Das IFOK-Erfolgsmodell der sechs relevanten Stellhebel für erfolgreiches Netzwerkmanagement ist in der nachfolgenden Grafik zusammengefasst. Sie beantwortet die Frage, was gegeben sein muss, damit Netzwerke erfolgreich arbeiten und komplexe Veränderungsprozesse gestaltet werden können.

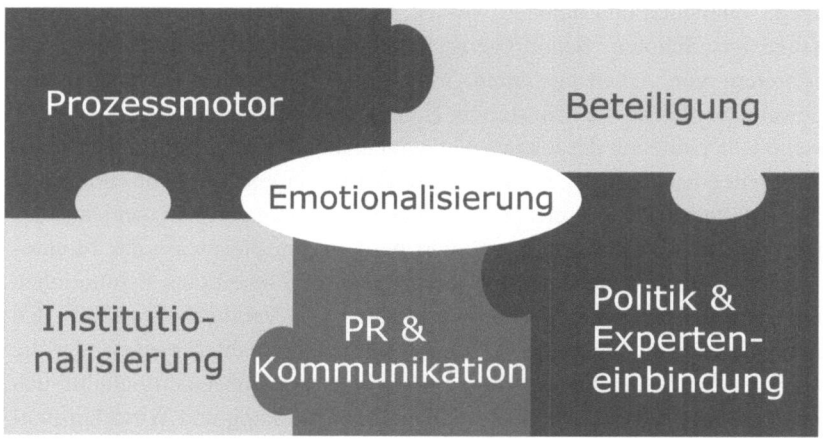

Abb. 2: Das IFOK-Erfolgsmodell der sechs relevanten Stellhebel des Netzwerkmanagements (IFOK GmbH 2008)

Stellhebel Nummer 1 – Prozessmotor: Netzwerke brauchen Führung

Ob ein gesellschaftlicher Wandelprozess wie der Prozess hin zu einem erfolgreichen Übergangsmanagement gelingt oder nicht, hängt wesentlich davon ab, ob der Prozess durch einen geeigneten Motor vorangetrieben wird. Dieser Motor möchte die Veränderung selbst aktiv herbeiführen und gibt den dafür notwendigen Impuls, macht die Dringlichkeit klar und treibt den Prozess kontinuierlich voran. Der Prozessmotor wird vom gesamten Netzwerk, das in den Veränderungsprozess eingebunden ist, als legitimer Treiber anerkannt und übt in dieser Rolle eine glaubwürdige Prozessregie aus – notfalls mit langem Atem. So wäre beispielsweise das Hamburger Hauptschulmodell ohne das Engagement der Otto Group oder der Hapag-Lloyd AG im Rahmen der *Initiative für Beschäftigung!* kaum denkbar gewesen.

Stellhebel Nummer 2 – Beteiligung: Netzwerke brauchen Partner

„Erkläre mir und ich werde vergessen. Zeige mir und ich werde mich erinnern. Beteilige mich und ich werde verstehen" (Konfuzius, 551–479 v. Chr.) – und mich motiviert und engagiert einbringen. Erfolgreiches Übergangsmanagement lebt davon, dass alle relevanten Institutionen und Akteursgruppen eingebunden werden. Neben Übergangsexperten wie etwa Vertretern der Arbeitsagenturen werden auch Laien wie beispielsweise Eltern in den Prozess einbezogen. Um diese verschiedenen Stimmen zu einer Sinfonie zu vereinigen, bedarf es einer gemeinsamen Vision und der Antwort auf die Frage: Wie führe ich die Schülerinnen und Schüler am besten zur Ausbildungsreife und auf welchem Weg gelingt ihre Integration in den Arbeitsmarkt am besten? Aus der gemeinsamen Antwort auf diese Frage lassen sich regionale Standards für das Übergangsmanagement festlegen. Bei der Entwicklung des Modells KÜM (Kooperatives Übergangsmanagement Schule–Beruf in der Metropolregion Rhein-Neckar) hat IFOK gelernt, dass noch so überzeugende Best Practices von einer Stelle nicht einfach auf einen anderen Ort übertragbar sind. Vielmehr müssen sie unter Beteiligung der relevanten Akteure vor Ort, die auch die Umsetzung gestalten, auf die jeweilige Situation angepasst und regional weiterentwickelt werden.

Stellhebel Nummer 3 – Politik- und Experteneinbindung: Netzwerke brauchen Verbündete

Ein Veränderungsprozess lebt davon, dass er von einflussreichen Befürwortern unterstützt wird. Politische Entscheidungsträger können einem Veränderungsprozess das notwendige Gewicht und eine größere Sichtbarkeit verleihen. Darüber hinaus profitieren Veränderungsprozesse davon, dass Expertenwissen einbezogen wird. So können diese auf ein stabileres fachliches Fundament gestellt werden.

Die erfolgreiche Einbindung der Politik zeigt sich etwa in dem von IFOK entwickelten Projekt „Jugend denkt Zukunft", einer Initiative der Wirtschaft, die deutschlandweit junge Menschen in den Innovationsdialog einbindet. Die Jugendlichen schlüpfen dabei während eines fünftägigen Innovationsspiels in die Rolle von Beratern und entwickeln Produkte und Dienstleistungen für die Zukunft. Dabei werden Kultusministerinnen und -minister oder auch Ministerpräsidenten gezielt als Paten des Projekts eingesetzt und wirken in dieser Rolle in der Öffentlichkeit als gewichtige Multiplikatoren.

Stellhebel Nummer 4 – Kommunikation: Netzwerke brauchen Transparenz

„Man kann nicht nicht kommunizieren" (Paul Watzlawick et al. 1996, S. 53). Durch geeignete kommunikative Maßnahmen werden Veränderungsprozesse transparent gestaltet und in der Öffentlichkeit positiv dargestellt. Wer glaubwürdig informiert, kann verhindern, dass Außenstehende mit Angst oder Misstrauen auf Veränderungsprozesse reagieren. Die richtige PR-Strategie ermöglicht es, Aufmerksamkeit gezielt auf die Erfolge des Wandelprozesses zu lenken. Erfährt ein Veränderungsprozess durch gute Kommunikation breite Aufmerksamkeit, so lässt sich die den Prozess tragende Veränderungsallianz problemlos erweitern.

Wer Übergangsmanagement erfolgreicher gestalten will, kann getrost nach dem Motto „Tue Gutes und sprich darüber" handeln. Eine geeignete PR-Strategie kann hier besonders dazu dienen, eine noch breitere Gruppe von potenziell wichtigen Akteuren zu erreichen, deren Beteiligung die „Weisheit der Vielen" im Netzwerk weiter mehrt.

Stellhebel Nummer 5 – Institutionalisierung: Netzwerke brauchen einen Ort, an dem alle Fäden zusammenlaufen

Ein gemeinsames Dach und eine verbindliche Struktur finden Veränderungsprozesse oftmals nicht in bereits bestehenden administrativen Strukturen. Häufig müssen zunächst auf die Dauer des Wandlungsprozesses befristete Strukturen geschaffen werden, um der Veränderung den geeigneten strategischen Raum zu bieten. In einem institutionalisierten Veränderungsprozess gibt es klare Regeln und die Rollen der verschiedenen beteiligten Akteure sind klar definiert. Schließlich antwortet Institutionalisierung auch auf die „Projektitis", gelingt es Netzwerken doch eher als einzelnen Akteuren allein, aus Projekten tragfähige Strukturen für dauerhafte Umsetzungen zu entwickeln. Bei den „Kontinuierlichen Praxistagen" wurde in Hessen ein überzeugendes Modell einer Frankfurter Schule im Rahmen der Arbeit im regionalen Netzwerk Rhein-Main der *Initiative für Beschäftigung!* weiterentwickelt. Und mit der Kraft der Initiative konnte aus dem Modellprojekt ein Regelangebot in Hessen werden.

Stellhebel Nummer 6 – Emotionalisierung: Netzwerke müssen mehr als nur den Kopf ansprechen

Ohne Emotion kein Wandel. Emotionalisierung ist die zentrale Stellschraube, an der angesetzt werden muss, um etwas zum Positiven zu verändern. Ein Prozess, der nicht von Emotionen getragen und begleitet wird, büßt notwendigerweise seine Energie ein: Mangels Emotion versiegt die Identifikation relevanter Akteure mit dem Prozess und Hauptzielgruppen können nicht mehr mobilisiert werden. Erfolgreiche Prozesse des Wandels leben von Betroffenheit, Verständnis, Irritationen, positiven Erlebnissen und Erfolgen.

Beim Übergangsmanagement geht es um nichts weniger als die Zukunft junger Menschen, die jedes Jahr die Schulen der Bundesrepublik verlassen. Ihre Entwicklung wiederum ist relevant für die wirtschaftliche Entwicklung in einem Land, das sich immer stärker mit dem Mangel an Fachkräften auseinanderzusetzen hat. Letztlich geht es um den sozialen Frieden. Ein derart bedeutungsträchtiges Aufgabenfeld liefert die besten Voraussetzungen dafür,

Emotionen gezielt zu wecken und diese zum Fundament des Veränderungsprozesses hin zu einem erfolgreichen Übergangsmanagement zu machen.

Die beschriebenen Bausteine des Modells des Wandels sind untrennbar miteinander verbunden. Alle werden benötigt, um Wandel tatsächlich realisieren zu können. Dabei spielt es keine Rolle, welcher Akteur die Initiative ergreift und zunächst einmal einen der sechs Stellhebel in Bewegung setzt. Im Laufe des Prozesses gilt es jedoch, alle relevanten Akteure einzubeziehen und alle Stellhebel zu bewegen.

4. Schluss

Probleme machen nicht an Institutionengrenzen halt. Wie der Klimawandel oder die Finanz- und Wirtschaftskrise erfordern auch die Schwierigkeiten im Übergangssystem starke Partnerschaften aller Beteiligten und Betroffenen, Zuständigen und Freiwilligen. Die Komplexität der Probleme muss auf der Lösungsseite nachgebaut werden. So sind Netzwerke keine Allheilmittel, wohl aber wirkungsvolle Katalysatoren für Lösungen, wenn sie professionell aufgesetzt und gestaltet werden.

Erfolgreiches Übergangsmanagement erfordert tragfähige und kooperierende Netzwerkstrukturen auf lokaler und auf überörtlicher Ebene. Erfolgreiches Netzwerkmanagement setzt auf Prozessmotoren als Antreiber und Aushängeschilder, breite Beteiligung, Einbindung von Politik und Expertenwissen. Zudem schafft es strategische Räume und neue Institutionen, nutzt die Bandbreite moderner Kommunikation und PR und beherzigt einen Satz von C.G. Jung: „Ohne Emotionen kann man Dunkelheit nicht in Licht und Apathie nicht in Bewegung verwandeln."

Literatur

Beicht, U.; Friedrich, M. & Ulrich, J.G. (2007). Deutlich längere Dauer bis zum Ausbildungseinstieg. In *BIBB Report* 2(2007). Verfügbar unter: http://www.bibb.de/dokumente/pdf/a12_bibbreport_2007_02.pdf [25.03.2009].

Bertelsmann Stiftung (Hrsg.) (2007). *Leitfaden lokales Übergangsmanagement. Von der Problemdiagnose zur praktischen Umsetzung.* Gütersloh: Verlag Bertelsmann Stiftung.

Bundesministerium für Bildung und Forschung (2008). *Berufsbildungsbericht 2008.* Bonn/Berlin. Verfügbar unter http://www.bmbf.de/pub/bbb_08.pdf [25.03.2009].

Castellucci, L. (2008). *Inklusion und Arbeitsmarkt. Schaffen Netzwerke neue Perspektiven für Benachteiligte?* Darmstadt. Verfügbar unter: http://tuprints.ulb.tu-darmstadt.de/epda/000951/Inklusion_und_Arbeitsmarkt.pdf [25.03.2009].

Ulrich, J.G. et al. (2008). *Rückgang bei den neu abgeschlossenen Ausbildungsverträgen – dennoch weitere Entspannung auf dem Ausbildungsmarkt.* Verfügbar unter: http://www.bibb.de/de/50557.htm [25.03.2009].

Watzlawick, P.; Beavin, J.H. & Jackson, D.D. (1996). *Menschliche Kommunikation; Formen, Störungen, Paradoxien.* Stuttgart: Huber-Verlag.

Elisabeth Fuchs-Brüninghoff

Selbsterkenntnis als Wegmarke bei der Identitätsfindung

1. Adoleszenz

Der Übergang von der Schule in den Beruf, besser gesagt in eine Berufsausbildung oder in ein Studium, fällt entwicklungspsychologisch gesehen in
die Lebensphase der Adoleszenz. Adoleszenz ist die Zeit des Heranwachsens
zwischen der späten Kindheit und dem Erwachsenwerden. Es ist eine eigene
Lebensphase, die gekennzeichnet ist durch das Ablösen von den Eltern und
die Hinwendung zur Gruppe der Gleichaltrigen, den „Peers", als *die* wesentlichen Bezugspersonen.

Zentrale Fragen in dieser Zeit sind: Wer bin ich? Was will ich? Was kann ich?
Die jungen Menschen befinden sich auf einem Weg, an dessen Ende möglichst eine berufliche Identität und ein Lebensmodell stehen.

2. Adoleszenz und Identitätsbildung

Für Erikson ist die Adoleszenz die zentrale Phase der Identitätsbildung. Es
ist die Phase, in der junge Menschen den Grundkonflikt[1] „Identität gegen
Identitätsdiffusion" durchleben und lösen müssen, um in die nächste Ent-
wicklungsphase eintreten zu können. Identität in diesem Kontext bezieht sich
auf das eigene Verständnis von sich selbst, darauf, wer man ist bzw. sein
will. Erikson spricht von einer „Ich-Synthese", bei der „die in der Kindheit
gesammelten Ich-Werte in die *Ich-Identität* münden. Das Gefühl der Ich-
Identität ist also das gesammelte Vertrauen darauf, daß der Einheitlichkeit
und Kontinuität, die man in den Augen anderer hat, eine Fähigkeit entspricht,

---

1   Nach Erikson durchlebt der Mensch im Laufe seines Lebens in den unterschiedlichen Le-
    bensphasen acht Grundkonflikte (Erikson 1979, S. 214–215). Somit ist die Identitätsbildung
    ein lebenslanger Prozess.

eine innere Einheitlichkeit und Kontinuität (…) aufrechtzuerhalten" (Erikson 1979, S. 107).

Was der junge Mensch in dieser Phase braucht, ist die Anerkennung dafür, „daß sein individueller Weg der Bewältigung von Erfahrungen eine erfolgreiche Variante der Wege ist, auf denen andere Leute um (ihn) herum Erfahrungen bewältigen" (ebenda). Genau diese Erfahrung machen viele Jugendliche nicht. Entweder weil ihr Umfeld (Eltern und andere Erzieher) klare Vorstellungen davon hat, wo es für den Jugendlichen hingehen soll, oder aber weil das Gegenteil der Fall ist, d.h. im Umfeld der Jugendlichen gibt es niemanden, der sich für ihn und seinen Weg interessiert. „Wenn andererseits ein Kind fühlt, daß seine Umgebung es zu radikal aller der Ausdrucksmittel berauben will, mit denen es den nächsten Schritt seiner Ich-Identität entwickeln und integrieren kann, so wird es diese mit erstaunlicher Kraft verteidigen, wie man es sonst nur von Tieren kennt, die plötzlich um ihr Leben kämpfen müssen. (…) Wenn man das versteht, versteht man auch die Kämpfe der heranwachsenden Jugend besser" (ebenda S. 107–108).

Die Jugendlichen wollen für sich herausfinden: „Wer bin ich? Wer bin ich nicht?" (ebenda S. 215). Letztlich geht es um „Wer bin ich in dieser Gesellschaft?"

Die Verantwortung des Erziehungssystems liegt darin, den Jugendlichen eine wirkliche Identitätsbildung zu ermöglichen und ihnen „solche Werte und Ziele zu vermitteln, die entschieden über bloßes ‚Funktionieren' und die ‚Examensbescheinigungen hinausreichen' (ebenda S. 114). Erikson sieht eine besondere Gefahr in der Idee einer „synthetischen Persönlichkeit, so als wäre man das, was man scheint, oder als wäre man das, was man kaufen kann" (ebenda).

Als neuere Form der Identitätsdiffusion bezeichnen Keupp (1988) und Elkind (1990) die Patchwork-Identität, „die ohne integrative Kraft zusammengesetzt ist und keinen Identitätskern besitzt. (…) Das Patchwork-Selbst ist nach Elkind das Endergebnis des Wachstums durch Substitution: Werthaltungen und Gewohnheiten stehen unverbunden nebeneinander und widersprechen sich teilweise" (Oerter 2006, S. 180).

Um das Ausmaß der Identitätsentwicklung erfassen zu können, hat Marcia vier Formen des Identitätsstatus formuliert:

- „[Ü]bernommene Identität – das Individuum erfährt keine Krise, da es die vorgesehenen Aufgaben relativ unreflektiert übernimmt und keine Probleme mit diesem Anpassungsprozeß hat. Dennoch fühlt es sich seinen Aufgaben verpflichtet und handelt verantwortungsbewusst;
- diffuse Identität – das Individuum engagiert sich nicht für anstehende Aufgaben, zeigt wenig Reflexion über sich selbst und seine Zukunft. Vorstellungen über sich und über wertorientiertes Handeln gibt es kaum;
- Moratorium – das Individuum verweigert sich aktuell, Verpflichtungen zu übernehmen, befindet sich in einer Krise, sucht aber nach Wertorientierungen und will für sich Zeit zur Besinnung und Selbstfindung haben;
- erarbeitete Identität – das Individuum hat seine Krise überwunden und zu einer reflektierten Identität gefunden. Es ist offen und explorativ und übernimmt nun Verantwortung." (Oerter 2006, S. 179)

In unserer gegenwärtigen Gesellschaft wächst die Gruppe der Jugendlichen, denen es nicht mehr gelingt, zu „einer erarbeiteten integrierten Identität" (Erikson) zu kommen. Besonders Keupp betont: „ Für eine immer größere Anzahl von Jugendlichen zeichnet sich kein Ende des Moratoriums ab, sie können im Sinne von Erikson nicht erwachsen werden. (…) Zu fragen ist letztlich, ob wir von Erikson und seinem Identitätskonzept nicht endgültig Abschied nehmen müssen, weil ihm die gesellschaftliche Basis abhanden gekommen ist. Doch haben wir eine Alternative zu Erikson?" (Keupp 1988, S. 431, vgl. auch Keupp 1999, S. 77f.)

Fragt man heutige Jugendliche in dieser Lebensphase nach ihren Lebensfragen, so erhält man Antworten wie:

- Wer bin ich? Wer will ich sein?
- Wie wirke ich auf andere?
- Was denken meine Freunde über mich?
- Zu welcher Gruppe will ich gehören?

- Von wem grenze ich mich ab?
- Wie will ich mich kleiden? Wie finde ich meinen Stil?
- Woran kann ich glauben?
- Gibt es etwas Höheres, an dem ich mich orientieren kann?
- Was kann ich? Was sind meine Fähigkeiten/Stärken?
- Welche berufliche Zukunft habe ich?
- Bekomme ich den Ausbildungs- bzw. Studienplatz, den ich möchte?
- Wie kann ich meine Zukunftspläne verwirklichen?
- Schaffe ich das, was ich mir vorgenommen habe, oder soll ich lieber auf Nummer sicher gehen?

Jugendliche, die diese Antworten geben, befinden sich im sogenannten gesellschaftlichen Erziehungssystem, d.h., sie besuchen eine Schule, die sie auf das weitere Leben vorbereiten soll. Jugendliche, die aus dem System gefallen sind (Schulabbruch, Leben auf der Straße, Abrutschen in Kriminalität oder Drogen), haben möglicherweise ähnliche Fragen. Eine Integration in die Gesellschaft scheint ihnen derzeit nicht möglich, vielleicht auch nicht erstrebenswert, was nicht heißen muss, dass sie sich nicht danach sehnen, einen Platz in der Gesellschaft zu bekommen.

Identitätsarbeit heute unterscheidet sich deutlich von der vor 50 oder mehr Jahren. Viel weniger Dinge sind festgelegt oder werden durch Traditionen weitergegeben. Dennoch muss jeder für sich allein im Spannungsfeld zwischen Eigensinn und gesellschaftlichen Rollen seine eigene Identität entwickeln. Jeder muss „für sich allein, nach seinen eigenen Kräften und Bedürfnissen, entscheiden, wie weit er sich den Konventionen unterwerfen oder ihnen trotzen will. (…) Man muß jedes Zuviel, jedes Überschreiten des eigenen Maßes büßen, man darf ungestraft weder im Eigensinn noch im Anpassen zu weit gehen" (Hesse 1986, S. 7).

Im Kern muss jeder „den Mut zu sich selbst haben können und dadurch die Entwicklung der inneren Freiheit als Aufgabe auf sich (…) nehmen" (Lievegoerd 2001, S. 57).

3. Identität durch Arbeit und Beruf

Der Stellenwert von Arbeit wird von unterschiedlichen gesellschaftlichen Disziplinen in den Blick genommen. Im Kontext von Identitätsbildung macht es Sinn, auf die Auffassungen in der Psychologie zu schauen. Der Entwicklungspsychologe Oerter formuliert seine Auffassung folgendermaßen: „Nur wer arbeitet und einen Beruf hat, gilt als vollwertiges Mitglied der Gesellschaft. Diese zumindest implizite Wertzuweisung hat zur Folge, dass der Beruf zum wesentlichen Bestimmungsmerkmal der Identität wird und Arbeitslosigkeit zur Identitätsverletzung führt" (Oerter 2006, S. 187).

Arbeit wird in der Individualpsychologie[2] neben Liebe/Sexualität und Gemeinschaft als eine der drei Lebensaufgaben verstanden, die jeder Mensch zu bewältigen hat und aus denen er sein Selbstwertgefühl zieht. Kehrer fasst das individualpsychologische Arbeitsverständnis in vier Aspekten zusammen:

„1. Arbeit wird (...) als ständige Herausforderung gesehen, als zentrale Lebensfrage, um deren Beantwortung immer neu zu ringen, zu der immer neu Stellung zu beziehen ist.
2. In den Stellungnahmen zu Fragen des Berufes zeigt sich der Lebensstil[3] eines Menschen besonders deutlich.
3. Arbeit ist Voraussetzung, um persönlichen Wert und Wichtigkeit zu finden und um für andere sichtbar zu werden.
4. Durch sozial nützliche Arbeit überwindet der psychisch gesunde Mensch seine Minderwertigkeit[4]" (Kehrer 1993, S. 18).

---

2 Der Begriff „Individualpsychologie" wird (heute) oft missverstanden. Er geht zurück auf das lateinische Wort „individuum" = unteilbar und bezeichnet eine Psychologie, die den Menschen als unteilbare Ganzheit versteht. Der Begründer der Individualpsychologie, Alfred Adler, vertrat zudem die Auffassung, dass man einen Menschen in seinem Handeln nur verstehen kann, wenn man ihn in seiner Bezogenheit zur Realität, d.h. zu den Menschen und zur Welt betrachtet. Die Grundlage des Handelns und somit der Schlüssel zum Verstehen eines Menschen liegt in seiner Auffassung von der Welt, seinem Selbst-, Menschen- und Weltbild und dem daraus resultierenden Beziehungsgefüge. Die biographischen Erfahrungen der Menschen führen zu Wahrnehmungs- und Verhaltensmustern, die als unbewusste Leitlinie auf das aktuelle Handeln wirken.
3 Näheres zum Thema Lebensstil s. Kapitel 4.
4 „Ein gewisses Minderwertigkeitsgefühl kennzeichnet nach Adler die Grundeinstellung eines jeden Menschen. (...) Das Minderwertigkeitsgefühl als Gefühl der Unzufriedenheit mit wahrgenommenen Begebenheiten, wird somit zur treibenden Kraft, (...) Gegebenheiten zu verändern" (Kehrer 1993, S. 21).

Eine Befragung von 100 Jugendlichen (70 Auszubildende, 30 Gymnasiasten) über ihr Verständnis von Arbeit und Beruf ergab, dass Arbeit für fast alle ein Potenzial zur Selbstverwirklichung ist. Oerter unterscheidet die Wertigkeit (Valenz) von Arbeit und Beruf nach subjektiver, objektiver und abstrakter Valenz. Subjektive Wertigkeit erhält der Beruf durch seine Attraktivität, seine Handlungsmöglichkeiten und der damit verbundenen Selbstwirksamkeit. Die objektive Wertigkeit besteht darin, dass der Beruf eine inhaltlich bestimmbare Funktion in der Gesellschaft hat. Die abstrakte Valenz erhalten Arbeit und Beruf daraus, dass sie unabhängig von den anderen Funktionen einen Wert besitzen, z.B. identitätsstiftend sind. (vgl. Oerter 2006, S. 187)

Wenn man diese Wertzuweisungen für Arbeit und Beruf akzeptiert, hat das Konsequenzen. „Es sollte aber nicht bloß darum gehen, daß Menschen irgendeine Arbeit verrichten können, sondern eine, bei der sie sich ausdrücken, verwirklichen können. Eine solche menschenwürdige Arbeit muss eine sein, die in ihren ganzheitlichen Zusammenhängen durchschaut und verstanden werden kann" (Kehrer 1993, S. 23). Sie vermittelt dem Menschen das Gefühl, etwas wert zu sein.

Die Jugendlichen dabei zu begleiten, einen Beruf zu finden, der ihr Selbstwertgefühl stärkt und zur Identitätsbildung beiträgt, ist eine anspruchsvolle Aufgabe.

4. Identitätsstiftende Interventionen

Mit dem Begriff *Interventionen* im Bildungs- bzw. Beratungsbereich werden häufig „Werkzeuge" oder „Tools" assoziiert. Mit einem gut sortierten „Werkzeugkasten" sehen sich Berater/-innen in der Regel optimal für nahezu alle zukünftigen Situationen gerüstet. In den letzten Jahren kann man zunehmend eine Tendenz zur „Vertoolisierung" feststellen (vgl. Orthey 2007, S. 73). Sicherlich geht es nicht ohne Werkzeuge, aber Werkzeuge sind nicht alles. Ein erfolgreicher Einsatz ist gebunden an die Erfahrung und Passung der jeweiligen Intervention zur Situation und Person (des Professionellen und auch des jugendlichen Gegenübers).

4.1 Anerkennung

„Identitätsbildung braucht Anerkennung" war eine zentrale Aussage bei Erikson. Was ist Anerkennung und wie kann sie in der Arbeit mit Jugendlichen zum Tragen kommen? Das Aussprechen von Anerkennung gilt als positive Sanktion, das Verweigern von Anerkennung als negative Sanktion bzw. indirekte Strafe.

„*Als was* etwas oder jemand anerkannt wird, versteht sich nicht von selbst, sondern steht vielmehr in der Anerkennung auf dem Spiel" (Bedorf 2009, S. 75). D.h., wenn Schritte der Jugendlichen auf dem Weg zur Identitätsfindung nicht anerkannt werden, steht damit möglicherweise die Identitätsbildung auf dem Spiel. Konkret bedeutet dies z.B., dass die Abwendung des Jugendlichen von den Eltern in der Adoleszenz eine anerkennungswürdige Handlung ist. Dies 1. zu verstehen und 2. dann auch noch anzuerkennen, zeigt, welche Anforderungen bei der Begleitung von Jugendlichen gemeistert werden müssen. An diesem Punkt wird offensichtlich, dass Anerkennung nur von Menschen ausgesprochen werden kann, die sich ihrer selbst sicher sind. Da dies für viele Eltern und Erzieher nicht gilt, kann man ermessen, welches Anerkennungsdefizit hier intergenerativ weitergegeben wird. Um Anerkennen zu können, braucht man selbst Anerkennung.

Anerkennung muss echt sein, denn das Gegenüber hat ein Gespür dafür, ob die Anerkennung ernst gemeint ist oder aus strategischen Gründen ausgesprochen wird. Daran wird deutlich: Anerkennung kann nicht als Technik eingesetzt werden.

4.2 Ermutigung

„Ermutigung erwächst aus Achtung und Respekt vor dem Gegenüber und ist eine angemessene Wertschätzung des Tuns" (Gröner & Fuchs-Brüninghoff 2009, S. 86). Ermutigung gilt in der Pädagogik seit langem als wichtige Erziehungsmaßnahme. Besonders individualpsychologische Pädagogen haben das Konzept der Ermutigung differenziert ausgearbeitet und aktiv in Eltern- und Lehrerarbeit eingebracht (vgl. Dreikurs & Soltz 1972 und Schoenaker,

2007). Warum ist Ermutigung so wichtig? „Ermutigung ist *die* Kraft, die das natürliche Wachstumspotenzial in Kindern, Jugendlichen und Erwachsenen zur Entwicklung bringen kann. (...) Die gelungene, d.h. akzeptierte und damit vom Betroffenen integrierte Ermutigung weckt Hoffnung, stärkt die Zuversicht, gibt Sicherheit, fördert Mut, hilft Durststrecken zu überwinden" (Frick 2007 S. 51–52). Die Wirkung der (beabsichtigten) Ermutigung hängt stark von der Beziehung zum Gegenüber ab. Von einer Person, die abgelehnt wird, lässt sich niemand ermutigen. Ermutigung ist keine einfache Psycho-Technik, sondern kann „in ihrer wirkungsvollsten, vollendetsten Form sogar als *Kunst* bezeichnet werden" (ebenda S. 67).

Immer wieder kommt es vor, dass Ermutigendes durch einen angehängten Nachsatz vom Ermutiger selbst zunichte gemacht wird. Bei Frick finden sich anschauliche Beispiele für entmutigende „Aber-Formulierungen":

Ermutigende Aussage	Entmutigender Nachsatz
1. „Ich sehe, Du hast Dich dafür stark eingesetzt."	„Ich wäre schon froh, Du würdest das öfter/immer ... tun!"
2. Schön, wie Du das Zimmer aufgeräumt hast."	„Wenn Du das doch immer so tun würdest ...!"
3. „Das ist Dir wirklich gut gelungen ..."	„... aber hoffentlich ist das keine Ausnahme."
4. „Jetzt hast Du Dich sehr gut verhalten ..."	„... aber glaubst Du, das hält bis morgen an?"
5. „Ich bin erfreut, wie rasch Du die Hausaufgaben angepackt hast!"	„Wenn das nur immer so wäre..." (seufzt/atmet tief/schüttelt den Kopf)

Abb. 1: Entmutigender Nachsatz (vgl. ebenda S. 68)

Ob Ermutigung gelingt, hängt wesentlich von zwei Faktoren ab: 1. vom Selbstwertgefühl und der Selbstsicherheit und 2. vom Menschenbild des Ermutigers. Das Menschenbild, das jemand in sich trägt, bestimmt sehr wesentlich seine Grundhaltung und seine Grundannahmen über andere Menschen. Diese Grundorientierung ist „vielen Menschen zumindest teilweise oder überhaupt nicht bewusst, und sie w[ird] im Laufe der Lebensgeschichte, besonders in der Kindheit und Jugendzeit gelernt, differenziert, ge- und verfestigt" (ebenda S. 28).

Auch hier zeigt sich, dass Ermutigung mehr ist als eine Technik. Ihre bewusste Anwendung setzt eine gewisse Reflexionsarbeit auf Seiten des Professionellen voraus.

4.3 Selbstverstehen ermöglichen

Jeder Mensch hat ein Gefühl für seinen Selbstwert (Selbstwertgefühl). Dieses speist sich sowohl aus der bewussten als auch aus der unbewussten Einschätzung der eigenen Fähigkeiten, Eigenschaften und Motive. Das Selbstwertgefühl kann stark sein, was sicheres, selbstbewusstes, mutiges Auftreten bedingt. Hinter einem schwachen Selbstwertgefühl verbirgt sich meist ein unsicherer, ängstlicher Mensch mit geringem Selbstbewusstsein.

Generell suchen Menschen immer wieder nach Bestätigung für ihren Wert – nach Wertschätzung. Besonders unsichere Personen sind auf ein konstruktives Feedback aus ihrem Umfeld angewiesen, um zu einer realistischen Selbsteinschätzung verbunden mit einen positiven Selbstwertgefühl zu kommen.

Menschen mit einem niedrigen Selbstwertgefühl (auch Minderwertigkeitsgefühl) entwickeln möglicherweise kompensatorische Verhaltensweisen, indem sie nach persönlicher Überlegenheit streben, oder sie reagieren mit Rückzug aus den sozialen Zusammenhängen, in denen sie sich minderwertig fühlen. Jeder hat das Bedürfnis, seinen Selbstwert zu schützen. Fühlt er sich in seinem Selbstwert angegriffen, reagiert der Einzelne häufig mit festen, starren Kommunikations- und Verhaltensmustern (schematisch) und ist rationalen Argumenten nicht mehr zugänglich. Hinter vielen Kooperations- und

Kommunikationsproblemen sowie Konflikten stecken letztendlich häufig Selbstwertprobleme.

Selbstverstehen der Jugendlichen kann auf unterschiedlichen Wegen geför-dert werden. Nachfolgend werden drei Möglichkeiten vorgestellt, die in ihrer Reichweite sehr unterschiedlich sind: 1. Selbstbild-Fremdbild-Abgleich, 2. Selbsteinschätzung mittels Fragebogen, 3. Lebensstilarbeit.

4.3.1 Selbstbild-Fremdbild-Abgleich

Jeder Mensch hat in seiner Vorstellung ein Bild von sich selbst, seinen Fähig-keiten, Stärken, Schwächen, Vorlieben, Abneigungen und Wünschen. Diese Selbsteinschätzung kann realistisch sein, sie kann aber auch Fehleinschät-zungen und blinde Flecken (vgl. Luft 1974) enthalten. Fehleinschätzungen können sowohl in Form von Selbstunter- als auch Selbstüberschätzungen auftreten. Realistische Selbsteinschätzung heißt, eine Person kann ihre ei-genen Fähigkeiten, Möglichkeiten und Grenzen richtig einschätzen, nimmt Herausforderungen an und kann sich bei Bedarf Unterstützung holen.

Überhöhte Selbsteinschätzung bedeutet, eine Person überschätzt/übernimmt sich. Zu große Herausforderungen werden gesucht. Situationen des Schei-terns sind vorprogrammiert. Die Gründe für das Scheitern werden in der Re-gel außerhalb der eigenen Person gesucht. Zu niedrige Selbsteinschätzung heißt, eine Person unterschätzt sich und bleibt hinter den eigenen Möglich-keiten zurück, vermeidet Herausforderungen, geht eher auf Nummer sicher. In der Regel wollen Jugendliche wissen, wie sie auf andere wirken oder was andere über sie denken (s. Kap. 2, Lebensfragen der Jugendlichen). Um eine realistische Selbsteinschätzung zu fördern, können Fremdbeobachtung und Feedback sowohl in der Schule als auch in der Ausbildung beitragen. Es steht in der Verantwortung der Lehrer/-innen und Ausbilder/-innen, für eine kon-struktive Feedbackkultur zu sorgen.

4.3.2 Selbsteinschätzung mittels Fragebogen

In der Beratungsarbeit wurde über mehrere Stationen ein Fragebogen (Prägungsfragebogen) zur Selbsteinschätzung entwickelt. Ihm liegt ein Persönlichkeitsmodell zugrunde, das vier Grundausrichtungen=Prägungen des menschlichen Verhaltens unterscheidet. (vgl. Fuchs-Brüninghoff & Gröner 1999, S. 43ff.) Grundsätzlich geht man davon aus, dass sich das Verhalten eines Menschen aus diesen vier Grundprägungen zusammensetzt, d.h. jeder Mensch verfügt über alle Verhaltensbereiche. Die Anteile an den einzelnen Verhaltensaspekten sind aber individuell verschieden.

So kann es Menschen geben, in deren Verhaltensrepertoire die vier Grundprägungen relativ gleichmäßig vorhanden sind. Häufig ist es allerdings so, dass eine oder zwei Tendenzen stärker ausgeprägt sind als andere und diese dann im täglichen Verhalten entsprechend deutlicher zutage treten, so dass Personen von anderen nach diesen stärker ausgebildeten Verhaltensweisen typisiert werden, z.B. als „Denkertyp, Organisator, Formalist, Mittelpunkt, Charmeur, Einzelkämpfer, guter Zuhörer". Personen, bei denen die vier Verhaltensbereiche gleich stark ausgeprägt sind, werden als „Allroundtalent, Generalist, vielseitige Person, oder als schwer zu fassende Persönlichkeit" beschrieben.

Die Durchführung der Selbsteinschätzung läuft wie folgt: Auf der Grundlage des Persönlichkeitsmodells wurden 28 Aussagen formuliert wie z.B.
- Ich lege Wert auf klare Absprachen und Vereinbarungen.
- Es fällt mir leicht, zu anderen Kontakt aufzunehmen.
- Detailarbeit liegt mir eher weniger.
- Ich nehme eher eine Außenseiterrolle in Kauf als zu riskieren, dass mir jemand zu nahe tritt.

Alle Aussagen werden mit „stimmt genau", „stimmt in etwa", „stimmt nicht" daraufhin eingeschätzt, inwieweit sie auf die eigene Person zutreffen. Als Ergebnis erhält man einen Zahlenwert zwischen 0 und 7 bezüglich der eigenen Ausprägung bei den zugrunde gelegten Verhaltenskategorien I – IV.

Anschließend werden dem Befragten die Verhaltensausprägungen im Allgemeinen erläutert und sein persönliches Ergebnis wird differenziert betrachtet.

Bei diesem Prozess des „Sich-Erkennens" gibt es meist viele Aha-Erlebnisse. Die Beschreibung der Verhaltensausprägungen bezieht sich auf unterschiedliche Bereiche wie Handlungskompetenzen, Arbeitsstile, allgemein positive und negative Persönlichkeitsaspekte, Verhalten in Konfliktsituationen etc.

Prägung I	Prägung II
- beobachten	- bewegen
- analysieren	- riskieren
- entwickeln	- entscheiden
- bewerten	- machen
- überzeugen	- begeistern
Prägung III	**Prägung IV**
- strukturieren	- experimentieren
- organisieren	- unterstützen
- realisieren	- Atmosphäre herstellen
- sichern, regeln	- Informationen beschaffen
- steuern	- Kontakte pflegen

Abb. 2: Allgemeine Handlungskompetenzen

Prägung I	Prägung II
- Prioritäten setzen	- Visionen haben
- eigenständig arbeiten	- diskutieren
- logisch, systematisch vorgehen	- intuitiv vorgehen
- der Sache auf den Grund gehen	- Impulse geben
- Details erarbeiten	- Herausforderungen suchen
Prägung III	**Prägung IV**
- Rahmen geben	- Beziehungen aufbauen/ pflegen
- auswerten, dokumentieren	- moderieren
- Ordnung herstellen	- koordinieren
- strukturiert, geplant vorgehen	- kreativ vorgehen
- Fäden zusammenhalten	- Partizipation anstreben

Abb. 3: Unterschiedliche Arbeitsstile

Bei jungen Menschen führt das Besprechen der Ergebnisse zu Reaktionen, die zeigen, dass erst einmal konkrete Situationen aus dem Alltag verstanden werden wie „Ah, jetzt verstehe ich, warum ich mich mit bestimmten Entscheidungen so schwer tue." Oder „Jetzt wird mir klar, warum ich in Arbeitsgruppen mit xy so schnell aneinandergerate." „Jetzt kann ich nachvollziehen, warum ich in Mathe gern mal rumexperimentiere und rechne, wohingegen meine Freundin erst mal eine Runde nachdenkt."

Überlegungen dazu, was das Ergebnis denn an Erkenntnissen beitragen kann für grundlegendere Entscheidungen, kommen meist erst im zweiten Schritt.

Auch wenn junge Menschen sich meist ganz schnell und spontan auf so einen Fragebogen einlassen, so ist dennoch zu beachten, dass sie sich und ihre Art schneller in Frage stellen als Erwachsene. Wenn die erste Aha-Phase vorüber ist, kommen Fragen wie: Ist das schlecht, wenn ich hier nur x Punkte habe? Sollte ich nicht besser anders sein, vor allem wenn ich einen technischen Beruf erlernen möchte?

Diese Reaktionen zeigen, dass das Ermöglichen von Selbstverstehen ein sehr sensibler Bereich ist, in dem es auf gar keinen Fall zu Zuschreibungen wie „Du bist …" kommen darf.

4.3.3 Lebensstilarbeit

„Jeder Mensch entwirft sein Leben nach einer inneren Logik, gibt ihm eine bestimmte Struktur, die ihm als Orientierungshilfe im Leben dient. Alfred Adler vergleicht deshalb die Strukturen des Lebensstils mit den Meridianen, in die wir die Welt einteilen. Sie selbst stellen keine Realität dar, vermögen jedoch zur ‚Ortung‘ beizutragen. Wichtig ist, dass der Lebensstil als Entwurf und nicht als absolute Größe, das heißt als Programm verstanden wird; als solches erscheint er in neurotischen Arrangements. (…) Der Lebensstil ist ein inneres Bewegungsgesetz, das durch die jeweilige Situation beeinflußt und modifiziert wird. Im neurotischen Lebensstil hingegen ist das Modell starr vorgegeben und manipuliert die Situation aufgrund einer genau umschriebenen Dynamik, die den Charakter eines Teufelskreises hat" (Kummer 1986, S. 44).

Lebensstilerarbeitung mit Jugendlichen findet in der Beratung statt – entweder im Rahmen einer Kurzberatung oder in längeren Beratungsprozessen. Je nach Dauer der Beratung wählt der Berater unterschiedliche Vorgehensweisen. Zunächst lässt sich der Lebensstil aus alltäglichen Reaktionen und Ausdrucksweisen und aus sich wiederholenden Verhaltensmustern und Arrangements erkennen. Der Lebensstil lässt sich sowohl auf der aktuellen Ebene der Gegenwart als auch aus dem Blick in die Vergangenheit erfassen.

Gegenwart	Gegenwartsprobleme
	Aktuelle Muster und Arrangements
	Träume (Tagträume)
	Körperhaltung und -ausdruck
Projektion in die Vergangenheit	Familienkonstellation
	Frühe einmalige Kindheitserinnerungen (bis 7 Jahre)
	Kindheitsträume
	Wiederholte Kindheitserinnerungen

Abb. 4: Lebensstilerarbeitung (ebenda S. 47)

Bei der Arbeit mit Jugendlichen ist es sehr wichtig, ihnen zunächst sehr genau zuzuhören, um ihr Problem zu verstehen. Anschließend kann man ihnen anbieten, herauszufinden, wann und wie das entsprechende Verhalten entstanden ist. „Die Erarbeitung der Familienkonstellation ist oft ein guter Einstieg in die Beratung und vermag ein Problem schnell einsichtig zu machen. Manchmal wirkt die Darstellung der Familienkonstellation geradezu erlösend, weil ein Jugendlicher endlich weiß, wo der Ursprung der Probleme liegt, an denen er so leidet" (ebenda S. 51).

Beratungsarbeit mit Jugendlichen ist allerdings nichts, was man sich mal eben anlesen oder aneignen kann. Es bedarf schon einer fundierten Beratungsausbildung.

5. Anforderungen an Begleiter/-innen

Wer sind die Begleiter/-innen der Jugendlichen bei der Identitätsfindung in der Adoleszenz? Neben den gleichaltrigen Freunden (Peers), den Eltern und anderen Familienmitgliedern sind es vor allem Professionelle wie Lehrer, Übergangscoaches und (Jugend-)Berater. Damit diese ihre Aufgabe sinnvoll wahrnehmen können, brauchen sie bestimmte Kompetenzen und eine akzeptierende Haltung. Je nachdem, auf welcher Ebene ein Begleiter/eine Begleiterin mit den Jugendlichen arbeitet, bedarf es unterschiedlicher Voraussetzungen.

Generell kann man sagen, dass man für die Begleitung bei der Identitätsfindung ein Kompetenzprofil braucht, das folgende Bereiche umfasst:

1. Personale Kompetenz: Bewusstheit über die eigene Person, Reflexion eigener Erfahrungen mit Themen und Problemstellungen, die im Beratungskontext eine Rolle spielen können (z.B. Konflikte, Lernstil, Konkurrenz, Erfolg und Misserfolg, eigene Jugendphase, eigene Berufsfindung)

2. Fachwissen: Wissen über Entwicklungen der Persönlichkeit, unterschiedliche Persönlichkeitstheorien, Lern- und Bildungsprozesse, Veränderungsprozesse, Beratungstheorien

3. Methodenkompetenz: Kontraktklärung, Gesprächsführung, Problem-/Situationsanalyse, Perspektivenübernahme des Klienten, Formen der Ergebnissicherung, konkretisierende und aktivierende Methoden

4. Feldkompetenz: (Grund-)Kenntnisse über Zugang zu Ausbildung und Studium und Vermittlungs- und Beratungsmöglichkeiten

Abschließend kann man sagen, dass ohne *umfassende persönliche Kompetenz* alle anderen Kompetenzen nicht wirklich zum Tragen kommen, seien sie auch noch so hoch.

6. Selbstverstehen macht Sinn

Wieso ist es sinnvoll, dass Jugendliche sich selbst verstehen? Sich zu erkennen, sich zu verstehen und sich anzunehmen sind wesentliche Schritte auf dem Weg der Identitätsfindung. Die Adoleszenz ist sicherlich erst der Anfang auf dem lebenslangen Weg der Identitätsbildung. Wer in dieser Zeit die Chance bekommt, Selbstreflexion einzuüben und zu erfahren, dass Selbstverstehen Autonomie und Handlungsspielraum ermöglicht, dem geht dieses Element im späteren Leben nicht mehr verloren.

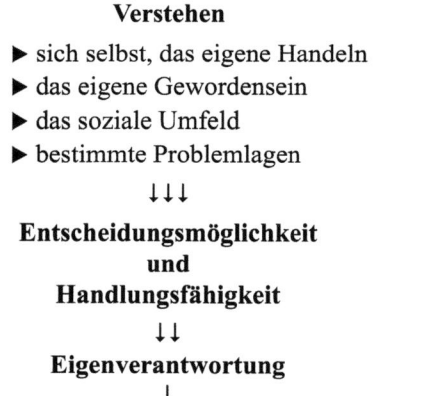

Verstehen
▶ sich selbst, das eigene Handeln
▶ das eigene Gewordensein
▶ das soziale Umfeld
▶ bestimmte Problemlagen
↓↓↓
Entscheidungsmöglichkeit und Handlungsfähigkeit
↓↓
Eigenverantwortung
↓
Sinn

Abb. 5: Bewusstheit konstituiert Sinn (Fuchs-Brüninghoff 2005, S. 77)

Wer entscheiden kann, fühlt sich handlungsfähig und übernimmt Verantwortung für sein Tun. Das Erleben von Entscheidungs- und Handlungsspielräumen ist ein entscheidendes Element für die Konstitution von Sinn im Leben des Menschen. „Sinn kann nicht gegeben werden, sondern Sinn muß gefunden werden" (Frankl 2003, S. 155).

Was Jugendliche auf ihrem Weg der Identitätsfindung am allermeisten unterstützen kann, sind Erwachsene mit einer „erarbeiteten Identität", wie Erikson es formuliert. Denn dann wäre ihnen ein Grundmaß an Anerkennung und Ermutigung sicher. Erzieher (Eltern, Lehrer, Übergangscoaches) mit einer diffusen Identität werden sich schwertun, die Infragestellung durch die Jugendlichen und ihre Irrungen und Wirrungen, die zum Weg gehören, auszuhalten und dabei auch noch Beziehungssicherheit zu bieten. Vor allem von den Professionellen kann man erwarten, dass sie durch Selbstreflexion ihre persönliche Kompetenz weiterentwickeln, um den Jugendlichen adäquate Wegbegleiter/-innen zu sein.

Literatur

Bedorf, T. (2009). Orte der Anerkennung. In T. Bedorf & G. Unterthurner (Hrsg.): *Zugänge. Ausgänge. Übergänge.* Würzburg: Königshausen & Neumann, S. 71–81.

Dreikurs, R. & Soltz, V. (1972). *Kinder fordern uns heraus.* Stuttgart: Klett.

Elkind, D. (1990). *Total verwirrt. Teenager in der Krise.* Bergisch-Gladbach: Bastei Lübbe.

Erikson, E.H. (1979). *Identität und Lebenszyklus.* Frankfurt/M.: Suhrkamp.

Frankl, V. (1979). *Der Mensch vor der Frage nach dem Sinn.* 16. Aufl. 2003. München: Piper.

Frick, J. (2007). *Die Kraft der Ermutigung. Grundlagen und Beispiele zur Hilfe und Selbsthilfe.* Bern: Huber.

Fuchs-Brüninghoff, E. (2005). Der rote Faden der Bewusstheit. In U. Lehmkuhl (Hrsg.): *Die Bedeutung der Zeit.* Göttingen: Vandenhoeck & Ruprecht, S. 75–94.

Fuchs-Brüninghoff, E. & Gröner, H. (1999). *Zusammenarbeit erfolgreich gestalten.* München: Beck im dtv.

Gröner, H. & Fuchs-Brüninghoff, E. (2009). *Praxislexikon Berufausbildung.* 2., neu bearbeitete und aktualisierte Aufl. Renningen: Expert.

Hesse, H. (1986). *Eigensinn macht Spaß. Individuation und Anpassung.* Frankfurt/M.: Suhrkamp.

Kehrer, A. (1993). Arbeit als existentielle Lebensaufgabe. In E. Fuchs-Brüninghoff & H. Gröner (Hrsg.): *Arbeit und Arbeitslosigkeit. Zum Wert von Arbeit heute.* München: Reinhardt, S. 9–25.

Keupp, H. (1988). *Auf dem Wege zur Patchwork-Identität?* Verhaltenstherapie und psychosoziale Praxis, 4, S. 425–438.

Keupp, H. u.a. (1999). *Identitätskonstruktionen. Das Patchwork der Identitäten in der Spätmoderne.* 4. Aufl. 2008. Reinbek: Rowohlt.

Kummer, I. (1986). *Beratung und Therapie bei Jugendlichen.* München: Kösel.

Lievegoerd, B. (2001). *Lebenskrisen – Lebenschancen. Die Entwicklung des Menschen zwischen Kindheit und Alter.* 12. Auflage München: Kösel.

Luft, J. (1974). *Einführung in die Gruppendynamik.* Stuttgart: Klett.

Oerter, R. (2006). Entwicklung der Identität. In *Psychotherapie* Bd. 11, Heft 2, S. 175–191.

Orthey, F.M. (2007). Tools, Tools, Tools… Zur „Vertoolisierung" der Trainings- und Beratungsarbeit. In *OrganisationsEntwicklung* 4, S. 73–75.

Schoenaker, T. (2007). *Mut tut gut.* Bocholt: RDI-Verlag.

Martina Nohl

Laufbahnberatung als pädagogische Übergangsberatung

1. Einführung

Der Komplexitätszuwachs in einer globalisierten Welt mit ihrem rasanten Wissenszuwachs geht einher mit einem „Zukunftsgewissheitsschwund" (Hargasser), durch den die planvolle Lebensprognostik und Lebensabsicherung für die Einzelnen zu einer zunehmend schwer zu bewältigenden Anforderung wird. Die Aufforderung und der Zwang zu Flexibilität und Anpassung kann entweder zu hilflosem Sach- und Entwicklungsgehorsam führen oder er mündet in vielen Bereichen in die Inanspruchnahme der Hilfestellung von Fachleuten. „Kompetenzverluste des Common sense, Erfahrungsverluste, werden im Regelfall vollständig durch Vertrauen kompensiert" (Hargasser 2002, S. 34), einem Vertrauen in Berater, die – als Spezialisten für Unsicherheitsprozesse aller Art – den Klienten, die eben anders spezialisierte Fachleute sind, wieder zu einer neuen Ausrichtung ihrer fachspezifischen Kompetenzen helfen. Geißler geht sogar so weit, Beratung als Sinnersatz zu bezeichnen, indem sie als „gut geratenes Kind ihrer hochmobilen Zeit" als neue Zugangsmöglichkeit zu individueller Sinnfindung gesehen werde. Er betont jedoch, dass Beratung nicht mit dem Versprechen werben dürfe, die Unsicherheit und Orientierungslosigkeit ihrer Klienten in Sicherheit und Orientierung zu verkehren. „Was sie kann, ist mehr Ordnung als Ordnung der Unordnung und mehr Sicherheit als die Gewissheit des Unsicheren versprechen" (Geißler 2000, S. 11).

Laufbahnen als entgrenzte Karrieren sind zunehmend weniger an Berufe und den einzelnen Arbeitsplatz gebunden. So erhöht sich die Notwendigkeit für die Erwerbstätigen oder solche, die es (wieder) werden wollen, sich zu kompetenten Laufbahnakteuren zu entwickeln, um potentielle Chancen erkennen und angemessen nutzen zu können (vgl. Meijers & Wardekker 2004, S. 189). Allerdings müssen Möglichkeiten und Räume geschaffen werden, sich diesem Prozess auch widmen zu können. Zudem müssen diese Prozesse der Konstruktion von Laufbahnidentität in ein emotional sicheres Umfeld eingebunden sein, das es den Einzelnen erlaubt, Emotionen und Kognitionen in einer produktiven und kreativen Art und Weise zu handhaben und zu teilen (vgl. ebd., S. 198). Die Laufbahnberatung ist nun ein solcher Ort und Erfahrungsraum, der nicht nur in Ermangelung anderer gesellschaftlicher Möglichkeiten diese Bedingungen bereitstellt, sondern in dem darüber hinaus gezielt potentielle soziale Möglichkeiten einzelner Personen erweitert oder vertieft werden können.

Der deutsche Laufbahnforscher Bußhoff bringt es bereits 1998 auf den Punkt: „Aufgabe der Berufsberatungsdienste ist es, Personen bei der Bewältigung von Übergängen in der beruflichen Entwicklung zu unterstützen" (Bußhoff 1998, S. 10). Laufbahnberatung nach ZML wird in diesem Aufsatz als ein Beratungsansatz vorgestellt, in dem berufliche Orientierungsberatung für eine breite Zielgruppe in allen Lebensphasen und Altersstufen praktiziert wird. An der Bewältigung von Übergangsprozessen sind nach Bußhoff verschiedene Teilprozesse beteiligt. Das Lernen stellt einen solchen Teilprozess dar, von dem angenommen wird, dass er in der Laufbahnberatung gefördert werden kann. Auf welche Weise und wodurch diese Förderung geschehen kann, soll ebenfalls hier kurz umrissen werden. Wenn Lernen zu Kompetenzentwicklung führt, werden in einer Übergangsberatung auch Übergangskompetenzen entwickelt. Beispielhaft sei erläutert, wie einige Übergangskompetenzen im Rahmen von Laufbahnberatung angeeignet, entwickelt oder gar neu erworben werden können.

2. Laufbahnberatung im Umbruch

Die aktuelle Situation der Laufbahnberatung in Deutschland ist geprägt von einer Phase der Etablierung und Professionalisierung. International gesehen befindet sich die Laufbahnberatung im Umbruch. Traditionelle Laufbahntheorien sind in der Praxis weiterhin wirksam, die praktischen Implikationen der neueren Theorien sind noch nicht hinreichend ausgearbeitet, die Theoriebildung kämpft selbst noch mit den veränderten und sich ausdifferenzierenden Anforderungen. Die Praxis ändert sich in einem Tempo, bei dem die

Theoriebildung nicht nachkommt. So vergrößert sich in den letzten Jahren die in der Laufbahnforschung bereits seit langer Zeit sichtbare Lücke zwischen Laufbahntheorien und Beratungspraxis massiv (vgl. Tractenberg et al. 2002, S. 93). Die deutsche Laufbahnforschung steckt noch in den Kinderschuhen, so werden in diesem Aufsatz immer wieder Erkenntnisse aus der anglo-amerikanischen Laufbahnforschung aufgegriffen und für den deutschen Kontext rezipiert. Während das überwiegende Beratungsziel in traditionellen Laufbahnentwicklungsansätzen darin lag, den richtigen, den passenden (Lebens-)Beruf zu finden, ist dieses Ziel unter den Bedingungen heutiger Berufstätigkeit in den meisten Fällen brüchig geworden. Weder die Annahme, dass die Personenmerkmale wie Fähigkeiten, Interessen oder Werte über die Lebenszeit relativ stabil bleiben, noch die Voraussetzung überdauernder Berufsbilder kann in der postmodernen Arbeitswelt aufrechterhalten werden. Damit bricht aber die Grundlage für die Eignungs- und Passungsprozesse der traditionellen Berufsberatung weg. Tractenberg schlägt nun vor, sich auf die Ausbildung und Entwicklung der für die Bewältigung der immer wieder neuen Entscheidungen für eine Laufbahn erforderlichen Kompetenzen zu konzentrieren (vgl. ebd., S. 94). Eine Neuorientierung hin zu präventiven, zukunftsorientierten Ansätzen, die mit der Entwicklung neuer Methoden und der Aufarbeitung der Beratungsinhalte einhergeht, kennzeichnet den Wandel. Der französische Laufbahnforscher Guichard bringt die zentrale Frage der modernen Laufbahnberatung auf den Punkt: „Wie können Individuen dabei unterstützt werden, für ihr eigenes Leben innerhalb ihres gesellschaftlichen Kontexts Regie zu führen" (Guichard 2005, S. 111)?

2.1 Anforderungen an die neue Laufbahnberatung

Die neuen theoretischen und praktischen Laufbahnentwicklungsansätze müssen eine ganzheitliche Perspektive einnehmen. Diese Entwicklung kennzeichnet die eigentliche Erweiterung der Berufsberatung zur Laufbahnberatung. Die Laufbahnentwicklung wird nun im Kontext der gesamten Persönlichkeitsentwicklung wahrgenommen. Nun geht es um „fitting work into individuals' lives", nicht mehr um „fitting individuals into jobs" (Savickas 2001, S. 50). Passungen mit anderen Lebensbereichen (z.B. Familie, Ehrenamt, ökologisches Engagement, Freizeit oder Spiritualität) beeinflussen das Laufbahnverhalten bzw. die Haltung zur Laufbahnentwicklung und umgekehrt. Um im 21. Jahrhundert als effektive Beratungsform weiterhin Bestand zu haben, darf sich Laufbahnberatung nicht mehr ausschließlich auf Laufbahn-entscheidungen ausrichten, sie muss vielmehr ihren Horizont erweitern zu einer umfassenden Annäherung an alle Bereiche, die mit ihrem Kernthema vernetzt sind. Nur so wird sie den Individuen helfen können, eine strategische und ganzheitliche Sichtweise auf tätigkeitsbezogene, Bildungs- und Freizeit-aspekte zu gewinnen (vgl. Tractenberg et al. 2002, S. 97).

Konsequenterweise wird damit die Fokussierung von beruflicher Beratung auf die Eingliederung in den Arbeitsmarkt hinfällig: „Die Beratungsmaßnah-men sollen daher nicht mehr unbedingt auf die Aufnahme oder Wiederauf-nahme einer Beschäftigung ausgerichtet werden. Es können verschiedene, die Gesamtperson umfassende Maßnahmen ergriffen werden, die ihre Ei-genverantwortung als Bürger stärken und eine selbständige Lebensplanung fördern. Alle Übergangsphasen des Lebens können Gegenstand der Beratung werden" (CEDEFOP 2005, S. 74).

So stehen wir derzeit in der Laufbahnforschung nicht nur einigen oberfläch-lichen Veränderungen, sondern tatsächlich einem tiefgreifenden Wandel in der Theoriebildung und Praxisentwicklung gegenüber, der eingebettet ist in gesamtgesellschaftliche Übergangsprozesse.

Lee & Johnston (2001) beschreiben folgende Kernpunkte, die den Auftrag an die neue Laufbahnberatung umreißen:

• „[...] die Unterstützung der Anpassungsleistungen, die in der Folge (und in der Antizipation) von größerer Unsicherheit und möglicher Erwerbslosigkeit notwendig werden,

• der aufgrund einer zunehmend selbst gestalteten Laufbahn notwendi-ge Aufbau der Komponenten der persönlichen Anpassungsfähigkeit (u.a. Optimismus, Offenheit, Selbstwirksamkeitserwartung, internale Kontrollüberzeugungen, Proaktivität),

- die Ausrichtung der Beratung auf Aufbau, Wahrung und Stabilität der Identität des Klienten" (Übersetzung: Lang-von Wins & Triebel 2006, S. 42).

Bußhoff sieht schon früh das übergeordnete Ziel der Laufbahnberatung darin, die Klientinnen und Klienten zu befähigen, sich in zukünftigen Beratungssituationen mit Hilfe ihres erlernten Prozesswissens selbst zu beraten, was sich mit der heutigen Begrifflichkeit der Kompetenzentwicklung zur Deckung bringen lässt. Er bezeichnet es als das „Erlernen selbstgesteuerten und selbstverantworteten Laufbahnverhaltens" (Bußhoff 1989, S. 105). Auch der europäische Laufbahnberatungsexperte Watts sieht die Entwicklung von Laufbahnselbstmanagementfähigkeiten als zentralen Faktor.

Werden die Kernanliegen aus der Perspektive der betroffenen Individuen formuliert, so darf nicht die Anpassungsfähigkeit in den Vordergrund gestellt werden, sondern die in Kompetenzentwicklungsprozessen angelegte Gestaltungsfähigkeit. Daraus ergeben sich folgende Anforderungen an eine Laufbahnberatung:

- Entwicklung von Kompetenzen zur Bewältigung von Übergängen,

- Ermutigung zur Arbeit an einer für die Lebensphase und den Lebenskontext stimmigen Identität,

- Aufbau von Kompetenzen zur Neuorientierung und Erhalt bzw. Erweiterung von Beschäftigungsfähigkeit.

2.2 Das Zürich-Mainzer Modell als aktueller Laufbahnberatungsansatz

Gibt es nun in Deutschland Ansätze, die den eben umrissenen Anforderungen an die neue Laufbahnberatung gerecht werden? Stellvertretend für einige wenige Ansätze, die in Deutschland im Bereich der Privatwirtschaft entstanden sind, sei hier das Zürich-Mainzer Laufbahnberatungsmodell (ZML) vorgestellt. Dieses Modell ist geprägt von langjährigen Erfahrungen aus dem Nachbarland Schweiz. In der Schweiz hat Laufbahnberatung eine längere

(Ausbildungs-)Tradition als in Deutschland. Arbeitnehmer in der Schweiz nehmen in Entscheidungssituationen eine Laufbahnberatung mit mehr Selbstverständlichkeit in Anspruch. Staatliche und private Einrichtungen kooperieren und geben sich gegenseitig Entwicklungsimpulse. In Deutschland konnte nun immer wieder beobachtet werden, dass deutsche Arbeitnehmer in die Schweiz zur Laufbahnberatung gingen.

Durch persönliche Kontakte zwischen deutschen Berufsberaterinnen und Schweizer Laufbahnberaterinnen und über einen deutsch-schweizerischen Erfahrungsaustausch entstand das Zürcher Laufbahnberatungsmodell als Weiterbildung. Zielgruppe der Qualifizierung sind Personen mit Beratungserfahrung, die im Bereich Bildungs-, Berufs- und Beschäftigungsberatung tätig sind. 1998/99 fand der erste Lehrgang in zwei Sequenzen als Fortbildung in Laufbahnberatung nach dem Zürcher Laufbahnberatungsmodell statt. Die erste Sequenz umfasst Laufbahnberatung als Einzelberatung, die zweite Laufbahnberatung in Gruppen. Laufbahnberatung in Gruppen wird hier nicht näher vorgestellt werden, ist aber als niederschwelliges Angebot für eine breite Personengruppe geeignet.

Die laufbahnberaterische Ausbildung nach dem Zürich-Mainzer Modell vermittelt prozessuales, inhaltliches, beraterisches und methodisches Wissen, um eine umfassende Laufbahnberatung durchführen zu können. Das Instrumentarium ist gekennzeichnet durch vielfältige Methoden, die aus verschiedenen Schulen stammen (z.B. Individualpsychologie, humanistische Psychologie, lösungsorientierte Kurztherapie, Gestaltpsychologie). Wenn die Absolventen und Absolventinnen die Einzel- und Gruppenausbildung abgeschlossen und eine umfassende Laufbahnberatung mit Intervision und Supervision durchgeführt haben, tragen sie den Titel Laufbahnberater/-in (ZML). Vorgegeben wird ein strukturierter, auf Erfahrungswerten basierender Beratungsprozess, der aber individualisiert durchlaufen wird. In der konkreten Beratungssituation werden der Ablauf und die eingesetzten Methoden auf den Lerntypus, die Situation des Klienten und sein Anliegen zugeschnitten. Die Ausbildungsinhalte werden aber auch von den Beratenden individuell adaptiert, die ihre spezifischen Schwerpunkte je nach weiteren beraterischen Qualifikationen in den Prozess mit einbringen. Bei dem vorgestellten Konzept umfasst eine Einzelberatung mit Standortbestimmung etwa fünf bis acht Sitzungen, der

Zeitaufwand beträgt in der Regel fünf bis zwölf Stunden. Der Zeithorizont reicht von wenigen Wochen bis zu mehreren Monaten, wobei intendiert ist, dass die Klienten zwischen den Sitzungen angeleitet Aufgabenstellungen bearbeiten, die nicht nur den Prozess beschleunigen, sondern durch die auch die Eigenverantwortlichkeit intensiviert und die Kosten gesenkt werden. Die Arbeitsanforderungen und der Kostenaspekt bewirken eine gewisse Verengung der Zielgruppe, die ansonsten sehr breit angelegt ist.

Im Verlauf der Beratung liegt der Schwerpunkt der Neu-, Um- oder Anpassungsorientierung in vielen Fällen auf der Suche nach einer sinnstiftenden Tätigkeit, die in ihrer Funktion als Teilhabe am gesellschaftlichen Leben angestrebt wird. So steht der Beratungsprozess immer im Spannungsfeld von Persönlichkeits- bzw. Kompetenzentwicklung und Förderung der Beschäftigungsfähigkeit der Klientinnen und Klienten. Dabei ist es eine zentrale Aufgabe der Beratung, gerade zur Verminderung der innerpersonalen Spannungszustände beizutragen und in einem ersten Zielentwurf innere und äußere Anforderungen zu integrieren.

3. Laufbahnberatung als pädagogische Beratung

Laufbahnberatung lässt sich am ehesten im englischen Begriff des Counselling verorten. In jüngster Zeit nun öffnet sich auch die deutschsprachige Beratungsdiskussion für Anregungen aus der Counselling-Psychologie. Die Counselling-Psychologie fokussiert dabei Klienten, die zwar im engeren Sinne weder Erziehung noch Therapie benötigen, aber Hilfestellung in kritischen Übergängen und schwierigen Phasen bei der Bewältigung von Orientierungs-, Entscheidungs-, Planungs- und Handlungsprozessen. Daraus ergibt sich ein dreidimensionales Selbstverständnis von Beratung:

- Beratung ist dann immer schon präventiv, wenn sie Individuen dazu befähigt, Veränderungen in ihrem Umfeld vorzunehmen, bevor sich die Problemstellungen zu Krisen auswachsen.

- Beratung ist wachstumsfördernd, sie zielt auf Planung, Erweiterung und Erhaltung der individuellen Ressourcen und damit auf Persönlichkeitsentwicklung.

- In ihrer kurativen oder rehabilitierenden Funktion unterstützt sie Individuen in Bewältigungsprozessen und hilft ihnen Störungen beispielsweise in einem gelingenden Anpassungsprozess zu beseitigen und vorhandene Defizite zu kompensieren (vgl. Schwarzer & Posse 2004, S. 63f. und 66). Damit erhöht sich das Wohlbefinden durch die subjektive Verbesserung von Lebensqualität.

So besteht der erwachsenenbildnerische Anspruch der Laufbahnberatung nicht nur in der Unterstützung der Klienten im akuten Übergangsgeschehen, sondern in einer Befähigung zur mittel- und langfristigen Bewältigung verschiedener (beruflicher) Übergangssituationen. In der Förderung von Übergangskompetenzen und Laufbahnselbstmanagementkompetenzen macht sich die Laufbahnberatung nach dem Prinzip Hilfe zur Selbsthilfe in weiteren Übergängen zunehmend überflüssig.

Bezogen auf die Laufbahnberatung wird hier noch einmal deutlich, dass es um die retrospektive und oft auch aktuelle Bewältigung der beruflichen Situation geht, die aber immer auch verbunden ist mit einer aktiven prospektiven Gestaltung des weiteren Lebenslaufs. Diese Gestaltung ist nie losgelöst von den systemischen Rahmenbedingungen des Individuums und den Bedingungen des Arbeitsmarktes, wodurch die konkrete Umsetzung von der Planung abweichen und letzten Endes nur zu einem gewissen Maß direkt gesteuert werden kann. Beratungsplanung und Beratungsergebnisse sind ständig im Fluss, oftmals können nur lernförderliche bzw. kompetenzentwicklungsförderliche Bedingungen in der Beratung geschaffen werden, denn das direkte Lernergebnis unterliegt nicht dem direkten Einfluss der Beraterin bzw. des Beraters.

Dennoch ist Beratung gezielte pädagogische Intervention. Engel betrachtet Beratung gar als Grundform pädagogischen Handelns (vgl. Engel 2004, S. 103). Beratung als Intervention betreibt aktive Vermittlung zwischen gesellschaftlichen Handlungsanforderungen und individuellen Handlungskompetenzen. Ziel ist immer der Aufbau, die Stabilisierung oder die Wiederherstellung von Handlungskompetenz (vgl. Zwick 2004, S. 98). Auch dieser Anspruch wurde hier bereits aus anderer Perspektive an die Laufbahnberatung formuliert.

Die Pädagogik wird zur Wissenschaft von der Lebensbegleitung in Phasen von Abbrüchen, Umbrüchen, Turbulenzen und Neukonstruktionen. Pädagogische Arbeit konzentriert sich im Übergangsgeschehen, an diesen Wendepunkten liegen im systemischen Verständnis wesentliche Elemente menschlicher Entwicklung. Der Beratungsforscher Nestmann sieht es geradezu als eine Verpflichtung der pädagogischen Beratung an, diese Anlässe als Aufklärungs-, Bildungs- und Edukationsmöglichkeiten zu nutzen.

Die Grenzen zwischen Kompetenzentwicklungs- und Bildungsprozessen in der Beratung sind fließend. Pöggeler sieht die Wirkung von Beratung um so mehr erziehend und bildend, je mehr sich der Fokus von Beratung dem inneren Kern des Menschen nähert, also die Integrität seiner Identität im Blick hat (vgl. Pöggeler 1999, S. 17).

3.1 Lernprozesse in der Laufbahnberatung

Gängige Angebote des Weiterbildungsmarkts reichen heute nicht mehr aus, die zunehmend individualisierten Lernerfordernisse und -bedürfnisse zu bedienen. Petzold weist nach, dass Beratung eine mögliche Form des Lehrens und Lernens unter komplexen Bedingungen ist. Durch die Erweiterung der Lernkompetenz können in zukünftigen Situationen Selbstregulations- oder Selbstmanagementprozesse durchgeführt werden, die weitere Beratungen obsolet machen. Auch Geißler sieht eine Entwicklung hin zum verstärkten Lernen in Beratungskontexten: „Der Trend zeigt eine Verstärkung sozialer Formen des Lernens. Diese werden sich – sowohl in der Aus- als auch in der Weiterbildung – zunehmend beratungsorientiert entwickeln" (Geißler 2000, S. 15f.).

Lernen in Beratungsprozessen erfolgt auf mehreren Ebenen: beispielsweise auf einer kognitiven, um neue Inhalte zu erfassen, auf der emotionalen, wo

Bedürfnisse, Werte und Prioritäten bearbeitet werden oder auch auf der volitionalen Ebene, wenn es darum geht, Entscheidungsprozesse vorzubereiten oder längere Prozesse durchzuhalten. Diese verschiedenen Lernprozesse zu einem stimmigen Ganzen zu integrieren, ist Teil des Beratungsgeschehens. In der Beratungssituation wird es erforderlich, dass Menschen ihre Lernwiderstände aufgeben und „sich selbst zu einem Projekt persönlichen Lernens" machen (Petzold 2005, S. 174).

Bezogen auf das Konstrukt des Übergangs werden Übergänge als kritische Perioden beschreibbar, in denen das Festhalten und schlichte Anwenden von gelernten Dispositionen eben nicht mehr ausreicht. „Um die Person-Umwelt-Diskrepanz auf ein ‚normales' Maß zu reduzieren, ist ein verstärktes Umlernen und Hinzulernen erforderlich" (Bußhoff 1998, S. 35). Auch das Ent-lernen oder Ver-lernen erhält einen immer höheren Stellenwert, weil alte Bewältigungsformen den neuen Herausforderungen nicht mehr entsprechen. Das ständige Dazulernen hat sich nahezu jede ökonomische Organisation und gesellschaftliche Institution auf die Fahnen geschrieben. Allerdings erschöpft sich ein Lernen unter dem Regiment der Beschäftigungsfähigkeit häufig in seiner Funktion als ökonomisch verwertbare Ressource. In der Maxime „alles zu jeder Zeit" zeigt sich der absolute Totalitätsanspruch an die Flexibilität der Erwerbstätigen (vgl. Hendrich 2004, S. 264). Es lassen sich einige andere Modelle oder Ansätze des Lernens ausmachen, die zwar den komplexen Anforderungen der Zeit gerecht werden, aber nicht in ihnen aufgehen, sondern von Seiten der Pädagogik Alternativen eines Umgangs mit ebendiesen Anforderungen aufzeigen. Ohne Anspruch auf Vollständigkeit seien hier einige Arten des Lernens zusammengetragen, die in der neuen Laufbahnberatung zum Tragen kommen. Sie könnten den Grundstock einer Didaktik der Laufbahnberatung bilden, die aber bisher noch ein unbeschriebenes Blatt in der Laufbahnforschung ist.

3.1.1 Komplexes Lernen

Die komplexe Lerntheorie wurde in den vergangenen 40 Jahren von Petzold (u.a.) im Rahmen des integrativen Ansatzes entwickelt und in verschiedene Praxisfelder hineingetragen und weiterentwickelt. Komplexes Lernen wird definiert als die Veränderung einer Verhaltensmöglichkeit, die auf der einen Seite durch bewusst wahrnehmende Beobachtung, aber auch durch sublimale Wahrnehmung der inneren und äußeren Bedingungen und der emotionalen Reaktionen, die diese begleiten, entsteht. Gleichzeitig geschieht eine weitgehend unbewusste Vernetzung mit den archivierten Erfahrungen, die einerseits differenziell, also z.b. als verbale, imaginale oder olfaktorische Gedächtnismodalitäten vorliegen, aber auch als holografische Zusammenhänge abgespeichert und leicht spontan abrufbar sind. Diese Lernaspekte kommen besonders in komplexen, narrativen, interpretativen und diskursiven Lernprozessen zum Tragen, wie sie in jeder Beratungssitzung, z.B. bei der Entwicklung von Copingstrategien oder Problemlösungsansätzen, zu beobachten sind.

3.1.2 Erfahrungslernen

Erfahrungslernen ist eine altbekannte Form des Lernens, heute wird sie wieder neu entdeckt, indem Erfahrungen bewusst gesucht und ausgewertet werden. Durch Erfahrung lernen heißt bei Dewey: „Das, was wir den Dingen tun, und das was wir von ihnen erleiden, nach rückwärts und vorwärts miteinander in Verbindung zu bringen." (Dewey 1930, S. 21f. zit. nach Dybowski 1999, S. 13). Lernen ist dann nicht nur die Folge von Erfahrung, sondern auch wieder die Voraussetzung für neue Lernerfahrungen. Erfahrungslernen ist demnach in die Vergangenheit, auf das, was schon ist, bezogen, immer aber auch auf das, was es noch ermöglichen soll.

Erfahrungen können nur in Handlungskontexten erworben oder erweitert werden, sie sind demnach in ihrer Entstehung situationsgebunden. Erfahrungswissen ist damit Handlungswissen. Damit entsteht der Zusammenhang zum impliziten Wissen. Implizites Wissen als weitgehend unbewusstes Aneignen von heuristischen Handlungsregeln wird normalerweise dann angewendet, wenn ein passender Handlungskontext auftaucht. Dieses implizite Wissen zugänglich zu machen, das sonst für selbstverständlich gehalten und nicht als Ressource wahrgenommen wird, die jederzeit aktiviert werden kann, ist Teil eines reflektierten Erfahrungslernens (vgl. Lang-von Wins & Triebel 2006, S. 35). In diesem Ansatz ist stets die Selbstbetroffenheit der

Ausgangspunkt für Lernimpulse (vgl. Dybowski 1999, S. 14). Organisierte Lernprozesse sind damit immer eine Form der Verarbeitung von immer neu stattfindenden Erfahrungen. Lernen gilt nach diesem Lernkonzept als die auf ein Ziel hin ausgerichtete Erfahrungsverarbeitung. Erfahrungslernen im Kontext von Laufbahnberatung macht deutlich, dass die Klientinnen und Klienten bereits viele Voraussetzungen und Ressourcen mitbringen und dass diese für den Erwerb von neuen Kompetenzen relevant sind. Denn Erfahrungen sind die Wissensbestandteile, die mit emotional-volitionalen Aspekten der Person verknüpft sind und mit subjektiven Werten und Sinnvorstellungen einhergehen, die zur Ausbildung vieler Übergangskompetenzen benötigt werden. Nur so können nachhaltige Entwürfe zur Lebensgestaltung entstehen, die eben nicht auf einem biografischen Vakuum aufbauen, sondern anschlussfähig an bisherige Erfahrungen sind. Weiterhin beeinflusst die emotionale Färbung der Wissensbausteine die Aktivierung des Wissens beim Handeln. Bei einer positiven gefühlsmäßigen Valenz werden Begriffe und Prozeduren eher aktiviert. Der ressourcen- und bewältigungsorientierte Blick auf die biografische Übergangssituation in der Laufbahnberatung interveniert in die emotionale Wahrnehmung; anhand einer Lebenslinie werden beispielsweise Krisen als Chancen sichtbar, die eine Steigerung der Befindlichkeitskurve hervorrufen können.

3.1.3 Expansives Lernen

Eine weitere Art des alternativen, kompetenzentwickelnden Lernens ist das expansive Lernen nach Holzkamp. Im Gegensatz zum defensiven (beiläufigen) Lernen findet es dann statt, wenn Lernende sich neues Wissen nicht nur aneignen, sondern dabei auch ihre Persönlichkeit, ihre soziale Integration und ihre Handlungsfähigkeit erweitern. Expansives Lernen ist gekennzeichnet durch „den Zusammenhang von über Gegenstandsaneignung erfolgendem Weltaufschluss für das Subjekt in Erweiterung seiner Verfügungsmöglichkeiten über individuell relevante gesellschaftliche Lebensbedingungen, was gleichbedeutend ist mit der Erhöhung seiner Lebensqualität" (Holzkamp 1993, S. 175ff.; Zech 2002, S. 155). Dieses Lernen findet gerade seinen Ausgangspunkt in inneren und äußeren Irritationen von Lebens- oder Lebensrollenübergängen. In diesen alltäglichen Widersprüchen und Dilemmata bilden sich Diskrepanzen zwischen vorhandenen Fähigkeiten und den zur Bewältigung der Situation benötigten Fähigkeiten, es entstehen subjektiv bedeutsame Lernproblematiken. Wenn diese ausgegliedert und kognitiv bewusst gemacht werden können, bilden sie genau die Basis für expansives Lernen. Zech u.a. beschreiben einige Einzelfaktoren dieser Expansion. Im Falle gelingenden Lernens verläuft der Lernprozess:

- „[...] von der Diffusität der Gedanken zur Differenziertheit,
- von der sequenziellen Fixiertheit zur Prozesshaftigkeit im Lernen,
- von der Isoliertheit des einzelnen Gedankens zum Denken im Zusammenhang,
- von der linearen Sichtweise auf Fragestellungen und Lernproblematiken zur Multiperspektivität, [...]
- von der Zufälligkeit des betrachteten Geschehens zum Erkennen von Gesetzmäßigkeiten,
- von der kritiklosen Hinnahme der Lernaufgaben zur gegenstands- und selbstkritischen Reflexivität" (Ehses, Heinen-Tenrich, Zech 2001, S. 10ff. zit. nach Zech 2002, S. 156).

3.1.4 Biografisches Lernen

Nicht zuletzt finden konzentrierte und fokussierte biografische Lernprozesse in einer Laufbahnberatung statt. Der Biografieforscher Schulze untersucht in seinem Aufsatz „Bildung, Bewusstheit und biographischer Prozess. Reflexionen im lebensgeschichtlichen Lernen" die Unterschiede zwischen Bildungsprozessen und biografischen Lernprozessen. Bei Bildungsprozessen gehe es überwiegend um die individuelle Aneignung kollektiver Objektivationen und damit um Aneignung außerhalb des eigenen Lebenszusammenhangs, also um Sekundärerfahrungen. Bei biografischen Lernprozessen steht die „Verwirklichung von Lebenserwartungen, die Bewältigung von Lebensproblemen und der Vollzug von biographisch bedeutsamen Entscheidungen im Mittelpunkt des Interesses" (Schulze 2006, S. 32), es werden Primärerfahrungen gemacht. Biografische Lernprozesse lassen sich selten bewusst planen und der Lernerfolg stellt sich oft erst zeitlich versetzt ein. Auch die Bewertung dieser unterschiedlichen Lernprozesse ist nach Schulze gänzlich verschieden. Im biografischen Lernen ist auch die Erfahrung des Scheiterns ein erfolgreicher Lernprozess (vgl. ebd., S. 33f.). In der Laufbahnberatung erfolgt nun durch die Arbeit mit biografischen Methoden „die zusammenhängende Selbstvergewisserung des eigenen gelebten Lebens", die eine besondere Leistung im biografischen Prozess „und den Übergang zu einem höheren Grad an Bewusstheit" darstelle (vgl. ebd., S. 41). Die bis dahin meist diffusen Erinnerungsbruchstücke müssen präzisiert, chronologisch oder nach Themen strukturiert werden. Durch die Darstellung entsteht das Kohärenzgefühl, das unabdinglich für die Fortschreibung der eigenen Identität ist.

Dörr nennt als Voraussetzungen gelingender biografischer Lernprozesse drei Faktoren:

- Die Erfahrung von Liebe und Freundschaft als Chance zur Konstitution einer Selbstbeziehung.
- Die Erfahrung der wechselseitigen Anerkennung, ein Wesen mit eigenem Recht zu sein. Die dadurch entstehende Sicherheit der eigenen Urteilsbildung lässt das Individuum sich als vollwertiges Mitglied einer Gemeinschaft erfahren.
- Die Erfahrung der wechselseitigen Ermutigung in Form der sozialen Wertschätzung der individuellen Besonderheiten.

3.1.5 Lernen in zieloffenen Transformationsprozessen

Als letzte Form des alternativen Lernens sei hier das Lernen in zieloffenen Transformationsprozessen vorgestellt. Die Beschleunigung gesellschaftlicher Veränderungsprozesse bildet den Rahmen für neue Lernanlässe. Schäffter beschreibt vier Modelle struktureller Transformation, die als „gesellschaftliche Kontextbedingungen für lebensbegleitendes Lernen wirksam sind" (vgl. Schäffter 1999, S. 8). In den zwei Modellen der zieloffenen Transformation kommt es durch Diskrepanzerlebnisse in der Lebenswelt zunächst zur Einsicht, dass die Ausgangslage defizitär ist, zudem gibt es das Wissen um einen Zielzustand, der durch bestimmte Kompetenzen, die erworben werden müssen, geprägt ist. Übertragen auf Laufbahnentscheidungen gibt es ein Wissen um die Unhaltbarkeit der aktuellen beruflichen Situation, daraus entsteht die

Anforderung, Teile des Alten zu verlernen. Der Zustand des Neuen war früher klar definiert, es gab geregelte Berufe, an denen man sich orientieren konnte, und Qualifikationen, die den Weg zu diesen Berufen wiesen. Der Zielzustand wird heute zunehmend diffus. So wird der Aufbruch aus der alten Situation oft als verwirrende Umbruchsituation hinein in einen verunsichernden Schwebezustand erlebt. Teilweise ist noch klar, welche alte Ordnung verlassen wurde, die zukünftige Ordnung liegt aber meistens noch im Nebel. Laufbahnberatende dürfen nun nicht als Pädagogen den neuen Zustand für die Klienten definieren, damit würden sie ihre Klienten der eigenen Freiheit berauben. Der zieloffene Zustand nach dem Modell der zieloffenen Transformation ist nach Schäffter nicht eindeutig bestimmbar, aber er kann als eingrenzbarer Möglichkeitsraum beschrieben werden, zu dem über pädagogische Arrangements Zugangswege erschlossen werden können. Laufbahnberatung wird dann zur moderierten Suchbewegung. Zieloffenheit in diesem Sinne heißt nun, den Auftrag zur individuellen Entscheidung innerhalb eines Übermaßes an Optionen im Rahmen des eben beschriebenen Möglichkeitsraums anzunehmen, „in den die gesellschaftliche Entwicklung die betroffenen Menschen ‚freigesetzt' hat" (vgl. Schäffter 1999, S. 10) bzw. die Betroffenen selbst aus dem alten aufgebrochen sind, weil er nicht mehr trägt.

Das didaktische Arrangement in der Laufbahnberatung ist bestens geeignet, Lernen in zieloffenen Transformationsprozessen zu ermöglichen, dieses Lernen aber auch reflexiv zu thematisieren und dazu beizutragen, dass die Individuen ihr individuelles Lern- und Laufbahnentwicklungstempo gestalten und damit ihren spezifischen Übergangsprozess steuern können.

3.2 Kompetenzentwicklungsprozesse in der Laufbahnberatung nach dem ZML

Auch wieder nur beispielhaft werden hier einige Kompetenzentwicklungsprozesse im konkreten Beratungsgeschehen im Rahmen einer Laufbahnberatung nach dem ZML angedeutet. Diese Kompetenzentwicklungsprozesse finden als intensive Lernprozesse beispielsweise über die oben vorgestellten Formen des Lernens im Laufbahnberatungsprozess statt. Viele Kompetenzentwicklungsprozesse werden über spezifische Prinzipien, die mit einer bestimmten Beratungshaltung in der Laufbahnberatung verbunden sind, angestoßen.

3.2.1 Biografieorientierung

Eine der grundlegenden Methoden in der Laufbahnberatung ist das biografische Gespräch, das einerseits eine besondere Form der Diagnostik, andererseits ein Interventionsinstrument darstellt. Der Begriff Gespräch bezeichnet nach Fisseni (2004, S. 141) eine Vorgehensweise der Informationssuche, bei der ein Proband durch gezielte Fragen zu Angaben über sich und sein Umfeld angeregt werden soll. Thomae (1968) beschreibt das Gespräch als „einen der wenigen Zugänge zu einer durch den methodischen Zugriff noch nicht veränderten seelischen Wirklichkeit" und sieht in ihm die „einzig sichere Quelle für die Erschließung des Verhaltens in natürlichen Situationen". Das Gespräch schafft aber auch Distanz und ermöglicht den rationalen Blick auf sich selbst und die Bedingungen der eigenen Existenz.

Die Beratungsperson hört aktiv zu, bietet emotionale Unterstützung, Anerkennung und Verstärkung. Die Beratungsperson setzt aber auch mäeutische Prozesse in Gang, indem sie durch offene Fragen Einstellungen in Frage stellt und eine Perturbation von festgefahrenen oder situationsinadäquaten Überzeugungen auslöst. Durch Paraphrasierungen werden verbale oder nonverbale Äußerungen gespiegelt, die Klientin bzw. der Klient kann überprüfen, ob sie oder er verstanden wurde, die Beratungsperson vergewissert sich dabei, ob die gemeinsame Ebene noch vorhanden ist. Über Interpretationen werden vom Klienten disparat wahrgenommene Faktoren verbunden und Verknüpfungen geschaffen, die zu einem tieferen Verständnis beispielsweise einer Situation oder einer Ressource führen können. Auch durch das Mittel der Konfrontation wird auf Widersprüche hingewiesen, die sich beispielsweise zwischen der verbalen oder nonverbalen Ebene oder Worten und Handlungsweisen des Klienten zeigen. Gerade hierdurch kann die Wahrnehmung auf eine Art Bifurkationspunkt gelenkt werden, dessen fehlende Klärung den Fluss des Prozesses und damit die Bewältigung des Übergangs bisher behindert hat.

3.2.2 Lösungsorientierung

In der Haltung der Lösungsorientierung sind Probleme alltägliche Dinge, deren Lösung aber nicht in der akribischen Erforschung ihrer Ursachen und Wirkungen zu finden ist (vgl. Bahrenberg 2002, S. 14f.). De Shazer argumentiert, dass Probleme oft unabhängig von und irrelevant für den Prozess ihrer Lösung sind. Problemen wird dadurch ihre Schwere genommen, so kann eine optimistische Haltung geschaffen werden, die ja ein wesentlicher Bestandteil der psychischen Ressourcen in Übergangsprozessen ist. Auch die Selbstwirksamkeit, die für die Kompetenzentwicklung eine entscheidende intervenierende Variable ist, wird durch das Anknüpfen an erfolgreiche Beispiele gefördert. Ohne ausführliche Problemanalyse wird nun gemeinsam reflektiert, wie ein Zustand definiert werden kann, in dem das Problem behoben ist, um dann den Weg zu diesem Zustand zu erarbeiten.

In der Haltung der Lösungsorientierung, die über die lösungsorientierte Beratung in die Laufbahnberatung hineinwirkt, werden Kompetenzentwicklungsprozesse in mehreren Bereichen der Übergangskompetenz angestoßen:

- Ressourcenkompetenz: Ressourcen werden aktiviert, indem zieldienliche Anteile der Persönlichkeit bewusst gemacht und betont werden. Die Wahrnehmung der eigenen Selbstwirksamkeit wird erhöht, indem den Klienten Beispielsituationen aus ihrer Lebensgeschichte bewusst werden, in denen sie ihre Probleme selbst reguliert und gelöst haben. Diese Kompetenz wird transferiert auf die aktuelle Situation.

- Anpassungskompetenz: Indem den Klienten deutlich wird, dass Probleme der „Normalfall" sind und meist einen positiven Impuls zur Weiterentwicklung setzen, entwickeln sie eine größere Gelassenheit in ihrer aktuellen Situation, oftmals erfahren sie so eine Stärkung ihrer Ambiguitätstoleranz.

- Möglichkeitskompetenz: Der Möglichkeitssinn der Klienten wird angestoßen, ihr Blick auf ein weites Spektrum an Handlungsmöglichkeiten wird eröffnet. Die Autonomie der Klienten wird gestärkt, sie bekommen über die Wertschätzung von bereits geleisteten Erfolgen ein Gefühl dafür, dass sie aktiv Gestaltende ihrer Existenz sind.

- Ressourcenorientierte Handlungskompetenz: Ideen für Veränderungen, die sich durch das Gespräch ergeben, müssen sichtbar werden und Form annehmen, sonst bleibt ihre positive Wirkung aus. Durch den Impuls zum ersten Schritt werden Handlungen in Gang gesetzt, die dann oft weitere Veränderungen im System nach sich ziehen. Die immer wieder zu beobachtende partielle Stagnation oder ein zeitweiliges Steckenbleiben im Prozess wird durch das Anfangen überwunden.

3.2.3 Wertorientierung

Werte sind wichtige Orientierungspunkte in komplexen Entscheidungssituationen. Werte, Einstellungen, Haltungen bleiben im alltäglichen Leben zumeist im Hintergrund, sie treten dann in Erscheinung, wenn Situationen wahrgenommen werden, die genau diese Werte in Frage stellen. Kast weist darauf hin, dass in Zeiten von Bedrohung – wie sie in den ersten beiden Phasen von Übergängen wahrgenommen wird – immer auch ein oder mehrere Werte in Gefahr sind. Wenn nun ein bedrohter Wert wie beispielsweise Sicherheit durch einen aktuell als höherwertig eingestuften Wert ersetzt werden kann wie beispielsweise Selbstverwirklichung, dann kann in der Beratungspraxis z.B. die Angst vor dem Absprung in die Selbstständigkeit reduziert werden.

Werte dienen aber nicht nur dem Abwenden negativer Emotionen, sie können auch „als Leuchtfeuer des Handelns" (Erpenbeck) Orientierungshilfe in Entscheidungssituationen geben. Klienten lernen in der Laufbahnberatung ihr Handeln durch Einbeziehung ihrer Werte, Normen und Einstellungen zu begründen und nach außen hin (selbst-)bewusst zu vertreten. Zur Ausprägung eines wertebezogenen Denkens (value-focused thinking) erwerben die Klienten die Fähigkeiten, ihr langfristiges Zielsystem an ihren Wertvorstellungen auszurichten und die kurz- und mittelfristigen Ziele darin einzubinden.

Ein gewisser Wert-Relativismus erlaubt aber auch das Anerkennen der Relativität individueller und gesellschaftlicher Werthaltung und die Option, sich von nicht mehr funktionierenden persönlichen und kulturellen Werten zu verabschieden, ohne gleich Abschied vom kompletten Wertesystem nehmen zu müssen.

Immer wieder ist es auch der Wunsch von Klienten, sich mit *den* zentralen Werten ihres Lebens auseinanderzusetzen. In der Laufbahnberatungspraxis kann beispielsweise in der Übung zum inneren Genius eine zentrale Werthaltung der Klientin/des Klienten ermittelt werden, von der angenommen wird, dass sie der Person selbst so wichtig ist, dass sie diese auch in der Welt zum Ausdruck bringen möchte. Dieser innere Genius kann bei der Auswahl und Überprüfung der unterschiedlichen Laufbahnalternativen später das Zünglein an der Waage sein, wenn es um die Wahl desjenigen Weges geht, bei dem die Werte und Bedürfnisse des Klienten/der Klientin zum Tragen kommen.

3.2.4 Vermittlung von Übergangswissen und Übergangseinstellung

Den wenigsten Erwachsenen, die in die Beratung kommen, ist bewusst, dass sie sich in einer Übergangsphase befinden. So ist es hilfreich, mit den Klientinnen und Klienten eine Art Metablick auf ihr eigenes Übergangsgeschehen zu entwickeln. Die vom Klienten ausschließlich als individuelles Problem wahrgenommene kritische Situation wird damit in einen allgemeinen gesellschaftlichen oder beispielsweise lebensalterbezogenen Kontext eingeordnet werden, was zu einer emotionalen und kognitiven Entlastung beiträgt.

Darüber hinaus erwerben die Klienten in der Beratung ein grundlegendes Übergangswissen. Sie können über den Verlauf von Übergängen, über die Einschätzung bestimmter auf den Übergang bezogenen Faktoren aufgeklärt werden, um den eigenen Übergangsprozess besser begreifen und einordnen zu können. Und schließlich werden sie vertraut gemacht mit möglichen Haltungen zur Bewältigung von Übergängen, die als Voraussetzung oder Nährboden für die Entwicklung von verschiedenen Übergangskompetenzen verstanden werden können. Beispielhaft seien hier einige Schlüsselfähigkeiten nach Bußhoff aufgelistet, die diese neue Haltung zu Übergängen spiegeln:

- Übergänge als normale Lebensereignisse betrachten,
- die für Übergänge typischen Diskrepanzerlebnisse zulassen,
- Übergänge nicht nur als Bedrohung, sondern auch als Chance wahrnehmen,
- Zuversicht entwickeln, die Übergangsprobleme positiv bewältigen zu können,
- sich darauf einstellen, dass echte Übergänge sich nicht allein mit gewohnten Problemlösungen bewältigen lassen,
- Selbstverantwortung übernehmen.

3.2.5 Bilanzierung

Wer sich selbst nicht im permanenten Wandel und der wachsenden Informationsflut verlieren will, muss immer wieder einen Schritt zurücktreten, einen Gang zurückschalten und in einem Prozess der Selbstdistanzierung, der gleichfalls der Selbstannäherung dient, die laufende Entwicklung überprüfen und Bilanz ziehen (vgl. Stoffel 1999, S. 18). Bei der Bilanzierung werden Teilfähigkeiten schwerpunktmäßig im Bereich der Entscheidungskompetenz entwickelt:

- Reduktion: Zurückführung einer Menge von Merkmalen auf eine gemeinsame Basis, deren Symptome die Einzelmerkmale sind. Beispiel: Anstatt immer wieder über Einzelmerkmale zu sprechen und die inneren, oftmals konfusen Dialoge der Klientinnen und Klienten noch zu verstärken, werden beispielsweise Entscheidungsbereiche gebündelt, diese erhalten Bezeichnungen, unter denen dann im weiteren Prozess neue Einzelmerkmale subsumiert werden.

- Medien: Einsatz von Medien als externe Gedächtnishilfen. In der Laufbahnberatung nach dem ZML wird viel mit Post-it-Zetteln gearbeitet, die mehrfach umstrukturiert werden können, in ihrer (vorläufig) sortierten Form dann aber immer auch als Gedächtnishilfen dienen. Ebenso zählen fast alle Arbeitsmaterialien, die bei den Klienten verbleiben, als Gedächtnishilfen, die beispielsweise in einer akuten Bewerbungssituation erneut konsultiert werden können.

- Multiple Kodierung von Information: Die Enkodierung und mehrfache Umkodierung von Informationen mit Hilfe alternativer Methoden, die aber den gleichen Themenbereich bearbeiten, trägt dazu bei, dass Informationen nicht nur eindimensional verfügbar sind, sondern in ganz unterschiedlichen Szenarien immer wieder eine andere Teilfunktion übernehmen können.

- Visualisierung: Im Prozess werden Strukturen beispielsweise über Schaubilder, Collagen, Struktogramme, Modellierung der Situation gebildet. Auch das intuitive Arbeiten mit Bildern, indem zu bestimmten Themen Bilder ausgewählt werden, verdichtet und bilanziert Erkenntnisse, die kognitiv sonst schwer zugänglich wären.

Im Verlauf des Bilanzierungsprozesses wird meist deutlich, dass die Klientin oder der Klient abschließend niemals über alle Informationen verfügen wird, um alle Zweifel auszuräumen, mit denen ihre bzw. seine Entscheidungsprozesse belastet sind. Die Erkenntnis, dass weder die Gegenwart noch die Zukunft absolut kontrollierbar und planbar sind, führt zu heuristischen Schätzungen, die zu bestmöglichen, befriedigenden Entscheidungen, aber auch zur Option der Revision führen, wenn sich die Einsichten oder Gegebenheiten ändern. Diese Balance, der eigenen Urteilsfähigkeit zu trauen, um eine einmal getroffene Entscheidung bei Bedarf aber auch revidieren oder anpassen zu können, ist ein wesentlicher Faktor der neu entwickelten Anpassungskompetenz.

3.2.6 Komplexitätsmanagement

In Übergangsprozessen übersteigt die interne Repräsentation der Situation, des individuellen Zielsystems und der Handlungsmöglichkeiten die Verarbeitungskapazität der sich im Übergang befindenden Person. Strategien zur Komplexitätsreduktion werden mit Unterstützung der Beratungsperson erlernt:

- Sammeln und sichten: Potentielle Hilfequellen und Bewältigungsstrategien werden gesammelt und aus der Biografie rekonstruiert.

- Auswählen: Für die aktuelle Bewältigungssituation tauglich erscheinende Copingstrategien werden ausgewählt bzw. Erkundigungen bei Personen, die mit diesen Strategien arbeiten, eingeholt.

- Gezielt aktivieren: Erste Versuchsrunden mit den Copingstrategien werden eingeleitet, bestehende und neue Kontakte und Unterstützungssysteme aktiviert.

- Balance finden: Das soziale Umfeld oder das betriebliche Umfeld wird gedanklich in den Prozess mit einbezogen, dessen Bedürfnisse und Reaktionen wiederum beeinflussen den weiteren Prozess. Über eine Arbeitsumfeldanalyse lassen sich größere Problembereiche schnell herausfinden.

- Realitäten sehen: Es wird nicht nach der absoluten Lösung, sondern nach einer für die aktuelle Situation und das aktuelle Umfeld befriedigenden, viablen Lösung gesucht.

- Kapazitätsmanagement: Der Fluss der Informationsverarbeitung muss geplant und reguliert werden, um das Arbeitsgedächtnis nicht zu überlasten. Beispiel: Klienten in der Laufbahnberatung informieren sich über alle potentiellen Wege gleichzeitig (während sie sich meistens noch in die verschiedensten Richtungen bewerben). Die Informationsfülle ist ab einem bestimmten Komplexitätsgrad nicht mehr handhabbar. Gemeinsam wird in der Beratung ein strukturiertes Vorgehen erarbeitet.

- Komplexbildung und verdichten: Zusammenfassung einzelner Merkmale zu Einheiten, die im Beratungsprozess dann nur noch als Gesamtheit betrachtet werden.

- Downgrading: Entwicklung von Strategien für Teilbereiche statt umfassender Lösungen für das ganze Problem. Auch ein angemessener Mittel- und Maßnahmeneinsatz gehört zur strategischen Lösungs- und Handlungsvorbereitung.

- Gedankliches Probehandeln: Alternativpläne oder -teilpläne sowie Sollbruchstellen, wenn bestimmte Vorhaben nicht funktionieren, sollten von vornherein mitbedacht werden (vgl. Franke 2005, S. 68f. und S. 152ff.).

Tatsächlich ist es oftmals erforderlich, im Beratungsprozess einen gewissen Komplexitätsgrad bewusst aufrechtzuerhalten und sich damit auch von der klassischen didaktischen Linearität zu verabschieden. Auf der funktionalen Ebene wird durch offene Lernprozesse, bei denen das Anliegen beispielsweise immer wieder nachbearbeitet und neu justiert wird, die Ambiguitätstoleranz erweitert und die subjektive Stimmigkeit im Rahmen der Anpassungs- und Entscheidungskompetenz angestrebt.

4. Zusammenfassung, Ausblick

Übergänge bieten verdichtete, intensive Gelegenheiten für lebenslanges Lernen. Aus diesen Lernchancen heraus könnten Kompetenzen auf andere individuelle und gesellschaftliche Lebensbereiche transferiert werden. Menschen, die sich ihrer Kompetenzen bewusst sind, autonom handeln und Verantwortung für ihre eigene Entwicklung tragen, die bereit sind in die Zukunft zu planen und entscheidungsfähig sind, könnten gesamtgesellschaftlich einen großen Gewinn darstellen. Derart zu beschreibende Persönlichkeiten sind allerdings immer in Lebensbedingungen eingebettet, die ihre Freiheitsräume und Entfaltungsmöglichkeiten z. B durch die Teilhabe an materiellen und sozialen Ressourcen bestimmen. Die derzeit zu beobachtende Koppelung sozialstaatlicher Leistungen an die Erwerbsarbeit verwehrt einem zunehmenden Anteil der potentiell Erwerbstätigen die Teilhabe am gesellschaftlichen Leben mittels einer sinnstiftenden Tätigkeit und der Absicherung der materiellen Grundbedürfnisse. Auch ungerichtete Weiterbildungsschleifen oder ungedeckte Bildungszertifikate schaffen nicht automatisch soziale Gerechtigkeit. Denn nicht die Höhe der Mittel, sondern deren Verteilungsgerechtigkeit bestimmt die Güte und das Niveau eines gesellschaftlichen Systems, das Bürger darin unterstützt, sich zu den oben beschriebenen Persönlichkeiten zu entwickeln. Der freie Zugang zu lebenslanger Beratung in beruflichen Orientierungsprozessen könnte ein Baustein zu einer Gesellschaft sein, die mit ihren eigenen Übergängen besser zurecht kommt, da sie auf Menschen gründet, die gelernt haben, ihre individuellen Übergänge persönlich erfolgreich zu bewältigen und diese Erfahrung in den Dienst der Gemeinschaft stellen.

Literatur

Bahrenberg, R. (2002). *Beratungsrelevante Einstellungen, Grundhaltungen und Gesprächstechniken.* Nürnberg: Bundesanstalt für Arbeit.

Bußhoff, L. (1989). *Berufswahl: Theorien und ihre Bedeutung für die Praxis der Berufsberatung.* Köln: Kohlhammer.

Bußhoff, L. (1998). Berufsberatung als Unterstützung von Übergängen in der beruflichen Entwicklung. In R. Ziehlmann (Hrsg): *Berufswahl in Theorie und Praxis.* Zürich: Sabe, S. 9–84.

CEDEFOP (Hrsg.) (2005): *Verbesserung der Politik und Systeme der lebensbegleitenden Bildungs- und Berufsberatung.* Amt für amtliche Veröffentlichungen der Europäischen Gemeinschaft.

Dybowski, G. (1999). *Erfahrungsgeleitetes Lernen: Ein Ansatz zur Kompetenzentwicklung.* Berlin: Arbeitsgemeinschaft QUEM.

Engel, F. (2004). Allgemeine Pädagogik, Erziehungswissenschaft und Beratung. In F. Nestmann; F. Engel & U. Sickendiek (Hrsg.): *Das Handbuch der Beratung. Band 1, Disziplinen und Zugänge.* Tübingen: dgvt-Verlag, S. 103–113.

Fisseni, H. (2004). *Lehrbuch der psychologischen Diagnostik.* Göttingen: Hogrefe.

Franke, G. (2005). *Facetten der Kompetenzentwicklung.* Bielefeld: Bertelsmann.

Geißler, K.A. (2000). *Von der Wiege bis zur Bahre – Seminare, Seminare! Bedeutung, Ursachen und Tendenzen der (Weiter-)Bildungsexpansion.* München: Don Bosco.

Guichard, J. (2005). Life-Long Self-Construction. In: *International Journal for Educational and Vocational Guidance* 5, S. 111–124.

Hargasser, F. (2002). Der beratungsbedürftige und ratsuchende Mensch – eine Perspektive der Pädagogischen Anthropologie. In K. Lumma (Hrsg.): *Wissensgesellschaft braucht Rat.* Eschweiler: IHP-Bücherdienst, S. 29–39.

Hendrich, W. (2004). Beschäftigungsfähigkeit oder Berufsbiographische Gestaltungskompetenz? In F. Behringer; A. Bolder; R. Klein et al. (Hrsg.): *Diskontinuierliche Erwerbsbiographien*. Baltmannsweiler: Schneider, S. 260–170.

Holzkamp, K. (1993). *Lernen. Subjektwissenschaftliche Grundlegung*. Frankfurt am Main: Campus.

Lang-von Wins, T.; Triebel, C. (2006). *Kompetenzorientierte Laufbahnberatung*. Heidelberg: Springer.

Lee, F.K.; Johnston, J.A. (2001). Innovations in career counseling. In *Journal of Career Development*, S. 177–186.

Meijers, F.; Wardekker, W. (2004). Karriere-Lernen – ein Pflichtfach moderner Berufserziehung. In F. Behringer; A. Bolder; R. Klein et al. (Hrsg.): *Diskontinuierliche Erwerbsbiographien*. Baltmannsweiler: Schneider, S. 189–202.

Petzold, H. G. (2005): Beratung als „komplexer Lernprozess" und kooperative Handlungspraxis in differenziellen Feldern. In *Beratung Aktuell* 3, S. 171–186.

Pöggeler, F. (1999). Perspektiven einer neuen Beratungspädagogik. In: K. Lumma (Hrsg.): *Theorie und Praxis der Beratungspädagogik*. Eschweiler: IHP-Bücherdienst, S. 12–27.

Savickas, M.L. (2001). A Developmental Perspective on Vocational Behaviour: Career Patterns, Salience, and Themes. In *International Journal for Educational and Vocational Guidance* 1, S. 49–57.

Schäffter, O. (1999). Pädagogische Konsequenzen der Transformationsgesellschaft. Didaktische Modelle in zielbestimmten und zieloffenen Veränderungsprozessen. In *QUEM-Bulletin* 3, S. 8–11.

Schulze, T. (2006). Bildung, Bewusstheit und biographischer Prozess. Reflexionen im lebensgeschichtlichen Lernen. In V. Fröhlich; R. Göppel (Hrsg.): *Bildung als Reflexion über die Lebenszeit*. Gießen: Psychosozial-Verlag, S. 28–49.

Schwarzer, C.; Posse, N. (2004). Pädagogische Psychologie und Beratung. In: F. Nestmann; F. Engel & U. Sickendiek (Hrsg.): *Das Handbuch der Beratung. Band 1, Disziplinen und Zugänge*. Tübingen: dgvt-Verlag, S. 73–86.

Stoffel, B. (1999). *Laufbahnberatung in Gruppen*. Dübendorf: Kontaktstelle Frau und Beruf.

Thomae, H. (1968): *Das Individuum und seine Welt. Eine Persönlichkeitstheorie*. Göttingen: Hogrefe.

Tractenberg, L.; Streumer, J. & van Zolingen, S. (2002). Career counseling in the emerging post-industrial society. In *International Journal for Educational and Vocational Guidance* 2, S. 85–99.

Zech, R. (2002). Zukunftskompetenz. In K. Götz (Hrsg.): *Bildungsarbeit der Zukunft.* München/Mering: Rainer Hampp Verlag, S. 147–160.

Zwick, E. (2004): *Gesundheitspädagogik. Wege zur Konstituierung einer erziehungswissenschaftlichen Teildisziplin.* Münster: Lit-Verlag.

Katja Driesel-Lange, Ernst Hany, Bärbel Kracke, Nicola Schindler

Ein Kompetenzentwicklungsmodell für die schulische Berufsorientierung

Die Entwicklung des Menschen über die Lebensspanne ist ohne den Prozess der Auseinandersetzung des Individuums mit den Institutionen der Gesellschaft nicht umfassend beschreibbar. Der Eintritt in das Bildungssystem stellt den frühesten, der Eintritt in das Arbeits- und Erwerbssystem und die damit verbundene Entwicklung den vielleicht bedeutsamsten Einfluss auf den individuellen Lebenslauf dar. Aus dieser Sichtweise kann die Auseinandersetzung mit der Arbeits- und Erwerbswelt als langfristiger Vorgang beschrieben werden, der zu einem bedeutenden Teil den „Identitätsfindungs-, Sozialisations- und gesellschaftlichen Integrationsprozess junger Menschen" ausmacht (Jung 2006, S. 4).

Aufgrund der zahlreichen Optionen, die sich für eine Erwerbsbiographie auch heutzutage anbieten, stellt die individuelle Auseinandersetzung mit der Arbeits- und Erwerbswelt psychologisch gesehen die Auswahl und Gestaltung von passenden Umwelten dar, die zu einer Annäherung (Korrelation) der psychologischen Merkmale von Person und Umwelt führt. Jung (2006, S. 4) beschreibt diesen Auswahl- und Gestaltungsprozess als Folge selbst- und umweltbezogener Informationsverarbeitung: „Er konstituiert sich in Wechselbeziehung individueller Dispositionen und gesellschaftlicher Anforderungen und erfordert eine angemessene Auseinandersetzung mit den eigenen Fähigkeiten, Interessen, Wertorientierungen und Lebensentwürfen sowie mit den Inhalten und Anforderungen, Chancen und Risiken von Arbeitstätigkeiten, Berufen und Arbeitsmärkten."

Diese „angemessene Auseinandersetzung" theoretisch zu beschreiben ist Aufgabe der Wissenschaft, sie zu befördern Aufgabe der Schule. In Thüringen hat das Kultusministerium eine Arbeitsgruppe der Universität gebeten, für die vielen, bereits sehr eindrucksvollen und erfolgreichen Aktivitäten Thüringer Schulen und ihrer Partner zur Berufsorientierung ein wissenschaftlich gesichertes Rahmenmodell zu entwickeln und dieses zur Qualitätsentwicklung für Thüringer Schulen einzusetzen. Der gegenwärtige Stand der Entwicklung dieses Modells soll in diesem Beitrag dargestellt werden. Bevor dies geschieht, werden diejenigen wissenschaftlichen Perspektiven beschrieben, die dem Modell zugrunde liegen. Die erste Perspektive betrifft die Annahme der selbstgesteuerten Entwicklung des Individuums. Der Einzelne ist nicht Spielball seiner Gene und Umweltverhältnisse, sondern gestaltet die eigene Entwicklung durch Lern- und Konstruktionsprozesse, Zielsetzungen und Entscheidungen wesentlich mit. Die zweite Perspektive betrifft die Annahme, dass die eigene erfolgreiche Gestaltung des Berufsweges Kompetenzen voraussetzt, also sich nicht auf eine einmalige Entscheidung konzentriert, sondern im Gegenteil die Bewährung in zahlreichen Situationen umfasst, die nur mit entsprechenden Kompetenzen bewältigt werden können. Die dritte Perspektive bezieht sich auf den Expertiseerwerb. Als Teil der erforderlichen Kompetenzen müssen junge Menschen Wissen über sich und die Arbeitswelt erwerben. Wenn sie Experten für die eigenen Fähigkeiten und Bedürfnisse und die Möglichkeiten der Gestaltung von Arbeit und Beruf geworden sind, treffen sie schneller, leichter und erfolgreicher die nötigen Entscheidungen. Die vierte Perspektive betrifft Lern- und Entwicklungskontexte und schlägt damit die Brücke zur Aufgabe der Schule. Der Kompetenzerwerb in Richtung Berufswahl erfolgt nicht allein durch Nachdenken oder im unmittelbaren Kontakt mit der Arbeitswelt. Elternhaus, Schule und Freundeskreis sind wichtige Instanzen bei der Vermittlung von Wissen, Strategien und Rollenmodellen.

1. Selbststeuerung als Entwicklungsprinzip

Jugendliche gestalten ihre eigene Entwicklung in Auseinandersetzung mit ihrer sozialen Umwelt vor dem Hintergrund ihrer persönlichen Fähigkeiten, Fertigkeiten und Werte (Brandtstädter 2007; Lerner 1999). Sie verfolgen Ziele auf der Basis persönlicher Kompetenzen und sozialer Ressourcen, die sich aus ihrer persönlichen Entwicklungsgeschichte und den Anforderungen ihrer sozialen und kulturellen Umwelt herausbilden. Sie kommen dabei immer wieder in kritische Situationen, in denen sie sich neuartigen Herausforderungen gegenüber sehen, zwischen mehreren Optionen – häufig auch unter Unsicherheit – entscheiden oder Hindernisse wie z.B. Misserfolge bewältigen müssen (Brunstein, Maier & Dargel 2007). Ein Entwicklungsziel ist die Berufsfindung, die als eine der zentralen Entwicklungsaufgaben im Jugendalter angesehen wird. Jugendliche müssen sich mit der Frage auseinandersetzen, wie sie ihren nachschulischen Bildungsweg weiter gestalten wollen. Dabei kommen verschiedene Gelegenheiten zusammen, die zu Verunsicherungen führen können. Der vertraute Schulkontext mit bekannten Rollenerwartungen und Lebensformen muss verlassen, neue Kontexte mit veränderten Verhaltenserwartungen müssen erobert werden. Somit bilden Berufswahl und Übergang in die Berufsausbildung markante Herausforderungen der persönlichen Identität Jugendlicher (vgl. Bußhoff 1998).

Obgleich die Frage nach dem künftigen Beruf im Jugendalter besonders dringlich wird, setzt die berufsbezogene Entwicklung bereits in der Kindheit ein und erstreckt sich bis ins Erwachsenenalter (Hartung, Porfeli & Vondracek 2005; Skorikov & Patton 2007). Dabei geht es nicht allein um die punktuelle Entscheidung für einen bestimmten Beruf, sondern um einen längerfristigen – im Grunde lebenslangen – aktiven Konstruktionsprozess, in dem die Frage der Stellung des Individuums in ihrem Verhältnis zur Gesellschaft immer wieder bedeutsam und je nach individuellem Entwicklungsstand anders beantwortet wird. Die Bereitschaft und die Ressourcen eines Individuums, sich in diesem Prozess mit aktuellen und bevorstehenden beruflichen Entwicklungsaufgaben, beruflichen Übergängen und dabei auftretenden Rückschlägen auseinanderzusetzen nennt Savickas (1997; 2005) „career adaptability". Dabei geht es vor allem um die Art und Weise, wie sich ein Individuum mit äußeren berufsbezogenen Anforderungen auseinandersetzt. Concern, control, curiosity und confidence sind die kritischen Dimensionen, die bei jeder beruflichen Herausforderung eine Rolle spielen, die aber individuell und je nach Lebensphase sehr unterschiedlich ausgeprägt sein können. Concern bedeutet dabei, die Aufgabe anzunehmen, sich mit der eigenen zukünftigen beruflichen Rolle auseinanderzusetzen bzw. berufliche Ziele zu formulieren, control bedeutet Verantwortung für die Realisierung der persönlichen Ziele zu übernehmen, umfasst sowohl kognitive als auch affektive Komponenten des Planens und Entscheidens (vgl. Creed, Fallon & Hood 2009), curiosity steht für Aktivität in der Informationssuche und den Prozess der Integration der berufsbezogenen Erfahrungen in das eigene Selbstkonzept, confidence für die

Zuversicht, die gesetzten Ziele auch zu verfolgen. Diese Dimensionen der beruflichen Bewältigungsfähigkeit umfassen die in der Literatur als zentral für die Berufsorientierung angesehenen Konstrukte Planung, Exploration und Entscheidungsfindung (zusammenfassend Creed et al. 2009; Hirschi 2009; Savickas 1997) und sprechen allgemein Selbststeuerungsprozesse an, die Zielbildung, Planung, Informationssuche, Zielverfolgung, Entscheidungen und Kontrolle der Handlungsvollzüge und -ergebnisse einschließen (Baumeister & Vohs 2003; Brunstein et al. 2007; Creed et al. 2009). Sie spiegeln sich auch in den erziehungswissenschaftlichen Konzeptionen der Aufgaben wider, die Jugendliche im Prozess der Berufsorientierung zu meistern haben (vgl. Butz 2008; Famulla 2008; Ratschinski 2008).

2. Berufswahl als Anwendungsfeld von Kompetenzen

Die entwicklungspsychologischen Ansätze betrachten berufliche Entwicklung unter einer Lebensspannen-Perspektive und beschreiben allgemeine Mechanismen der Entwicklungsregulation. Diese müssen für jede berufswahlrelevante Situation konkretisiert werden. So hat die Entscheidung für eine erste Berufsausbildung (Berufswahl), sei es eine betriebliche Lehre, eine Berufsfachschule oder ein Studium je nach kulturellem Kontext und individuellen Voraussetzungen ganz eigene Anforderungen, deren Bewältigung ganz spezifische Kompetenzen erfordert.

Da Berufswahl im engeren Sinn als Wahl zwischen Alternativen, als Entscheidungskaskade verstanden werden kann, aber berufsorientierende Aktivitäten als persönliche Entwicklungsprojekte oft langfristig geplant, überwacht und gesteuert werden müssen, erscheint der Begriff der *Kompetenz* also angemessen, um die individuellen Voraussetzungen effektiven Handelns in der beruflichen Orientierung zu beschreiben. Nach Weinert werden Kompetenzen verstanden als „die bei Individuen verfügbaren oder durch sie erlernbaren kognitiven Fähigkeiten und Fertigkeiten, um bestimmte Probleme zu lösen, sowie die damit verbundenen motivationalen, volitionalen und sozialen Bereitschaften und Fähigkeiten, um die Problemlösungen in variablen Situationen erfolgreich und verantwortungsvoll nutzen zu können" (Weinert 2001, S. 27f.). Diese Definition beschreibt Kompetenzen als dasjenige Cluster an individuellen Voraussetzungen, das erforderlich ist, um eine bestimmte Art von *Problemen* (also nicht Routineaufgaben) zu lösen. Wissen über sich und die Welt (siehe Abschnitt 3 zur Expertise), die Fähigkeit zur Selbststeuerung und Handlungskontrolle und die Fähigkeit, sich selbst immer wieder neu zu motivieren, müssen konvergieren, um den nicht unbedingt angenehmen Prozess der Ausbildungs- und Berufswahl unter komplexen und oft intransparenten Bedingungen zu vollziehen.

Schaper (im Druck) fasst wesentliche Aspekte des Kompetenzbegriffs zusammen und orientiert sich dabei unter anderem an Weinert (2001), Klieme et al. (2003), Erpenbeck und von Rosenstiel (2003) sowie Hacker (2006). Kompetenz konstituiert sich demnach durch mehrere Komponenten:

- Kompetenzen beziehen sich auf *Handlungsanforderungen* in einem umgrenzten Wissens- und Arbeitsbereich, die analysiert werden können.

- Kompetenzen beziehen unterschiedliche *Dispositionen* auf Seiten der Person ein, d.h. sie erfordern die Identifikation derjenigen Voraussetzungen auf Seiten der Person, die effektives Handeln ermöglichen.

- Kompetenzen können aktiv erworben werden, so dass es notwendig ist, diejenigen *Lernprozesse* zu identifizieren und gezielt zu gestalten, die den Kompetenzerwerb ermöglichen.

- Kompetenzen setzen eine *Selbstorganisation* voraus, mit der flexibel Wissen in neuartigen Problemsituationen erworben wird, um diese dann mit erweiterten Kompetenzfacetten zu bewältigen.

- Kompetenz bewirkt eine gewisse *Professionalität*. Man kann einer kompetenten Person zutrauen, eigenverantwortlich Entscheidungen zu treffen.

- Für Kompetenzen können Standards entwickelt werden, die ausgehend von Leistungsniveaus Bildungsstandards und Lernziele festlegen.

Diese Aspekte des Kompetenzbegriffs lassen sich für den speziellen Fall der Berufswahl vor dem Hintergrund der aktuellen theoretischen Diskussion folgendermaßen fassen:

- Entscheidungstheoretische Ansätze betonen die im Berufswahlprozess ablaufenden *kognitiven* Bewertungsprozesse verschiedener Handlungsoptionen (z.B. Gati & Asher 2001). Solche Bewertungsprozesse fallen bei jeder berufsbezogenen Aufgabe an und sind daher als ein Aspekt von *career adaptability* konstitutiv für den Prozess der beruflichen Selbstkonzeptentwicklung (Savickas 2005). Um gute, das heißt mit dem Selbstkonzept kompatible Entscheidungen zu treffen, die begründet und anderen gegenüber verteidigt werden können, müssen sowohl *Kenntnisse über das Selbst*, also Werte, Interessen, Fähigkeiten und Fertigkeiten, vorhanden sein als auch über die *berufswahlrelevanten Optionen* sowie über *Entscheidungsstrategien*.

- Um diese Kenntnisse aufzubauen, werden *Informationen* benötigt, die im Sinne aktiver Wissenskonstruktion nicht einfach nur bereitgestellt, sondern vom Individuum aktiv ausgewählt und verarbeitet werden müssen (Herr, Cramer & Niles 2004). Dieser Prozess der Informationssuche oder Explorationsprozess, der generell in Berufswahltheorien als konstitutiv für Berufswahlprozesse betrachtet wird, kann in seiner Qualität danach beurteilt werden, wie überlegt und zielgerichtet Informationen ausgewählt werden, wie sie verarbeitet und bewertet, also für die eigenen Ziele nutzbar gemacht werden (Flum & Blustein 2000; Herr, Cramer & Niles 2004). In diesem Sinne ist die *zielgerichtete Informationssuche* und die Fähigkeit, Informationen – seien sie kognitiver oder affektiver Art – für die eigenen Ziele nutzbar zu machen, eine relevante personale Ressource im Prozess der Berufsorientierung, die durch Erfahrung veränderbar und im Sinne einer Kompetenz trainierbar ist (Flum & Blustein 2000).

- Um berufsbezogene Ziele in Abstimmung mit anderen persönlichen Voraussetzungen zu formulieren, ihre Erreichung aktiv zu verfolgen und gegen konkurrierende Einflüsse abzuschirmen, bei Misserfolg nicht aufzugeben und Ziele ggf. neu zu kalibrieren, ist die Fähigkeit zur *Selbststeuerung* als zentrale motivationale Ressource vonnöten.

- Wenn berufliche Entscheidungen getroffen werden müssen, müssen Jugendliche auch mit Unsicherheiten umgehen können, z.B. ob sie sich mit ihren Fähigkeiten und Fertigkeiten in einem unbekannten Kontext bewähren können; sie müssen sich über ihre Interessen im Klaren sein, Perspektiven der erwogenen Berufsalternativen abschätzen können, die Zugänglichkeit zu verschiedenen Karriereoptionen kennen und wissen, wie sie später leben wollen (Bandura 1997). Um dies erreichen zu können, benötigt man nicht nur Fähigkeiten, sondern auch Zutrauen in die eigenen Entscheidungsfähigkeiten. Man muss also überzeugt sein, über die notwendigen Verhaltensweisen zu verfügen, um ein gesetztes Ziel zu erreichen. Lent, Hackett und Brown (1999) sprechen hierbei von berufswahlbezogener *Selbstwirksamkeit*.

Die Beschreibung der Berufswahl als Anwendung von Kompetenzen bietet Vorteile auch für die *Förderung* entsprechender Kompetenzkomponenten. Denn Kompetenzmodelle beinhalten nach Klieme zwei Aspekte:

1. Sie beschreiben das Gefüge der Anforderungen, deren Bewältigung von Schülerinnen und Schülern erwartet wird (Komponentenmodell), und

2. sie liefern wissenschaftlich begründete Vorstellungen darüber, welche Abstufungen eine Kompetenz annehmen kann bzw. welche Grade oder Niveaustufen sich bei den einzelnen Schülerinnen und Schülern feststellen lassen (Stufenmodell).

Zur Beschreibung und Förderung von Kompetenzen werden diese häufig in Niveaustufen geordnet. Diese beschreiben den Schwierigkeitsgrad derjenigen Aufgaben, die eine Person auf einem bestimmten Gebiet zu lösen vermag. Da jedoch Kompetenzmodelle auch Entwicklungsverläufe abbilden, lassen sich die Stufen eines Kompetenzmodells auch als Schritte beim Erwerb von Kompetenzen interpretieren. Nach dem Verständnis der Klieme-Expertise kann „... ein Kompetenzmodell Aussagen darüber machen, wie sich in der Lernbiographie von Kindern und Jugendlichen das Zusammenwirken der verschiedenen Komponenten von Kompetenz entwickelt, wie Kompetenzerwerb also verläuft" (Klieme et al. 2003, S. 77). Wenn es gelingt, für die Berufsorientierung Kompetenzen und Kompetenzfacetten zu definieren, müsste man darauf Instruktionsprozesse zur Entwicklung und Förderung aufbauen können.

3. Berufsorientierung als Erwerb selbst- und arbeitsweltbezogener Expertise

Die Berufswahl wird mitunter als Vorgehen verstanden, bei dem eine allgemeine Selbstreflexion über Eignung und Neigung und einige gezielte Erfahrungen in Berufs- und Ausbildungsfeldern in absehbarer Zeit zu einer Entscheidung konvergieren. Die der Berufswahl vorangehende Informationsphase wird manchmal so verstanden, als sollten dabei nur Vorurteile gegenüber bestimmten Tätigkeiten ausgeräumt und deshalb vor allem *Einstellungen* entwickelt werden. Der Aufbau von persönlich bedeutsamem *Wissen* über die Arbeitswelt, die Ausbildungsgänge und die eigene Person wird demgegenüber mitunter nachrangig behandelt. In unserem Ansatz wollen wir der Rolle von Wissensbeständen aber besondere Aufmerksamkeit widmen und betrachten deshalb Berufswahl und Berufsorientierung auch unter dem Aspekt des Wissenserwerbs und ziehen dazu den Begriff der Expertise heran.

Als *Experte* wird eine Person definiert, die in komplexen, meist beruflichen Situationen aufgrund ihres spezifischen Wissens kompetent agiert (Hacker 1992). Wir haben also einerseits den Bezug zu Wissen als Handlungsvoraussetzung und andererseits den Bezug zu komplexen Anforderungen als Herausforderung der Wissensnutzung. „Unter einem Experten wird also eine Person verstanden, die auf einem bestimmten Gebiet dauerhaft, also nicht zufällig und nicht nur ein einziges Mal, herausragende Leistung erbringt. Ein hoher Expertisegrad ist mit einer umfangreichen Wissensbasis, mit reichhaltiger Erfahrung mit domänenspezifischen Aufgabenstellungen, mit großem Problemlöseerfolg, mit Effizienz der Tätigkeit und mit geringer Fehlerquote assoziiert" (Gruber 2007, S. 5).

Für unsere Belange besonders interessant ist die Sichtweise, dass die Entwicklung von Expertise zahlreiche Erfahrungen im Handlungsfeld benötigt. Das viel beachtete Modell von Dreyfus und Dreyfus (2005) stellt dar, wie die Entwicklung vom Anfänger zum Experten die Umstrukturierung der Situationswahrnehmung und den Rückgriff auf jeweils andere Wissensbestände erfordert. Während Anfänger ein Problem noch unter Bezug auf kontextfreie, allgemein gültige Regeln zu klären versuchen, handeln Experten in der höchsten Stufe der Entwicklung als Teil der Situation, greifen intuitiv auf bewährte Handlungsroutinen zurück und benötigen keine Distanz mehr zur Analyse der Situation.

Rauner (2002) zeigt, dass die Entwicklung vom Anfänger zum Experten den Erwerb unterschiedlicher Wissensarten erfordert. Während der Übergang vom Anfänger zum fortgeschrittenen Anfänger durch den Aufbau von Orientierungs- und Überblickswissen ermöglicht wird, erfordern die weiteren Entwicklungsschritte Zusammenhangswissen, dann Detail- und Funktionswissen und schließlich erfahrungsbasiertes fachsystematisches Vertiefungswissen, das nur durch zahlreiche direkte Erfahrungen mit authentischen Anforderungen erworben werden kann.

Für die Berufsorientierung im Rahmen der Schule bedeutet dies, dass nach dem dafür verwendeten Begriff offensichtlich grundsätzlich nur vorgesehen ist, Orientierungs- und Überblickswissen zu vermitteln. Dies hilft aber Berufswählern nur zur Anwendung allgemeiner, kontextfreier Regeln. Ein Beispiel dafür wäre die einfache Entscheidungsregel, dass bei stark ausgeprägtem sozialem Interesse ein sozialer Beruf gewählt werden sollte. Anspruchsvolleres, mit authentischen Erfahrungen gewonnenes Wissen würde hingegen deutlich machen, dass auch Sozialberufe sehr viel Verwaltungsarbeit beinhalten und dass zum Beispiel kaufmännische oder wissenschaftliche Berufe viele Möglichkeiten sozialer Tätigkeiten aufweisen. Gerade Jugendliche mit breiten Interessen stoßen bei Überblickswissen und der Verfügbarkeit nur einfacher Regeln schnell an die Grenzen ihres Wissens. Deshalb müssen Möglichkeiten zum Erwerb differenzierten Wissens bereitgehalten werden.

4. Einflüsse auf den Berufswahlprozess

Im Verlauf ihrer Entwicklung machen Kinder und Jugendliche mit Gleichaltrigen und Erwachsenen in unterschiedlichen Kontexten Erfahrungen, die einerseits die generelle Auseinandersetzung mit Entwicklungsanforderungen und andererseits spezifische berufswahlbezogene Bereitschaften, Verhaltensweisen und Einstellungen wie z.B. Berufspräferenzen prägen. Sie erleben von Anfang an – beginnend in Elternhaus und Kindergarten über ihre gesamte Schullaufbahn hinweg –, wie sie sich in diesen Kontexten bewähren, und sie registrieren die Rückmeldungen der Sozialpartner auf ihre Leistungen, was sich auf ihre Vorstellungen über für sie geeignete Berufe auswirkt (Gottfredson 2002; Mitchell & Krumboltz 1994, Skorikov & Vondracek 2007). Darüber hinaus lernen sie am Modell der Erwachsenen berufliche Werte (Mortimer, Zimmer-Gembeck, Holmes & Shanahan 2002). Sie lernen Berufe nach ihrer Passung zum eigenen Geschlecht oder ihrer sozialen Herkunft einzuschätzen (Gottfredson 2002) und integrieren diese Erfahrungen in ihr Selbstbild, was zu einer frühzeitigen Eingrenzung des Berufswahlspektrums führen kann. Die Bedeutsamkeit des sozialen Kontexts für die Herausbildung von Berufspräferenzen gilt es im pädagogischen Kontext besonders zu berücksichtigen. So sollte der Qualität des Feedbacks von Gleichaltrigen und Erwachsenen (Eltern, Kindergartenerzieherinnen und Lehrerinnen) über Leistungen besondere Aufmerksamkeit geschenkt werden und die Eingrenzungen in der Selbstwahrnehmung nicht verstärkt, das Spektrum akzeptabler Berufe offen gehalten und das Bewusstsein für unangemessene Eingrenzungsprozesse geschärft werden.

Elternhaus und Schule beeinflussen aber nicht nur Berufspräferenzen, auch die den Berufsorientierungsprozess konstituierenden Zielsetzungs- und Planungs-, Umsetzungs- und Kontrollprozesse werden durch diese beiden Instanzen geprägt. Je stärker Kinder und Jugendliche in familiäre Entscheidungsprozesse einbezogen werden, je mehr gemeinsam unternommen, je mehr Ausprobieren unterstützt, Unabhängigkeit gefördert und Leistung erwartet wird, desto intensiver setzen sich die Jugendlichen mit Fragen der Berufswahl in effektiver Weise auseinander. Sie zeigen klarere Zielsetzungen, eine intensivere Informationssuche, größere Selbstwirksamkeitserwartungen, ein umsichtigeres Entscheidungsverhalten (Bryant, Zvonkovic &

Reynolds 2006; Flum & Blustein 2000; Kracke & Noack 2005; Dietrich & Kracke 2009, Schmitt-Rodermund & Vondracek 1999; Whiston & Keller 2004) und entwickeln ein differenziertes berufliches Selbstkonzept (Skorikov & Vondracek 2007; Whiston & Keller 2004). Auch Lehrer, die Jugendliche emotional unterstützen und instrumentelle Hilfe bei der Berufswahl anbieten, sind förderlich für deren Berufsorientierungsprozess (Schultheiss, Palma & Manzi 2005). Dabei kann zwischen positiver Anerkennung, Erreichbarkeit und Zukunftsorientierung als Dimensionen von Lehrerunterstützung differenziert werden (Metheny, McWhirter & O'Neil 2004).

Studien zeigen Zusammenhänge zwischen der wahrgenommenen Unterstützung durch Lehrkräfte und schulischer Motivation (Goodenow, 1993; Vedder, Boekaerts & Seegers, 2005), schulbezogener Anstrengung (Wentzel, 1997) und Selbstsicherheit in Bezug auf Fähigkeiten in den Naturwissenschaften bei Mädchen (Crombie, 1999). Des Weiteren konnte gezeigt werden, dass die wahrgenommene Unterstützung durch Lehrkräfte einen größeren Einfluss auf die berufliche Selbstwirksamkeit hat als die Unterstützung durch die Eltern, Geschwister oder Peers (Farmer, 1985).

Die oben beschriebenen einzelnen Aspekte von sozialen Kontexten, die Jugendliche ermutigen selbst aktiv zu werden, sind in der Selbstbestimmungstheorie von Deci und Ryan (1985, 1991) eindrücklich zusammengefasst und geben allgemeine Hinweise auf die Gestaltung von förderlichen Lernkontexten, die auch spezifisch in Bezug auf das Lernen in der Berufsorientierung anwendbar sind. Drei Bedingungen müssen gegeben sein, damit Individuen eigenverantwortliches Lernverhalten zeigen, (1) die Einbindung in einen wertschätzenden und unterstützenden sozialen Kontext, (2) die Möglichkeit, seine Kompetenzen zu erweitern bzw. etwas persönlich Sinnvolles zu lernen, und (3) selbst weitgehend festlegen zu können, was wann auf welche Weise getan wird (Autonomie). Insgesamt eröffnet die Theorie von Deci und Ryan Perspektiven darauf, wie Themen, die von außen an Individuen herangetragen werden und erst einmal nicht unmittelbar persönlich wichtig erscheinen, wie ein BIZ-Besuch oder eine Betriebsbesichtigung in einem Bereich, der einen nicht interessiert, in die eigene Zielhierarchie integriert und damit für wertvoll erachtet werden können. Der pädagogische Kontext muss dafür Wertschätzung und Unterstützung bereitstellen, damit das Individuum für sich erarbeiten kann, was eine von außen angeregte Aktion persönlich bringen könnte, und muss in der Nachbereitung für die Reflexion bereitstehen, ob der angezielte Effekt auch eingetreten ist und was ggf. unternommen werden könnte, wenn er nicht eingetreten ist.

5. Das Thüringer Berufsorientierungsmodell

Im Rahmen eines Forschungsvorhabens entwickeln die Autorinnen und Autoren dieses Beitrages derzeit ein Berufsorientierungsmodell für Thüringer Schulen. Dieses Modell besteht aus drei Teilen:

- Das *Kompetenzmodell* soll diejenigen kognitiven und motivationalen Voraussetzungen benennen, die Schülerinnen und Schüler verschiedener Jahrgangsstufen in den Schulformen Thüringens benötigen, um berufswahlbezogene Anforderungen erfolgreich bewältigen zu können. Damit verbunden sind die Definition von Bildungsstandards und Lernzielen sowie die Entwicklung von Messverfahren zur Erfassung dieser Standards.

- Das *Kompetenzvermittlungsmodell* befasst sich mit schulischen Maßnahmen zur Entwicklung der identifizierten Kompetenzen und beschreibt Kriterien und Beispiele für effektive unterrichtliche und außerunterrichtliche Lernprojekte.

- Das *Implementationsmodell* enthält Materialien und eine Strategie zur Entwicklung der Berufsorientierung in Schulen. Es soll aus Fortbildungseinheiten und Arbeitsmaterialien für Lehrkräfte und Schulleitungen bestehen, um die Berufsorientierung an ihrer Schule zu bewerten und ggf. weiterzuentwickeln.

Die Projektlaufzeit ist bis 2011 angesetzt. Neben einer ausführlichen Bestandsaufnahme der Praxis der Berufsorientierung an Thüringer Schulen durch Interviews mit Schulleitungen und Lehrkräften wurde zunächst ein Kompetenzmodell entwickelt, das die Aspekte der Handlungssteuerung und des Wissenserwerbs in den Vordergrund stellt. Durch die Entwicklung von

Aufgaben und Skalen sollte die Diskussion an den Thüringer Schulen im Hinblick auf die Nachweisbarkeit der Ergebnisse der Berufsorientierung angefacht werden. Denn häufig herrscht noch die Meinung vor, dass die Durchführung bestimmter Maßnahmen per se bereits den Kompetenzerwerb garantiere und deshalb von einem Nachweis abgesehen werden könne. Die Verfügbarkeit von Aufgaben mit Leistungscharakter würde jedoch die Möglichkeit einer Erfolgsmessung eröffnen und der Qualitätsdiskussion neue Nahrung verschaffen.

Das vorläufig entwickelte Modell zur Berufswahlkompetenz enthält folgende Komponenten:

- Die Facette *Sachwissen* beinhaltet Kenntnisse von schulischen und nachschulischen Bildungswegen sowie Berufsfeldern und ihren Anforderungen.

- Die Facette *Regelwissen* fokussiert auf Wissen über Zusammenhänge und Übergänge, d.h. Voraussetzungen für Bildungsgänge, Berufsfelder und berufliche Positionen.

- Mit der Facette *Berufswahlmotivation* wird die Bereitschaft zur Auseinandersetzung mit Möglichkeiten, Anforderungen und Erträgen der einzelnen Lern- und Arbeitsumgebungen sowie der Abgleich mit eigenen Wünschen und Zielen verbunden.

- Die Facette *Selbststeuerungskompetenz* beschreibt die selbstständige Erfassung der Fähigkeiten, Interessen und Lernpräferenzen und die Schaffung geeigneter Erfahrungsmöglichkeiten sowie deren Reflexion.

- Die Facette *Handlungskompetenz* erfasst die Fertigkeit und Bereitschaft der Planung und Umsetzung von längerfristigen Zielen und dazugehöriger Entwicklungsschritte.

- Unter der Facette *Informationsmanagement* wird die Fertigkeit und Bereitschaft, Wissensbedarfe zu erkennen und relevante Informationen einzuholen bzw. zu verarbeiten, verstanden.

- Mit der Facette *Qualifikationsmangement* ist die Fähigkeit bzw. Bereitschaft, schulische und außerschulische Qualifizierungsmöglichkeiten für Bildungswege zu nutzen, erfasst.

Der besondere Wert dieses Modells liegt nicht in seiner Einzigartigkeit, da Aspekte aufgegriffen werden, die auch in anderen Modellen thematisiert werden. Der Reiz liegt vielmehr in dem Anspruch, für die postulierten Komponenten Messverfahren zu entwickeln, mit denen sich das Modell überprüfen und später ggf. die Wirkungen schulischer Berufsorientierung erfassen lassen. Da erste Analysen zeigen, dass die eingesetzten Aufgaben nicht in der Lage sind, die einzelnen Komponenten so differenziert wie beabsichtigt zu erfassen (Driesel-Lange et al. 2009), sollen das Modell in der nächsten Zeit weiterentwickelt und zusätzliche Aufgaben erprobt werden.

6. Empirisches Vorgehen und erste Befunde

Zur Überprüfung des oben skizzierten Kompetenzmodells wurden mehr als 50 Aufgaben für Regelschulen und Gymnasien entworfen. Die meisten dieser Aufgaben wurden als Multiple-Choice-Aufgaben gestaltet, einige jedoch auch als offene Fragen, um die richtigen Antworten nicht zu sehr nahezulegen. Die Aufgaben wurden an einer Stichprobe von 903 Regelschülern und 1.309 Gymnasiasten/Gesamtschülern aus insgesamt 20 Thüringer Schulen erprobt und in den Klassenstufen 7–10 in der Regelschule und 10–13 an Gymnasien/Gesamtschulen eingesetzt. Um eine Überlastung der Schüler zu vermeiden, erhielten nicht alle Schüler alle Aufgaben. Zur Demonstration des Messansatzes sollen die Ergebnisse einer einzigen Aufgabe, nämlich aus dem Bereich des *Informationsmanagements,* vorgestellt werden.

Diese Frage sollte die Fähigkeit von Gymnasiasten erfassen, wichtige Informationen über Berufe zu sammeln. Dazu wurde ihnen in der Aufgabe ein fiktiver Freund geschildert, der Luftverkehrskaufmann werden wolle und dem Befragten nahelege, auch diesen Beruf zu ergreifen. Die Probanden wurden nun aufgefordert, dem Freund Fragen zu stellen, um den Beruf und seine Eignung für die eigene Person richtig einschätzen zu können. Diese Fragen sollten die Schüler aufschreiben. Die Antworten wurden kategorisiert und ausgezählt. Insgesamt erfragten die Schüler 18 verschiedene Informationen. Da die Frage lautete, die fünf wichtigsten Fragen zu stellen, kann man diese zentralen Informationen definieren und die Antworten als vollständig richtig, teilweise richtig, teilweise falsch oder ganz falsch bewerten. Zu den zentralen Informationen zählen die Tätigkeitsmerkmale (von 77 % der 1.154 antwortenden Schüler genannt), die Voraussetzungen (66 %), die dazu nötige Ausbildung (51 %), die Verdienstmöglichkeiten (63 %) und das Ausbildungsangebot (8 %). Die angegebenen Häufigkeiten zeigen bereits, dass viele Schülerinnen und Schüler die Aufgabe richtig oder teilweise richtig bearbeitet haben.

Die differenzierte Auswertung der Antworten erlaubt weitere Analysen. In wissenschaftlicher Hinsicht ist interessant, dass die Frage nach der Jobsicherheit erst mit höherer Klassenstufe relevant wird, während die Frage nach der Arbeitszeit ihre Bedeutung verliert. Offensichtlich erwerben die Schüler zunehmend kontextualisiertes (Experten-)Wissen, durch das ihnen bekannt ist, dass der schönste Beruf keine Freude macht, wenn aufgrund der Wirtschaftslage keine Positionen zu besetzen sind, oder dass der Umfang der Arbeitszeit in gewissem Grade Sache der persönlichen Vertragsgestaltung mit dem Arbeitgeber ist. Diese Antwortmuster bestätigen das Modell des altersabhängigen Expertiseerwerbs.

Für die pädagogische Arbeit mit den Schülern sind beispielsweise auch noch diejenigen Befunde von Interesse, die zeigen, dass die Höhe des Verdienstes für Jungen wesentlich wichtiger ist als für Mädchen (erwarten Mädchen immer noch, den „Hauptverdiener" der Familie an ihrer Seite zu haben?), während die Frage nach dem Arbeitsort Mädchen stärker interessiert als Jungen (Familie verhindert Mobilität?). Solche Ergebnisse können mit Schülergruppen diskutiert und geschlechtsstereotype Lebensentwürfe können reflektiert werden. Insofern sind die entwickelten Aufgaben als Instrument nicht nur für die Leistungsdiagnostik und Programmevaluation, sondern auch für die Förderdiagnostik einsetzbar, und sie können sowohl für die Bewertung als auch für die Gestaltung von Unterricht verwendet werden.

7. Literatur

Bandura, A. (1997). *Self-efficacy: The exercise of control.* New York: W.H. Freeman.

Baumeister, R.F. & Vohs, K.D. (2003). Self-regulation and the executive function of the self. In M.R. Leary & J.P. Tangney (Eds.), *Handbook of self and identity.* New York: Guilford, pp. 197–217.

Brandtstädter, J. (2007). Entwicklungspsychologie der Lebensspanne: Leitvorstellungen und paradigmatische Orientierungen. In J. Brandtstädter & U. Lindenberger (Hrsg.): *Entwicklungspsychologie der Lebensspanne.* Stuttgart: Kohlhammer, S. 34–66.

Brunstein, J.C.; Maier, G.M. & Dargel, A. (2007). In J. Brandtstädter & U. Lindenberger (Hrsg.): *Entwicklungspsychologie der Lebensspanne.* Stuttgart: Kohlhammer, S. 270–304.

Bryant, B.K.; Zvonkovic, A.M. & Reynolds, P. (2006). Parenting in relation to child and adolescent vocational development. In *Journal of Vocational Behavior* 69, 149–175.

Bußhoff, L. (1998). Berufsberatung als Unterstützung von Übergängen in der beruflichen Entwicklung. In R. Zihlmann (Hrsg.): *Berufswahl in Theorie und Praxis.* Zürich: SABE, S. 9–84.

Butz, B. (2008). Grundlegende Qualitätsmerkmale einer ganzheitlichen Berufsorientierung. In Wissenschaftliche Begleitung des Programms „Schule-Wirtschaft/ Arbeitsleben" (Hrsg.): *Berufsorientierung als Prozess,* Bd. 5. Baltmannsweiler: Schneider Verlag Hohengehren, S. 42–62.

Creed, P.A.; Fallon, T. & Hood, M. (2009). The relationship between career adaptability, person and situation variables, and career concerns in young adults. In *Journal of Vocational Behavior* 74, S. 219–229.

Crombie, G. (1999). *Research on young women in computer science: Promoting high technology for girls.* Ottawa, Canada: University of Ottawa.

Deci, E.L. & Ryan, R.M. (1985). *Intrinsic motivation and self-determination in human development.* New York: Plenum.

Deci, E.L. & Ryan, R.M. (1991). A motivational approach to self: Integration in personality. In R. Dienstbier (Ed.): *Nebraska symposium on motivation.* Lincoln: Univ. of Nebraska Press, pp. 237–288.

Dietrich, J. & Kracke, B. (in press). Career-specific parental behaviors in adolescents' development. In *Journal of Vocational Behavior.*

Dreyfus, H. & Dreyfus, S. (2005). Expertise in real world contexts. In *Organization Studies* 26, pp. 779–792.

Driesel-Lange, K.; Schindler, N.; Hany, E. & Kracke, B. (2009). *Erfassung von Berufswahlkompetenz: Befunde zur empirischen Prüfung eines Kompetenzmodells zur Berufswahl.* Vortrag auf der Tagung der Arbeitsgruppe für Empirisch-Pädagogische Forschung. Landau, 25.3.2009.

Erpenbeck, J. & Rosenstiel, L. v. (2003). Einführung. In J. Erpenbeck & L. v. Rosenstiel (Hrsg.): *Handbuch Kompetenzmessung. Erkennen, verstehen und bewerten von Kompetenzen in der betrieblichen, pädagogischen und psychologischen Praxis.* Stuttgart: Schäffer-Poeschel, S. IXXL.

Famulla, G.-E. (2008). Berufsorientierung im Strukturwandel von Arbeitsmarkt und Beruf. In Wissenschaftliche Begleitung des Programms „Schule-Wirtschaft/Arbeitsleben" (Hrsg.): *Berufsorientierung als Prozess, Bd. 5.* Baltmannsweiler: Schneider Verlag Hohengehren, S. 26–41.

Farmer, H. (1985). Model of career and achievement motivation for women and men. In *Journal of Counseling Psychology* 32, S. 363–390.

Flum, H. & Blustein, D.L. (2000). Reinvigorating the study of vocational exploration: A framework for research. In *Journal of Vocational Behavior* 56, pp. 380–404.

Gati, I. & Asher, I. (2001). The PIC Model for Career Decision Making: Prescreening, in-depth exploration, and choice. In F.T.L. Leong & A. Barak (Eds.): *Contemporary models in vocational psychology.* Mahwah: Lawrence Erlbaum, pp. 7–54.

Goodenow, C. (1993). Classroom belonging among early adolescent students: Relationship to motivation and achievement. In *Journal of Early Adolescence* 13, pp. 21–43.

Gottfredson, L.S. (2002). Gottfredson's theory of circumscription, compromise and self-creation. In D. Brown & L. Brooks (Hrsg.): *Karriereentwicklung.* Stuttgart: Klett-Cotta, S. 85–148.

Gruber, H. (2007). *Bedingungen von Expertise* (Forschungsbericht Nr. 25). Regensburg: Universität Regensburg, Lehrstuhl für Lehr-Lern-Forschung.

Hacker, W. (1992). *Expertenkönnen. Erkennen und Vermitteln.* Göttingen: Verlag für Angewandte Psychologie.

Hacker, W. (2006). *Allgemeine Arbeitspsychologie. Psychische Regulation von Arbeitstätigkeiten.* Bern: Hans Huber.

Hartung, P.J.; Porfeli, E.J. & Vondracek, F. (2005). Child vocational development: A review and reconsideration. In *Journal of Vocational Behavior* 66, pp. 385–419.

Herr, E.L.; Cramer, S.H. & Niles, S.G. (2004). *Career guidance and counseling through the lifespan. Systematic approaches* (sixth edition). Boston: Pearson.

Hirschi, A. (2009). Career adaptability development in adolescence: Multiple predictors and effect on sense of power and life satisfaction. In *Journal of Vocational Behavior* 74, pp. 145–155.

Jung, E. (2006). *Was ist Arbeits- und Berufsfindungskompetenz?* Karlsruhe: Pädagogische Hochschule.

Klieme, E.; Avenarius, H.; Blum, W.; Döbrich, P.; Gruber, H.; Prenzel, M.; Reiss, K.; Riquarts, K.; Rost, J.; Tenorth, H.E. & Vollmer, H.J. (2003). *Zur Entwicklung nationaler Bildungsstandards. Eine Expertise.* Berlin: BMBF.

Kracke, B. & Noack, P. (2005). Die Rolle der Eltern für die Berufsorientierung von Jugendlichen. In B. Schuster; H.-P. Kuhn & H. Uhlendorff (Hrsg.): *Entwicklung in sozialen Beziehungen.* Stuttgart: Lucius & Lucius, S. 169–193.

Lent, R.W.; Hackett, G. & Brown, S.D. (1999). A social cognitive view of school-to-work transition. In *The Career Development Quarterly* 47, pp. 297–311.

Lerner, R.M. & Busch-Rossnagel, N.A. (1999). Revisiting "Individuals as producers of their own development": From dynamic interactionsm to developmental systems. In J. Brandstädter & R.M. Lerner (Eds.): *Action and self-development: Theory and research through the life-span.* Thousand Oaks, CA: Sage, pp. 3–36.

Metheny, J.; McWhirter, E.H. & O'Neil, M.E. (2004). Measuring Perceived Teacher Support and Its Influence on Adolescent Career Development. In *Journal of Career Assessment* 16 (2), pp. 218–237.

Mitchell, L.K. & Krumboltz, J.D. (1994). Die berufliche Entscheidungsfindung als sozialer Lernprozess: Krumbotz' Theorie. In D. Brown & L. Brooks (Hrsg.): *Karriereentwicklung.* Stuttgart: Klett-Cotta, S. 157–210.

Mortimer, J.T.; Zimmer-Gembeck, M.J.; Holmes, M. & Shanahan, M.J. (2002). The process of vocational decision making: Patterns during the transition to adulthood. In *Journal of Vocational Behavior* 61, pp. 439–465.

Ratschinski, G. (2008). Berufswahlkompetenz. In M. Koch & P. Straßer (Hrsg.): *In der Tat kompetent. Zum Verständnis von Kompetenz und Tätigkeit in der beruflichen Benachteiligtenförderung.* Bielefeld: W. Bertelsmann, S. 73–90.

Rauner, F. (2002). Berufliche Kompetenzentwicklung – vom Novizen zum Experten. In P. Dehnbostel (Hrsg.): *Kompetenzentwicklung in vernetzten Lernstrukturen.* Berlin: edition sigma, S. 111–132.

Savickas, M.L. (1997). Career adaptability: An integrative construct for life-span, life-space theory. In *Career Development Quarterly* 45, pp. 247–259.

Savickas, M.L. (2005). The theory and practice of career construction. In S.D. Brown & R.W. Lent (Eds.): *Career development and counseling: Putting theory and research to work.* Hoboken, NJ: John Wiley, pp. 42–70.

Schaper, N. (in Druck). (Arbeits-)Psychologische Kompetenzforschung. In G. Spöttl & M. Fischer (Hrsg.): *Gegenstände und Methoden der Berufsbildungsforschung.* Bielefeld: Bertelsmann.

Schmitt-Rodermund, E. & Vondracek, F.W. (1999). Breadth of interests, exploration, and identity development in adolescence. In *Journal of Vocational Behavior* 55, S. 298–317.

Schultheiss, D.; Palma, T. & Manzi, A. (2005). Career development in middle childhood: A qualitative inquiry. In *The Career Development Quarterly* 53, pp. 246–262.

Skorikov, V.B. & Patton, W. (Eds.) (2007). *Career development in childhood and adolescence.* Rotterdam: Sense Publishers.

Skorikov, V.B. & Vondracek, F.W. (2007). Vocational identity. In V.B. Skorikov & W. Patton (2007). *Career development in childhood and adolescence.* Rotterdam: Sense Publishers, pp.143–168.

Vedder, P.; Boekaerts, M. & Seegers, G. (2005). Perceived social support and well-being in school: The role of students' ethnicity. In *Journal of Youth and Adolescence* 34, pp. 269–278.

Weinert, F.E. (2001). Vergleichende Leistungsmessung in Schulen – eine umstrittene Selbstverständlichkeit. In F.E. Weinert (Hrsg.): *Leistungsmessungen in Schulen.* Weinheim: Beltz, S. 17–31.

Wentzel, K. R. (1997). Student motivation in middle school: The role of perceived pedagogical caring. In *Journal of Educational Psychology* 89, pp. 411–419.

Whiston, S.C. & Keller, B.K. (2004). The influence of the family of origin on career development: A review and analysis. In *Journal of Vocational Behavior* 32, pp. 493–568.

Eberhard Jung, Aline Oesterle

Beruflich-orientierte Selbstkonzepte und Kompetenzerwerb am Übergang Bildungs-/Ausbildungssystem

1. Prolog

- „Ich möchte Kosmetikerin werden."
- „In der Einschätzung meiner beruflichen Eignung bin ich unsicher."
- „Ich fühle mich niedergeschlagen, da ich keinen Ausbildungsplatz finde."
- „Da ich mich noch nicht endgültig entschieden habe, was ich werden möchte, besuche ich erst noch die Berufsfachschule für Metalltechnik, erwerbe die mittlere Reife und absolviere eine Grundausbildung im Berufsfeld Metalltechnik."
- „Ich kenne meine Stärken und Schwächen."
- „Ohne den Hauptschulabschluss habe ich bei der Ausbildungsplatzsuche schlechte Chancen."
- „Im Berufsvorbereitungsjahr kann ich den Hauptschulabschluss nachholen und erhalte einen Einblick in zwei Berufsfelder."
- „Ich möchte an einer Fachhochschule studieren, dazu muss ich nach der mittleren Reife noch die Fachoberschule absolvieren."
- „Ich freue mich sehr, dass mir technische Problemlösungen gut gelingen."
- „Für mich kommt nur ein Pflegeberuf in Frage."
- „Mir ist es wichtig, überhaupt einen Ausbildungsplatz zu finden, auch wenn es nicht mein Wunschberuf ist."
- „Als Hauptschüler habe ich nur geringe Chancen auf einen Ausbildungsplatz, das bedrückt mich sehr."
- „Ich weiß, wie ich mich in einem Vorstellungsgespräch zu verhalten habe."
- „Ich bin glücklich, ohne fremde Hilfe einen Ausbildungsplatz gefunden zu haben."

So – oder so ähnlich – könnten die auf das Selbstkonzept von Jugendlichen am Übergang ins Ausbildungssystem verweisenden Selbsteinschätzungen lauten, die im Zusammenwirken mit anderen Annahmen zur eigenen Person das Selbstkonzept konstituieren. Selbstkonzepte umschreiben subjektive Wahrnehmungen von Individuen über eigene relevante Merkmale. Sie umfassen die Gesamtheit der auf das eigene Verhalten, die angelegten Fähigkeiten und Eigenschaften bezogenen Einstellungen, Urteile und Werthaltungen (Jung & Oesterle 2009, S. 169). Selbst- oder Fähigkeitskonzepte schließen sowohl die Wahrnehmung der das Selbst konstituierenden Variablen als auch deren Bewertung ein (Laskowski 2000, S. 10ff.). Sie werden in der psychologischen Literatur „als ein organisiertes, relativ konstantes, aber änderbares Konzeptmuster" des Individuums zur eigenen Person beschrieben. Bei den Attitüden (Einstellungen) handelt es sich um Kognitionen, Emotionen und Verhaltensweisen des Individuums zur eigenen Person im Sinne von Auffassungen, Vorstellungen, Überlegungen, Gefühlen, Handlungen usw. Diese werden als individuelle Struktur präsentiert und Selbstkonzept genannt (Deusinger 1986, S. 11).

Beruflich-orientierte Selbstkonzepte an der ersten Schwelle bündeln die Gesamtheit der auf das eigene Verhalten, die angelegten Fähigkeiten und Eigenschaften bezogenen Einstellungen, Urteile und Werthaltungen, die sich auf ein *positives Bewältigen* des anstehenden Übergangs vom Bildungs- ins Berufsausbildungssystem beziehen. Dabei verweist die verwandte Wortwahl auf ein aktuelles Kompetenzverständnis. Übergänge werden vom Individuum als besondere Herausforderung wahrgenommen (Jung 2005, S. 4f.). Die angestrebte „positive Bewältigung" zielt zuerst auf das Erreichen des definierten Ziels, z.B. den Übergang in den gewünschten Ausbildungsberuf oder eine weiterführende Schulform. Darüber hinaus impliziert die Formulierung, dass das angestrebte Ziel bei Aufrechterhaltung individueller Werte und gesellschaftlicher Normen zu erreichen ist.

Deutlich wird, dass das beruflich-orientierte Selbstkonzept an der ersten Schwelle – als Bündelung der Auffassung über die eigenen übergangsbezogenen Fähigkeiten, Eigenschaften, Einstellungen usw. – in einem direkten Zusammenhang mit dem erfahrungsbasierten Erwerb/der Entwicklung der bereits erwähnten personalen Eigenschaften sowie deren Wahrnehmung steht. Die hier gemeinte Entwicklung von übergangsspezifischem Wissen, Können und entsprechenden Reflexionen wird im Kontext aktueller pädagogischer und fachdidaktischer Diskurse als Kompetenzerwerb bezeichnet. Er bezieht sich auf die Domäne arbeits- und berufsbezogener Übergänge, weshalb von den Autoren die Bezeichnung *Arbeits- und Berufsfindungskompetenz* verwandt wird. Diese verdichtet das allgemeine Kompetenzverständnis, als *Befähigung zur positiven Bewältigung komplexer Situationen,* auf das in arbeits- und berufsbezogenen Übergängen erforderliche Wissen und Können (Jung 2008a, S. 137f.).

Obwohl sich beruflich-orientierte Selbstkonzepte an der ersten Schwelle im Zusammenwirken familiärer und schulisch-didaktischer Aspekte sowie erster betrieblicher Erfahrungen (Betriebspraktika) konstituieren (Oesterle 2009, S. 133), wird in diesem Beitrag der Fokus eher auf die unterrichtlich-didaktischen Aspekte gelegt. Die Erkenntnisfindung orientiert sich an den folgenden Leitfragen:

- Beinhaltet der Übergang vom Bildungs- ins Ausbildungssystem für Jugendliche eine besondere Herausforderung und welche Bedeutung ist der Herausbildung von Selbstkonzeptfacetten und der Kompetenzentwicklung beizumessen?

- Gibt es einen Zusammenhang zwischen der Herausbildung von Selbstkonzeptfacetten und der Entwicklung von Arbeits- und Berufsfindungskompetenz?

- Welche Merkmale besitzt ein auf die positive Bewältigung der ersten Schwelle bezogenes Selbstkonzept und welche übergangsrelevanten Fähigkeiten, Einstellungen, Urteile, Handlungsweisen und Reflexionen sind einzubeziehen?

- Auf welche Weise können ein zeitgemäßer Berufsorientierungsunterricht und die Vermittlung von Ausbildungsfähigkeit die Herausbildung von Selbstkonzepten und die Kompetenzentwicklung an der ersten Schwelle fördern und festigen?

2. Herausforderung Übergangsbewältigung

Seit Jugendliche nicht mehr zwangsläufig in die beruflichen „Fußstapfen" ihrer Eltern treten, stellt der Übergang vom Bildungs- in das Erwerbssystem eine große Herausforderung dar. Dabei umschreiben der konjunkturabhängige Bedarf des Arbeits- und Ausbildungsmarktes, die technologischen und organisatorischen Veränderungen in der Arbeitswelt und ihre qualifikationsbezogenen Folgen sowie sonstige Übergangsfriktionen wie der „Praxisschock" und regionale Unterschiede die damit einhergehenden Herausforderungen. Grundsätzlich werden Übergänge als „außergewöhnliche Unstimmigkeiten" eines Subjektes im Verhältnis zu seiner sozialen und physikalischen Umwelt definiert, welches dieses durch besondere „Anpassungs- und Veränderungsleistungen" zu reduzieren versucht (Bußhoff 1998, S. 20f.). Für die überwiegende Anzahl der Jugendlichen, die das „Duale System" der Berufsausbildung absolvieren, ergeben sich zunächst zwei Übergänge: a) der des Eintritts in das Ausbildungssystem (erste Schwelle) und b) der des Übertritts in das Berufsleben (zweite Schwelle). Beide Übergänge sind mit Anpassungs- und Selektionsprozessen sowie dem Nachweis von Wissen und Können verbunden. Diese werden unter Bezeichnungen wie Ausbildungsreife und Ausbildungsfähigkeit (erste Schwelle) sowie Berufsreife und Berufsfähigkeit (zweite Schwelle) gebündelt. Mit Ausnahme derjenigen Schüler, die die Sekundarstufe II besuchen und für die sich die Problematik erst zwei oder drei Jahre später stellt, stehen die Absolventen der Sekundarstufe I vor der Herausforderung, die Hürde überwinden zu müssen (Oesterle 2009, S. 131f.). Neben dem als „Königsweg" geltenden direkten Übergang in eine Berufsausbildung existieren noch andere Wege mit zum Teil doppelt qualifizierenden Inhalten. Hier sind z.B. die Berufsfachschule (Grundausbildung plus mittlere Reife), die Fachoberschule (berufsbezogene Inhalte plus Fachhochschulreife, Allgemeinbildung Klasse 12) und auch das Berufsvorbereitungsjahr (BVJ) zu nennen, welches mit Bezug zur Berufswahlreife einen vertieften Einblick in zwei berufspädagogische Berufsfelder mit dem nachträglichen Erwerb des Hauptschulabschlusses verbindet.

Jedoch ermisst sich die Bedeutung dieses als Kompensation von Entwicklungs- und Reifedefiziten gedachten Bildungsgangs an der bildungsbezogenen Anschlussfähigkeit ihrer Absolventen. Die steigenden Schülerzahlen im

BVJ (Beicht & Ulrich 2008, S. 9ff.) verweisen weder auf einen erhöhten Bedarf des entsprechenden Personenkreises noch auf eine besondere Attraktivität dieser Schulform. Vielmehr sind sie Ausdruck eines Marktversagens, in dem ein unzureichendes Ausbildungsplatzangebot junge Menschen – gemäß des allokationstheoretischen Ansatzes (dazu: Jung 2000, S. 100ff.) – in diese Schulform verweist. Aus dieser Perspektive stimmt die Übergangsbilanz des Jahres 2008 traurig. Die angebotenen Ausbildungsplätze *schrumpften* im Vergleich zum Vorjahr um 1,2 % auf 636.031 und die abgeschlossenen um 1,5 % auf 615.615 (GiAll 19.12.2008). Wenn diese Zahlen wegen der reduzierten Absolventenzahl als Erfolg gewertet werden, wird die nahezu ebenso große Zahl der Altbewerber vergessen, deren geordnete Sozialisation in gewerblich verfasste Arbeit immer schwerer fällt. Obwohl der betriebliche Nachwuchsmangel als große Herausforderung diskutiert wird (BNN, 06.03.2009) und eine abgeschlossene Berufsausbildung heute mehr denn je als Mindestqualifikation für den Einstieg ins Arbeitsleben gilt, liegt die Ungelerntenquote bei ca. 15 %, deren ohnehin schon hohes Arbeitsmarktrisiko sich noch weiter verschärfen wird (Beicht & Ulrich 2008, S. 12).

Das sich zur Bewältigung der Herausforderungen herausgebildete deutsche Übergangssystem wird als komplexer und *„teurer Reparaturbetrieb"* beschrieben, dessen Gesamtkosten auf jährlich ca. 4,34 Mrd. € beziffert werden (Schober 2006, Folie 8). Leider muss die diese Zahl provozierende Frage, ob damit keine effizienteren Formen des Übergangs („neue Wege") konzipier- und finanzierbar wären, im Rahmen dieses Beitrags unbeantwortet bleiben (dazu: Rauner 2003, S. 22ff.; Giessler 2008, S. 67ff.; Jung 2008b, S. 187ff.). Zu fragen ist jedoch, ob angesichts der Komplexität des Systems (dazu: Jung 2008b, S. 184) und der implizierten Risikopotentiale bisherige Formen der Übergangsbewältigung ausreichen oder ob neue Qualitäten erforderlich sind, die die Herausbildung von beruflich-orientierten Selbstkonzepten an der ersten Schwelle und geänderte Formen des Kompetenzerwerbs, im Sinne der Befähigung zur Bewältigung der Übergangsherausforderungen, ermöglichen.

3. Vom allgemeinen zum beruflich-orientierten Selbstkonzept

Die aktuelle Selbstkonzeptforschung ist durch eine Heterogenität unterschiedlicher Modelle und theoretischer Akzentuierungen geprägt. Wurde in früheren Abhandlungen beständig von einem allgemeinen Selbstkonzept ausgegangen, so stehen gegenwärtig eher differenziertere Ansätze im Vordergrund (Mummendey 2006, S. 205ff.). Es herrscht Einigkeit darüber, dass sich selbstbezogene Wahrnehmungen nicht auf das Selbst als globales Gebilde, sondern überwiegend auf dessen dezidierte Partialbereiche beziehen (Moschner 2001, S. 630). Dagegen wird die Struktur dieser bereichsdezidierten Selbstkonzeptmodelle kontrovers diskutiert. Während z.B. Markus & Sentis (1982) das Selbstkonzept als ein nicht-hierarchisches System von Selbst-Schemata ansehen, geht Rosenberg (1965) von einer Aneinanderreihung und Nebeneinanderstellung einzelner Selbstkonzeptbereiche (eindimensionale Struktur) aus. Hattie (2004, S. 8) hält es hingegen für unbestritten, dass ein Selbstkonzept ein mehrdimensionales Gebilde ist. Insofern erscheint das multidimensional-hierarchische Selbstkonzeptmodell der Autoren Shavelson, Hubner & Stanton (1976) – obwohl schon 33 Jahre alt – nach wie vor richtungsweisend. Es bringt sowohl schulische als auch nicht-schulische Selbstkonzepte in eine mehrdimensionale, hierarchische Ordnung. Diese sind typischerweise auf einer mittleren Ebene angesiedelt (Abb. 1), wie z.B. Selbstbilder eigener schulischer, emotionaler, körperlicher oder beruflicher Fähigkeiten, die eigenständige Faktoren bilden und sich durch einen Faktor zweiter Ordnung zusammenfassen lassen (Mummendey 2006, S. 207). Aus absteigender Perspektive wird die Selbstkonzeptualisierung, von einem allgemeinen Selbstkonzept ausgehend, immer differenzierter. Aus aufsteigender Perspektive werden immer mehr Selbstkonzeptfacetten zu übergeordneten Konzepten subsumiert. Die hinter dem Modell stehende Theorie besagt, dass es sich bei dem allgemeinen Selbstkonzept um einen Faktor höherer Ordnung handelt, der multiple bereichsdezidierte Selbstkonzepte integriert, die, obgleich sie korreliert sind, als einzelne, autonome Konstrukte verstanden werden können (Byrne 1996, S. 123ff.).

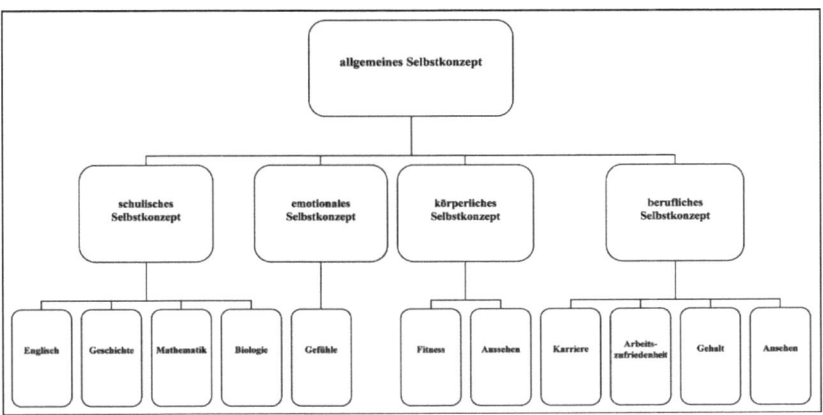

Abb. 1: Das multidimensional-hierarchische Selbstkonzeptmodell
(basierend auf Shavelson et al. 1976, S. 413, Sage)

Im Kontext der im Prolog eingeführten Selbstkonzeptdefinition umfasst ein schulisches Selbstkonzept demzufolge die Gesamtheit der Gedanken über die eigenen Fähigkeiten in schulischen Leistungssituationen. Es konstituiert sich aus kognitiven, psychomotorischen und affektiven Repräsentationen, wobei letztere oftmals als emotionale Folgen der kognitiven Inhalte zu verstehen sind und z.B. Selbstbilder in den Fächern Englisch, Geschichte, Mathematik oder Biologie einbeziehen (Oesterle 2009, S. 132f.). Ein berufliches Selbst-konzept beinhaltet demnach die Einheit der Einstellungen und Gedanken über die individuellen Fähigkeiten in arbeitsweltlichen bzw. beruflichen Leis-tungssituationen. Es integriert beispielsweise Facetten wie Karrierechancen, Arbeitszufriedenheit, Gehalt oder Ansehen.

Beruflich-orientierte Selbstkonzepte an der ersten Schwelle entstehen im Zu-sammenwirken familiärer und schulisch-didaktischer Aspekte, die sich durch erste betriebliche Erfahrungen (Betriebspraktika) zu konsolidieren scheinen (Oesterle 2009, S. 133). Im Kontext der Förderung von Ausbildungsfähigkeit und beruflich-orientierten Selbstkonzepten kommt dem Berufsorientierungs-unterricht (BO-Unterricht) eine zentrale Bedeutung zu. Dieser ist, unter un-gleichen Benennungen, in den Bundesländern (verschieden) organisiert (als Fach oder im Fächerverbund). Gemäß des KMK-Beschlusses von 1987 (S. 3) hat er in allen Schultypen des Sekundarbereichs I zwei zentrale Aufgaben zu erfüllen: a) die Hinführung zur Berufs- und Arbeitswelt und b) die Vorbereitung der Berufswahlentscheidung. Entsprechende Befunde belegen, dass die Berufsfindungsprozesse der Schüler durch den BO-Unterricht (pädagogisch-didaktisch) beeinflussbar sind (Bußhoff 1998, S. 51).

Erste Präferenzen für einen Beruf, die Berufsfindung an sich sowie die weitere berufliche Entwicklung werden – Supers entwicklungspsychologischem Ansatz zufolge – der Ausbildung des beruflichen Selbstkonzepts zugeschrieben (Scheller & Heil 1979, S. 254). In der wissenschaftlichen Tradition Carl Rogers (Verbindung von Tiefen- und Entwicklungspsychologie sowie Sprachtherapie; dazu: Stam & Lahmann 1980, S. 171) nimmt Super an, dass Individuen auch in beruflichen Entscheidungen Übereinstimmung zwischen dem Selbstkonzept und beruflichen Anforderungen anstreben. Menschen wählen Berufe, die Fähigkeiten, Einstellungen, Merkmale und Talente verlangen, über die sie selbst zu verfügen glauben. Je besser der Mensch seine eigenen Fähigkeiten mit beruflichen Anforderungen in Einklang bringen kann, desto leichter fällt die Entscheidung und desto größer ist später die berufliche Zufriedenheit (Super 1953, S. 183ff.). Besonders ein in der Tradition des entwicklungstheoretischen Ansatzes der Berufsorientierung stehender Unterricht (dazu: Hoppe 1980; Jung 2000, S. 100ff.) könne diesem Anspruch gerecht werden. In intendierter Konvergenz zwischen den individuellen Neigungen, Voraussetzungen und subjektiven Interessen der Jugendlichen (einerseits) mit den objektiven Anforderungen der Arbeits- und Berufswelt (andererseits) ziele er auf die Erkundung, Entwicklung und Erweiterung tragbarer beruflicher Selbstkonzepte seitens der Lernenden (Dedering 1994, S. 305; Wengert-Richter 2009, S. 69).

Aus der vorangestellten Analyse des beruflichen Selbstkonzepts ergibt sich, dass ein auf die positive Bewältigung der ersten Schwelle bezogenes Selbstkonzept Einstellungen und Urteile über die eigenen Fähigkeiten in den übergangsrelevanten Bereichen arbeitsweltliche Basiskenntnisse, Neigungen/ Eignungen, Übergangswissen und -können, schulische Basiskenntnisse sowie übergangsförderliche Verhaltensweisen enthalten muss, die an anderer Stelle gegründet wurden (dazu: Oesterle 2009, S. 133f.).

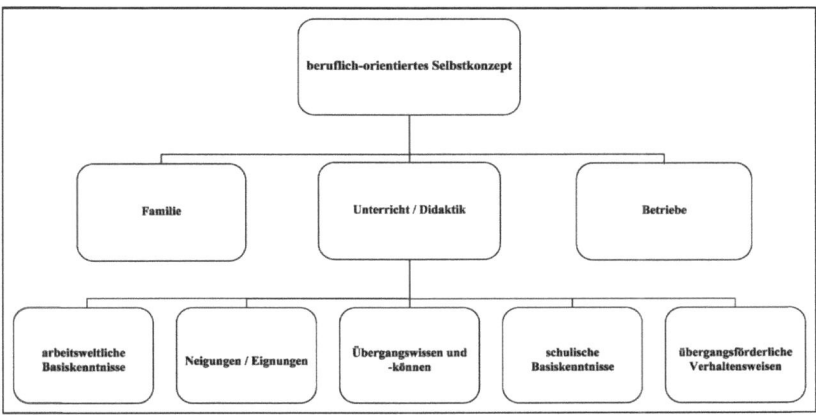

Abb. 2: Strukturmodell für ein beruflich-orientiertes Selbstkonzept an der ersten Schwelle

4. Der Erwerb von Übergangskompetenz

Ebenso wie das beschriebene *Selbstkonzept beruflicher Orientierung* fokussieren sich die erforderlichen Kompetenzen auf die erste Schwelle. Dabei wird das allgemeine Kompetenzverständnis der *Befähigung zur positiven Bewältigung komplexer Situationen* auf die *Domäne arbeits- und berufsbezogene Übergänge* übertragen. Da auch Übergänge in nicht beruflich verfasste gewerbliche Arbeitsformen möglich und erstrebenswert sind, könnte das gemeinte Kompetenzbündel *„Übergangskompetenz an der ersten Schwelle"* oder *„Arbeits- und Berufsfindungskompetenz"* genannt werden. Diese bündelt das in Hinsicht auf eine positive Bewältigung des ersten arbeits- und berufsbezogenen Übergangs erforderliche Wissen und Können (Jung 2000, 2007, 2008a) und ist für die Bewältigung aller späteren arbeits- und berufsbezogenen Übergänge grundlegend.

Prozesse der Kompetenzentwicklung basieren immer auf affektiv-volitionalen Grundlagen. Aus diesen heraus entwickeln sich die weiteren Bewältigungsschritte. Dabei gilt es, die situativen Herausforderungen (hier den anstehenden Übergang) wahr- und anzunehmen und sich das zur Bewältigung erforderliche Wissen und Können (arbeitsweltliches Basiswissen, Übergangswissen und Können usw.) anzueignen. Es sind Annahmen (z.b. Neigungsvermutung) zu überprüfen und Entscheidungen (z.b. betrieblicher oder schulischer Weg) zu treffen und Lösungen zu finden und zu bewerten. Im Rahmen des beschriebenen Kompetenzentwicklungsprozesses sind Motive, Interessen, Anforderungen und Ziele abzuwägen und zu reflektieren. Dabei ist die eigene Handlungs- und Reflexionsfähigkeit zu verbessern sowie Selbstbewusstsein und Gelassenheit aufzubauen und weiterzuentwickeln (dazu: Jung 2008a, S. 138). Damit definiert sich *Arbeits- und Berufsfindungskompetenz* als menschliche Befähigung, in Abhängigkeit von den individuellen Lebensbedingungen kognitives, affektives, soziales und verhaltensbezogenes Wissen, Können und Reflektieren so zu organisieren und einzusetzen, dass Ziele, Interessen und Wünsche in der Domäne arbeits- und berufsbezogener Übergänge zu verwirklichen sind (Jung 2008a, S. 137f.).

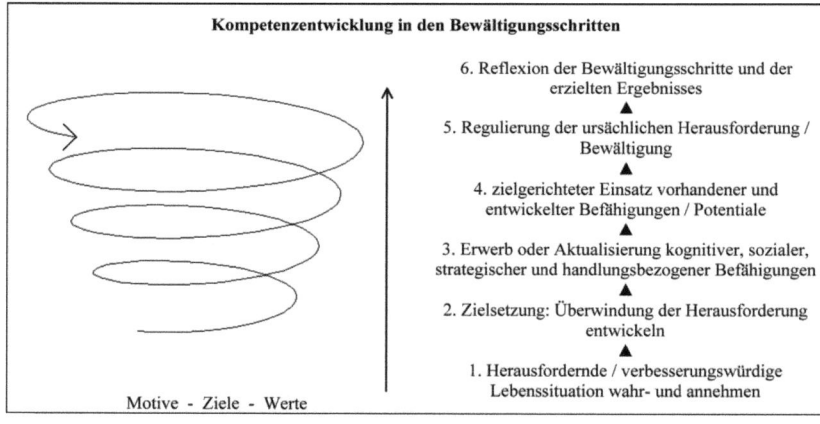

Abb. 3: Kompetenz als Befähigung zur Bewältigung (basierend auf Jung 2007, S. 128, Schneider)

Von den Weinertschen Kompetenzanforderungen (BMBF 2003, S. 74f.) und dem konzeptionellen Zusammenwirken der *Kompetenzfacetten* (Fähigkeit, Wissen, Verstehen, Können, Handeln, Erfahrung und Motivation) zur Kompetenzentwicklung wurde ein vierfach gestuftes Kompetenzmodell begründet und auf die *Domäne arbeits- und berufsbezogener Übergänge* übertragen (Jung 2007, S. 127ff.; 2008a, S. 142ff.). Dabei bilden die affektiv-volitionalen Aspekte die Grundlage für die gesamte Kompetenzentwicklung. Da sie auf alle Kompetenzstufen wirken, fällt ein direktes Zuordnen schwer. Deshalb sind sie in alle Kompetenzstufen einzubeziehen. Denn bei fehlender Motivation kann weder angeeignet noch verstanden, entschieden, gehandelt oder gar gestaltet werden (Jung 2008a, S. 143). Die vier Kompetenzstufen wurden in ihrem Aufbau und ihrer Füllung mit Bildungsstandards an anderem Ort (Jung 2007; 2008a) dokumentiert. Das nachstehende didaktische Kompetenzmodell zur Ausbildungsfähigkeit (Abb. 4) ist in die Säulen deskriptive Kompetenzstufen, kognitiv-handelnder Bereich und affektiv-volitionaler Bereich gegliedert, wobei der fachdidaktische Gegenstandsbereich im kognitiv-handelnden Bereich strukturell und inhaltlich durchdrungen wurde.

Zum Kompetenzmodell (siehe Abbildung 4) ist anzumerken, dass sich Stufe 1 vorrangig auf arbeitsweltliche Basiskenntnisse bezieht: Denn erst wenn ein Schüler verschiedene Berufe und deren Anforderungen kennt, kann er seine Neigungs-/Eignungsvermutungen (Stufe 2) überprüfen und persönliche Entscheidungen treffen (z.B. einen Beruf auswählen). Erst wenn er weiß, welchen Weg er einschlagen oder was er werden will, gilt es, nach offenen Ausbildungsplatzangeboten zu suchen, sich zu bewerben und auf den Auswahlprozess vorzubereiten (Stufe 3). Sofern ihm das trotz zahlreicher Bewerbungen misslingt, sind die Gründe zu untersuchen. Es gilt, die möglichen Ursachen zu ermitteln und zu analysieren, um daran anschließend nach Lösungsmöglichkeiten und Auswegen zu suchen. Ziel ist, die „erste Schwelle" zu überwinden und dadurch den „ersten Meilenstein" in der Berufsbiografie zu setzen (Stufe 4).

Übergangsbewältigende Kompetenzentwicklungsprozesse erfordern vom Kompetenzträger eine angemessene Auseinandersetzung mit den eigenen Fähigkeiten, Interessen, Wertorientierungen und Lebensentwürfen sowie mit den Inhalten und Anforderungen, Chancen und Risiken von Arbeitstätigkeiten, Berufen und Arbeitsmärkten, die es aufeinander abzustimmen und anzugleichen gilt (Famulla 2008, S. 23ff.). Trotz allem Selbsttätigkeitsbestreben, das dem Kompetenzbegriff zu eigen ist, kann der Kompetenzträger – der

Arbeits- und Berufsfindungskompetenz

Eigenschaft, in Abhängigkeit von den individuellen Lebensbedingungen kognitives, soziales und verhaltensmäßiges Wissen und Können so zu organisieren, einzusetzen und zu reflektieren, dass Ziele, Interessen und Wünsche in Arbeits- und Berufsfindungsprozessen zu verwirklichen sind.

Deskriptive Kompetenzstufen	Kognitiv-handelnder Bereich	Affektiv-volitionaler Bereich
4. Gestalten/ Analysieren/ Synthetisieren	- Berufsbiografie planen - Alternativen suchen/entwickeln - Ursachen für Absagen reflektieren/erforschen - Übergangsdefizite überwinden - sich in Übergangsprozessen positionieren - ...	Grundlage für alle Ebenen, z.B. - gestalten wollen - Selbstbewusstsein und Gelassenheit entwickeln
3. Entscheiden/ Handeln	- auf Auswahlverfahren vorbereiten (Eignungstests, Assessment-Center, Vorstellungsgespräche) - wettbewerbsfähige Bewerbungsunterlagen erstellen - nach freien Ausbildungsplätzen suchen - zwischen unterschiedlichen Ausbildungswegen entscheiden (vollzeitschulisch/dual) - eine Berufsentscheidung treffen - ...	- Einstellungen und Engagement entwickeln - Bereitschaft und Akzeptanz entwickeln - couragiert agieren - Rückschläge verarbeiten
2. Bewerten/ Urteilen	- berufliche Interessen und Fähigkeiten in Einklang bringen und Wunschberuf ermitteln - Berufe ermitteln, die zu eigenen Stärken passen - Berufe ermitteln, die zu persönlichen Interessen passen - ...	- Herausforderungen annehmen - konzentriert arbeiten

1. Wahrnehmen/ Verstehen/ Wiedergeben	- Ausbildungsberufe und ihre Anforderungen kennen, z.B.
	  - Aufgaben/Tätigkeiten
	  - Arbeitsumgebung
	  - Arbeitsgegenstände/-mittel
	  - Zugangsvoraussetzungen
	  - Verdienst-/Beschäftigungsmöglichkeiten
	  - Perspektiven
	- ...
		- Initiative entwickeln
		
		- Aufmerksamkeit aufbringen

Abb. 4: Kompetenzmodell zur Ausbildungsfähigkeit
(basierend auf Jung 2008a, S. 143, vs)

Jugendliche im Übergangsprozess – die umschriebenen Abstimmungs- und Angleichungsprozesse nicht allein erbringen. Sie bedürfen einerseits einer sensiblen familiären sowie andererseits einer zeitgemäßen schulischen Unterstützung und Förderung. Letztere muss mehr enthalten als das, was in dem zum Teil einfallslos inszenierten und fachfremd erteilten Berufsorientierungsunterricht geleistet wird. Hingegen ist eine zeitgemäße Übergangsvorbereitung und -begleitung durch zwei konzeptionell zu entwickelnde und personell zu sichernde Erweiterungsschritte gekennzeichnet:

- das innerschulische Additum: „Es umfasst die Vermittlung der Beherrschung grundlegender schulischer Basiskompetenzen (Lese-, Schreib-, Rede-, Rechen-, Urteilsfähigkeit) und den Erwerb übergangsförderlicher Verhaltensweisen"

- das überschulische Additum: „Es umfasst darüber hinaus, als kooperatives Netzwerk, die synergetische und überschulische Vernetzung mit den sonstigen Übergangsakteuren" (Jung 2009, S. 40)

Grundsätzlich ist diese neue Qualität des schulischen Bemühens durch den Einsatz weiterer Übergangsakteure zu sichern. Hier sind Übergangscoachs, Übergangslotsen oder Jugendberufshelfer erforderlich, die durch ihr berufsorientierendes und übergangsbewältigendes Wirken – jenseits des benoteten Unterrichts – diejenigen Schüler begleiten, die einen positiven Übergang „aus eigener Kraft" nicht bewerkstelligen können (dazu: Jung & Oesterle 2009, S. 165; Oesterle 2008, S. 257–270; Ministerium für Kultus, Jugend und Sport BW 2008).

5. Unterrichtliche Aspekte der Selbstkonzept- und Kompetenzentwicklung

Ein kurzes Zwischenfazit verdeutlicht: Selbstkonzepte bündeln Auffassungen über die eigenen Fähigkeiten, Eigenschaften, Einstellungen, Urteile und Werthaltungen. Beruflich-orientierte Selbstkonzepte an der ersten Schwelle fokussieren diesen Anspruch auf das positive Bewältigen des Übergangs vom Bildungs- ins Ausbildungssystem. Selbstkonzepte werden auch als Fähigkeitskonzepte bezeichnet, was sie auf den ersten Blick von Kompetenzkonzepten abgrenzt und einer näheren Betrachtung bedarf.

Die Fähigkeit definiert sich als psychische und physische Voraussetzung für leistungsbezogenes Verhalten und umschreibt ein „fähig, bereit und in der Lage sein", den gestellten Anforderungen gerecht zu werden. Dabei ist der Begriffsgegenstand oft nur schwer von ähnlichen Begriffen (Begabung, Eignung, Talent, Vermögen) abzugrenzen. Auch wird zwischen angelegten und entwickelten Fähigkeiten unterschieden (Jung 2008c, S. 122f.). Der Kompetenzbegriff (s. Kap. 4) bezieht darüber hinaus – als *Befähigung zur Bewältigung* – den Vollzug des realisierten Verhaltens und die Reflexion des Gesamtprozesses ein. Während die Fähigkeit, als Voraussetzung für leistungsbezogenes Verhalten, eher ein latentes Potential beschreibt, manifestiert sich das darüber hinausgehende Tätigkeiten regulierende Potential der Kompetenz in konkreten Handlungsvollzügen.

Unterrichtlich arrangierte Selbstkonzept- und Kompetenzentwicklung setzt immer an den domänenbezogenen Erfahrungen der Lernenden an. Diese sind in einer Intensität zu erleben, dass vorheriges Geschehen als Erfahrung bewusst wahrgenommen, beurteilt, verdichtet und im eigenen Bezugssystem (Selbstkonzept) verortet und gespeichert wird. Die Ebenen und Methoden des Erfahrungslernens, im Sinne einer Aneignung, Verarbeitung und Veröffentlichung von Erfahrung, hat Heinz Klippert (1991, S. 12ff., dazu: ders. ^{2}1991) mit Blick auf unterrichtliche Handlungsfelder entfaltet. Auf die Domäne arbeits- und berufsbezogener Übergänge (erste Schwelle) übertragen differenziert sich Erfahrungslernen in die nachstehenden Lernebenen und ist über die benannten Makro- und Mikromethoden zu sichern:

- Realbedingungen (z.B. Betriebspraktikum, Betriebserkundung, Expertenbefragung),
- Realitätssimulation (z.B. Projekt, Planspiel, Rollenspiel: Auswahlgespräch),
- produktives Lernen: (z.B. Bewerbungen verfassen, Ausbildungsplatzangebote suchen, domänenspezifisches Wissen und Können aneignen).

Grundsätzlich geht es um die handlungsorientierte Aneignung des Bildungs-gegenstandes, dessen übergangsbezogene Inhalte in Kapitel 4 (kognitiv-handelnder Bereich) dargestellt und begründet wurden. Hier sei erlaubt, die Inhalte der weit über ein Jahrzehnt andauernden Debatte über den handlungs-orientierten Unterricht in Erinnerung zu rufen. Entsprechende Konzepte und Modelle sind für die unterrichtliche Selbstkonzept- und Kompetenzentwick-lung grundlegend.

6. Epilog

Die Ermittlung gesicherter Erkenntnisse über den Zusammenhang zwischen der Herausbildung von beruflich-orientierten Selbstkonzeptfacetten und der Entwicklung von Arbeits- und Berufsfindungskompetenz bleibt empirischen Untersuchungen vorbehalten. Jedoch lassen sich auf der Grundlage bestehen-der Befunde Annahmen treffen, die als wahrscheinlich gelten können.

Erschwerend wirkt dabei, dass sich die Selbstkonzeptforschung als überaus heterogenes Feld darstellt. Es wird eine „babylonische Sprachverwirrung" registriert, die in einem mangelnden Konsens über den Bedeutungsgehalt ein-zelner Begriffe und Konzeptionen ihren Ausdruck findet. So werden die das Selbstkonzept betreffenden Vorstellungen, Einstellungen und Bewertungen unter den nur schwer abzugrenzenden Begriffen wie „Selbstbild, Selbstmo-dell, Selbstschema, Selbst-Theorie, Selbsteinschätzung, Selbstwahrnehmung, Selbstwirksamkeit, Selbstvertrauen, Selbstwertgefühl, Selbstakzeptanz usw. subsumiert" (Moschner ^{2}2001, S. 629). Angesichts dieses Zustandes fällt es gegenwärtig schwer, den aktuellen Stand der Selbstkonzeptforschung in di-daktische Modelle zu überführen und unterrichtlich zu nutzen.

Trotzdem hat Schule/Unterricht grundsätzlich (und mehr denn je) zur Ent-wicklung (positiver) Selbst- und Leistungskonzepte beizutragen! Angesichts der aktuellen Veränderungen von Lebens-, Arbeitswelt und Familie wächst ihre Bedeutung in Hinsicht auf die Entwicklung von beruflich-orientierten Selbstkonzepten an der ersten Schwelle. Dabei ist die Bewältigung der Über-gangsherausforderungen als Kompetenzentwicklungsprozess zu organisieren und erscheint nur im synergetischen Zusammenwirken der engeren Berufsorientierung (Fach) und der dargestellten Erweiterungsstufen (innerschulisch, überschulisch) realistisch. Grundsätzlich ist die schulische Übergangsbewältigung aus dem unterrichtlich benoteten Teil herauszunehmen, da positive Selbstkonzeptentwicklungen – gerade in der Hauptschule – hier gebrochen werden. Auch können zeitgemäße Übergangsanforderungen nicht von Lehrkräften allein bewältigt werden, auch nicht in kleineren Klassen.

Grundsätzlich ist von einem engen Zusammenhang (Konvergenz, Interdependenz) zwischen der Selbstkonzept- und Kompetenzentwicklung auszugehen. Kompetenzen werden in den dargestellten Kompetenzentwicklungsprozessen erworben, in denen unterschiedliche *Kompetenzfacetten* zielgerichtet zusammenwirken. *Selbstkonzeptfacetten* konstituieren sich hingegen aus kognitiven und affektiven Inhalten (Repräsentationen), wobei die affektiven Inhalte als emotionale Folgen der kognitiven Repräsentationen zu verstehen sind. Das Eingangsbeispiel: *„Ich fühle mich niedergeschlagen"* (emotionale Folge), *„da ich keinen Ausbildungsplatz finde"* (kognitive Repräsentation) verdeutlicht den entsprechenden Sachverhalt. Jedoch wird gleichzeitig und zu Recht darauf verwiesen, dass affektive Komponenten eigentlich kein Teil einer kognitiven Repräsentation des Fähigkeits- oder Selbstkonzepts sein können und deshalb dem *Selbstwert* zuzurechnen seien. Auch führe eine klare Trennung der Konstrukte Fähigkeits- oder Selbstkonzept (kognitiv und eher deskriptiv) und Selbstwert (affektiv und eher evaluativ) nicht nur zu einer größeren theoretischen Klarheit, sondern ermögliche auch präzisere Verhaltensvorhersagen und Interventionsstrategien (Schöne, Dickhäuser, Spinath & Stiensmeier-Pelster 2003, S. 4).

Zu ergänzen bleibt, dass im Zusammenhang mit dem Kompetenzerwerb gerade auch psychomotorisch-gestalterische Aspekte in die Selbstkonzeptgenerierung einbezogen werden müssen. Den Aussagen wie: *„Ich freue mich sehr"* (emotionale Folge), *„dass mir technische Problemlösungen* (kompetenzbezogene Repräsentation) *besonders gut gelingen"* oder: *„Ich bin glücklich, ohne fremde Hilfe einen Ausbildungsplatz gefunden zu haben"* muss eine konstitutive Wirkung auf die Selbstkonzeptentwicklung zugestanden werden. Deshalb erscheint es (im „Kompetenzzeitalter") erforderlich, Selbstkonzepte von Fähigkeits- in Kompetenzkonzepte überzuleiten.

Trotz all dieser selbstkonzepttheoretischen Eigenheiten ist mit großer Wahrscheinlichkeit anzunehmen, dass Lehr-Lern-Arrangements, die dem dargestellten Anspruch der Kompetenzentwicklung entsprechen, per se einen selbstkonzeptförderlichen Charakter besitzen. Denn: Übergangsherausforderungen wahr- und anzunehmen, sich das zur Bewältigung erforderliche Wissen und Können anzueignen und dabei in der Lage zu sein, Ergebnisse und Prozesse zu reflektieren und zu optimieren, geht nur auf der Grundlage eines entsprechenden beruflich-orientierten Selbstkonzepts. Konzeptionell wären hier Formen der Selbstregulation einzubinden, die den Willen zur Selbststeuerung voraussetzen.

Auf das schulisch-didaktische Qualitätsmerkmal einer übergangsbezogenen *Selbstkonzept- und Kompetenzförderlichkeit* konnte im vorgegebenen Rahmen nur indirekt Bezug genommen werden. Anzunehmen ist jedoch, dass dieses,

a) angesichts der derzeitigen Verfasstheit des deutschen Schulsystems (Dreigliedrigkeit, große Lerngruppen, methodische Einfältigkeit, wenig individuelle Förderung usw.) und

b) in Zeiten einer gravierenden Marktenge an der „ersten Schwelle", mit allen negativen Einflüssen auf eine positive Selbstkonzeptentwicklung,

nur wenig ausgeprägt ist. Es bedarf keiner großen Phantasie, die ökonomischen und qualifikatorischen Folgen prekärer Selbstkonzeptentwicklungen aus der individuellen und gesellschaftlichen Perspektive zu bewerten. Noch tragischer erscheinen die dadurch hervorgerufenen mental-emotionalen Schäden, die den „Fehlstart in die Berufs- und Ausbildungswelt" mit dem Erleiden eines beruflichen *„Nicht-gebraucht-Werdens"* verbinden: Absagenzahlen in zweistelliger Höhe bei Ausbildungsplatzbewerbungen verursachen Selbstzweifel – bis hin zu existenziellen Ängsten. Ein drohender Abstieg ins „Prekariat" und die Gefahr eines direkten Übergangs vom Bildungs- in das Sozialsystem fördern die Herausbildung fatalistischer Selbstkonzeptfacetten und beeinträchtigen eine nachhaltig positive Selbstkonzeptentwicklung.

Jedoch scheinen gegenwärtig die Entwicklungen im Rahmen aktueller Schul-
programm-/Schulprofildiskurse sowie der Einführung der Ganztagsorganisa-
tion eher ins Hoffnungsvolle zu verlaufen.

Literatur

Beicht, U. & Ulrich, J.G. (2008). Welche Jugendlichen bleiben ohne Berufsausbildung? Analyse wichtiger Einflussfaktoren unter besonderer Berücksichtigung der
Bildungsbiographie. In *BIBB-REPORT* 6, S. 1–15.

BMBF (2003). *Zur Entwicklung nationaler Bildungsstandards. Expertise.* Bielefeld:
Bertelsmann.

BNN (06.03.2009). *Badische Neuste Nachrichten.* Karlsruhe.

Bußhoff, L. (1998). Berufsberatung als Unterstützung von Übergängen in der beruflichen Bildung. In R. Zihlmann (Hrsg.): *Berufswahl in Theorie und Praxis.* Zürich:
Sabe, S. 9–86.

Byrne, B.M. (1996). *Measuring self-concept across the life span.* Washington, DC:
American Psychological Association.

Dedering, H. (1994). *Einführung in das Lernfeld Arbeitslehre.* München: Oldenbourg.

Deusinger, I.M. (1986). *Frankfurter Selbstkonzept-Skalen* (FSKN). Göttingen: Hogrefe.

Famulla, G.-E. (2008). Zentrale Herausforderungen an die schulische Berufsorientierung. In E. Jung (Hrsg.): *Zwischen Qualifikationswandel und Marktenge – Konzepte und Strategien einer zeitgemäßen Berufsorientierung.* Baltmannsweiler:
Schneider, S. 17–34.

GiAll (19.12.2008). *Gießener Allgemeine Zeitung.* Gießen.

Giessler, T. (2008). Übergangsperspektiven aus Arbeitnehmersicht. In E. Jung (Hrsg.):
*Zwischen Qualifikationswandel und Marktenge – Konzepte und Strategien einer
zeitgemäßen Berufsorientierung.* Baltmannsweiler: Schneider, S. 61–74.

Hattie, J. (2004). *Models of the self-concept that are neither top-down or bottom-up:
The Rope Model of self-concept.* Vortrag 3rd International Biennial SELF Re-

search Conference in Berlin vom 4.–7. Juli 2004. Verfügbar unter: http://self.uws. edu.au/Conferences/2004_Hattie.pdf [23.05.2008].

Hoppe, M. (1980). *Berufsorientierung – Studien zur Praxis der Arbeitslehre.* Weinheim: Beltz.

Jung, E. (2000). Arbeits- und Berufsfindungskompetenz. In H.J. Schlösser (Hrsg.): *Berufsorientierung und Arbeitsmarkt.* Bergisch-Gladbach: Thomas Hobein, S. 93–126.

Jung, E. (2005). *Was ist Arbeits- und Berufsfindungskompetenz?* Verfügbar unter: http://www.equal-start.de/deutsch/transferstelle_ph_karlsruhe/download/index. php [26.03.2009].

Jung, E. (2007). Von der Kompetenzfacette zum Kompetenzmodell – eine kritische Rezeption der aktuellen Diskussion. In R. Oberliesen & H.-D. Schulz (Hrsg.): *Kompetenzen für eine arbeitsorientierte Allgemeinbildung.* Baltmannsweiler: Schneider, S. 113–137.

Jung, E. (2008a). Reife, Fähigkeit oder Kompetenz? Über die pädagogisch-didaktische Bedeutung von Leitbegriffen im Arbeits- und Berufsfindungsprozess. In E. Schlemmer & H. Gerstberger (Hrsg.): *Ausbildungsfähigkeit im Spannungsverhältnis zwischen Wissenschaft, Politik und Praxis.* Wiesbaden: VS, S. 131–148.

Jung, E. (2008b). Neue Formen des Übergangs in die Berufsausbildung: Das Ausbildungs-Übergangs-Modell. In E. Jung (Hrsg.): *Zwischen Qualifikationswandel und Marktenge – Konzepte und Strategien einer zeitgemäßen Berufsorientierung.* Baltmannsweiler: Schneider, S. 180–194.

Jung, E. (2008c). Fähigkeiten und Fertigkeiten. In R. Hedtke & B. Weber (Hrsg.): *Wörterbuch Ökonomische Bildung.* Schwalbach/Ts.: Wochenschau, S. 122–124.

Jung, E. (2009). Übergangskategorie Ausbildungsfähigkeit: Begriff, kompetenztheoretische Einbettung, schulische Vermittlung. In GEW (Hrsg.): *Zukunft in die Schule holen.* Bielefeld: Bertelsmann, S. 36–42.

Jung, E. & Oesterle, A. (2009). Von der Problemstellung zum Forschungsdesign: Die Entwicklung von Ausbildungsfähigkeit und beruflich-orientierten Selbstkonzepten. In G. Seeber (Hrsg.): *Forschungsfelder der Wirtschaftsdidaktik. Herausforderungen, Methoden, Gegenstandsbereiche.* Schwalbach/Ts.: Wochenschau, S. 161–178.

Klippert, H. (1991). Handlungsorientierter Politikunterricht – Anregungen für ein verändertes Lehr-/Lernverständnis. In Bundeszentrale für politische Bildung (Hrsg.): *Methoden in der politischen Bildung – Handlungsorientierung* 304, S. 9–30.

Klippert, H. (^{2}1991). *Berufswahl-Unterricht: Handlungsorientierte Methoden und Arbeitshilfen für Lehrer und Berufsberater.* Weinheim: Beltz.

KMK (1987). Material zum Lernfeld Arbeitslehre im Sekundarbereich I. Beschluss der 235. Sitzung am 8./9. Oktober 1987 in Berlin. In *arbeiten + lernen* 57, S. 1–5.

Laskowski, A. (2000). *Was den Menschen antreibt. Entstehung und Beeinflussung des Selbstkonzepts.* Frankfurt: Campus.

Markus, H.R. & Sentis, K.P. (1982). The self in social information processing. In J.M. Suls (Ed.): *Psychological perspectives on the self* 1. Hillsdale, NJ: Erlbaum, pp. 41–70.

Ministerium für Kultus, Jugend und Sport Baden-Württemberg (2008). *Jugendberufshelfer.* Verfügbar unter: http://www.km-bw.de/servlet/PB/-s/y6tp1sijttxs1148uro-7ey0c1801 93n/menu/1188538/ [23.12.2008].

Moschner, B. (^{2}2001). Selbstkonzept. In D. Rost (Hrsg.): *Handwörterbuch Pädagogische Psychologie.* Weinheim: Beltz, S. 629–635.

Mummendey, H.D. (2006). *Psychologie des „Selbst": Theorien, Methoden und Ergebnisse der Selbstkonzeptforschung.* Göttingen: Hogrefe.

Oesterle, A. (2008). Coaching als Instrument der schulischen Berufsorientierung. In E. Jung (Hrsg.): *Zwischen Qualifikationswandel und Marktenge – Konzepte und Strategien einer zeitgemäßen Berufsorientierung.* Baltmannsweiler: Schneider, S. 257–270.

Oesterle, A. (2009). Die Förderung von Ausbildungsfähigkeit und beruflich-orientierten Selbstkonzepten aus fachdidaktischer Perspektive. In G. Seeber (Hrsg.): *Ökonomische Bildung und gesellschaftliche Teilhabe.* Schwalbach/Ts: Wochenschau, S. 129–139.

Rauner, F. (2003). *Expertise: „Schaffung neuer Ausbildungsplätze" im Auftrag der IG Metall-Bezirksleitung Baden-Württemberg.* Verfügbar unter: http://www.itb.uni-bremen.de/downloads/expertise.pdf [09.04.2009].

Rosenberg, M. (1965). *Society and the adolescent self-image.* Princeton, NJ: Princeton University Press.

Scheller, R. & Heil, F.E. (1979). Berufliche Entwicklung und Selbstkonzepte. In S.-H. Filipp (Hrsg.): *Selbstkonzept-Forschung: Probleme, Befunde, Perspektiven.* Stuttgart: Klett-Cotta, S. 253–271.

Schober, K. (2006). *Ausbildungsreife, Ausbildungseignung und Vermittelbarkeit: Definition und Konzepte.* Vortrag 6. swa-Fachtagung in Hamburg am 15./16. Mai 2006. Verfügbar unter: http:// www.swa-programm.de/tagungen/hamburg/folien_schober.pdf [17.12.2007].

Schöne, C.; Dickhäuser, O.; Spinath, B. & Stiensmeier-Pelster, J. (2003). Das Fähigkeitsselbstkonzept und seine Erfassung. In J. Stiensmeier-Pelster & F. Rheinberg (Hrsg.): *Diagnostik von Motivation und Selbstkonzept: Tests und Trends, Jahrbuch der pädagogisch-psychologischen Diagnostik, Band 2.* Göttingen: Hogrefe, S. 3–14.

Shavelson, R.J.; Hubner, J.J. & Stanton, G.C. (1976). Self-concept: Validation of construct interpretations. In *Review of Educational Research* 46, S. 407–441.

Stam, I. & Lahmann, F. (1980). Carl R. Rogers. In J. Rattner (Hrsg.): *Wandlungen der Psychoanalyse.* Wien: Europa, S. 165–186.

Super, D.E. (1953). A theory of vocational development. In *American Psychologist* 8, pp. 185–190.

Wengert-Richter, P. (2009). *Das Betriebspraktikum im Studiengang Realschule. Eine Evaluationsstudie zum Erwerb einer studienbegleitenden Berufsorientierungskompetenz zukünftiger Lehrerinnen und Lehrer.* Unveröffentlichte Dissertation, Pädagogische Hochschule Karlsruhe.

Roland Herzog

T.O.P.-Berufsorientierung aus einem Guss

für die Gestaltung des Übergangs Schule–Ausbildung–Beruf

Was bietet das T.O.P.-Programm?

T.O.P. steht für **t**esten, **o**rientieren, **p**lanen. In einer regionalen Ausbildungs-offensive zur Verbesserung der beruflichen Perspektiven der Jugendlichen im Landkreis Bad Tölz-Wolfratshausen gehört T.O.P. zu den Kernelementen. Für die am regionalen Bedarf ausgerichtete Gestaltung und die Durchführung des Programms ist es wesentlich, dass Pädagogen und Eltern, Unternehmen, außerschulische Einrichtungen der Jugendbildung und kommunale Stellen der Jugendarbeit kooperieren. Diese Zusammenarbeit ist die Voraussetzung dafür, dass eine Ausbildungsoffensive gelingt. Diese Kooperationen zu ge-stalten und das Netzwerk zu pflegen ist Aufgabe der Jugendbildungsstätte Königsdorf[1]. Das T.O.P.-Programm ist im Landkreis Bad Tölz-Wolfrats-hausen ein erster Schritt in die Gemeinschaftsaufgabe zur Verbesserung der Ausbildungs- und Berufschancen von Jugendlichen und zur Erweiterung des Nachwuchskräfteangebots für die Unternehmen.

Als Mehrjahresprogramm hilft T.O.P. den Mädchen und Jungen dabei, beruf-liche Neigungen und Möglichkeiten herauszufinden und abzugleichen, sich gezielt auf die Ausbildung, weiterführende Schulen oder das Studium vor-

---

1   Die Jugendbildungsstätte Königsdorf ist eine der 11 bayerischen Jugendbildungsstätten, die vom Bayerischen Jugendring anerkannt sind. Seit 1996 erfüllen wir entsprechend einer Ko-operationsvereinbarung mit dem Bezirk und Bezirksjugendring Oberbayern die Aufgaben der bezirklichen Jugendbildungsstätte für Oberbayern. Unsere Hauptaufgabe ist die Aus-, Fort- und Weiterbildung von ehrenamtlichen und hauptberuflichen Mitarbeiter/-innen in der Jugendarbeit und die Entwicklung und Durchführung modellhafter, innovativer oder überregi-onaler Maßnahmen für Jugendliche. Somit leisten wir, gefördert aus den Mitteln des Bezirks, einen umfassenden Beitrag zur Umsetzung des Kinder- und Jugendprogramms. Als anerkann-te bayerische Jugendbildungsstätte mit 22.000 Übernachtungen im Jahr übernehmen wir Ver-antwortung für die Weiterentwicklung der Jugendarbeit und unterstützen Kinder und Jugend-liche bei ihrer persönlichen Entwicklung. Wir bieten allen Gästen fördernde strukturelle und pädagogische Rahmenbedingungen und unterstützen sie nach besten Kräften.

zubereiten und ihre Handlungsfähigkeit rund um Ausbildung und Beruf zu stärken. Daraus entsteht vielfacher Nutzen:

- **für die Jugendlichen**, weil sie sich umfassender informiert und hinsichtlich ihrer persönlichen Neigungen und Möglichkeiten besser vergewissert auf den Weg ins Berufsleben machen. Dadurch wird das Risiko vermindert, auf Irrwege zu geraten und Enttäuschungen zu erleben. Die einzelnen Schritte des T.O.P.-Programms werden ausgewertet und dokumentiert, was die Bewerbungschancen erhöht.

- **für die Eltern:** Sie werden umfassend und qualifiziert unterstützt, wenn es um die Berufsw ahl ihrer Kinder und ihre Vorbereitung für den weiteren Lebens- und Arbeitsweg, die Wahl von Studienfach und Ausbildung geht. Das ist umso wichtiger, als die Eltern nach Erfahrung von Fachleuten immer noch den größten Einfluss auf die Berufs- und Zukunftsorientierung ihrer Kinder haben.

- **für die Schulen:** Sie erhalten ganzheitliche Unterstützung bei der Gestaltung der Berufsorientierung im Unterricht – zum einen durch erprobte Arbeitsmaterialien (Berufswahlpass), außerschulische Trainings der persönlichen und sozialen Kompetenzen und andererseits durch gezielten Bezug zur Praxis durch Zusammenarbeit mit Unternehmen und betriebliche Praktika der Jugendlichen.

- **für die Unternehmen,** weil die realistischer orientierten und auf die Anforderungen des Berufslebens vorbereiteten Jugendlichen bessere Voraussetzungen für eine erfolgreiche Ausbildung mitbringen. Dadurch sinkt das Risiko, dass die Lehre abgebrochen wird. Da die einzelnen Schritte der Jugendlichen im T.O.P.-Programm ausgewertet und dokumentiert werden, erhalten die Unternehmen wichtige Hinweise für die Bewerberauswahl. Dadurch wird die Eigenverantwortung für den Erfolg der Ausbildung bei den Jugendlichen gestärkt.

- **für die Kommunen:** Die vorsorgende Berufsorientierung, die Jugendlichen aus schwierigem privaten Umfeld oder mit eingeschränkten Entwicklungsmöglichkeiten bessere Startchancen nach der Schule eröffnet, erspart den Gemeinden nachsorgende Betreuungskosten und stärkt durch ein zusätzliches Kräfteangebot für die Firmen den Wirtschaftsstandort.

Magisches Viereck

Wie die regionale Ausbildungsoffensive insgesamt, so ist auch das T.O.P.-Programm eine Gemeinschaftsaufgabe mit Verankerung in der Kommune. Um die Kernzielgruppe – das sind die Jugendlichen – gruppieren sich die wichtigen Partner in einem „magischen Viereck".

Berufsorientierung aus einem Guss

Berufsorientierung ist eine Mehrjahresaufgabe. In Bayern steht sie laut Lehrplan ab der 7. Klasse auf dem Programm der Hauptschulen und begleitet die

Jugendlichen bis in die heiße Bewerbungsphase um einen Ausbildungsplatz. Viele Hauptschulen beginnen aber bereits ab der 5. Jahrgangsstufe mit ersten Angeboten zur Persönlichkeitsbildung als DER Vorraussetzung der Berufsorientierung.

Die 4 Säulen von T.O.P.

Als Berufsorientierung aus einem Guss, an der alle relevanten Partner mitwirken, baut das T.O.P.-Programm auf vier Säulen auf:

- Berufswahlpass als Arbeitshilfe im Schulunterricht
- Kompetenztests (Erkunden persönlicher und sozialer Schlüsselkompetenzen mit ausgefeilten Verfahren)
- S.t.e.p.: Training der Schlüsselkompetenzen in erlebnispädagogischen, teambildenden Maßnahmen
- Praktika nach P.l.a.n. (systematische Planung, Durchführung und Dokumentation von Praktika)

Wie engagiert und umfassend Berufsorientierung im Unterricht betrieben wird, hängt von den Lehrkräften, dem sozialen und wirtschaftlichen Umfeld und von den Möglichkeiten des Ausbildungs- und Arbeitsmarktes ab. In den vergangenen Jahren löste die steigende Zahl der Jugendlichen, die nicht unmittelbar nach der Schule einen Ausbildungsplatz fanden, entsprechende Initiativen aus; manche Bürgermeister warben persönlich um zusätzliche Ausbildungsplätze in den Unternehmen. Inzwischen hat sich die Lage verändert: Die Anstöße gehen heute von den Betrieben aus, die unter Fachkräftemangel leiden, um aussichtsreichen Nachwuchs werben und sich zunehmend sogar für Schulabgänger mit schwächeren Zeugnisnoten interessieren. Von welcher Seite auch immer der Impuls ausgelöst wird – immer geht es um eine Ausbildungsoffensive.

Beim T.O.P.-Programm steigen die Schülerinnen und Schüler mit dem Ordnersystem „Berufswahlpass" ein. Dieses Instrument, das im Norden Deutschlands bereits weit verbreitet ist, begleitet den Unterricht fächerübergreifend. Es umfasst Arbeitsmaterialien und Informationen, Arbeitsaufträge und Vorlagen zur Dokumentation des gesamten Prozesses.

Mit Hilfe von online erfassten Kompetenztests – hier ist das geva-Institut (geva Gesellschaft für Verhaltensanalyse und Evaluation mbH in München) der Partner – werden Persönlichkeits- und Eignungsprofile erstellt, die in Beratungsgesprächen mit den Jugendlichen erläutert werden. Durch den Abgleich der Selbst- und Fremdeinschätzung können die Jugendlichen ein realistisches Bild gewinnen, welche Berufsfelder am besten zu ihnen passen könnten.

Außerdem lassen sich Ansatzpunkte erkennen, was in den **S.t.e.p.**-Trainings (**S**chüler/-innen und Schüler **t**esten ihre Qualifikationen, **e**ngagieren sich in der Region und **p**lanen ihre Zukunft) besonders anzusprechen ist. Hier haben – auch zur Vorbereitung auf Bewerbungsgespräche – verbale Kommunikation, Körpersprache und Sozialverhalten hohen Stellenwert.

Schließlich dienen Praktika nach **P.l.a.n.** (**P**raxis **l**ernen, **a**uswerten, **n**achweisen) dazu, die Erfahrungen aus dem Schulunterricht, Ergebnisse des Kompetenztests und des S.t.e.p.-Trainings in der Praxis zu überprüfen und gezielt auf Berufsfelder zu übertragen. P.l.a.n. benutzt Arbeitsunterlagen zur systematischen

Vorbereitung, Durchführung, Auswertung und Dokumentation von Praktika und umfasst die Information an die Eltern, die Einstimmung Jugendlicher auf die betrieblichen Anforderungen im Praktikum und eine Mustervereinbarung zwischen der Lehrkraft, die das Praktikum begleitet, und dem Betrieb. Transparenz des Verfahrens und der Ergebnisse sind eine wesentliche Voraussetzung dafür, dass die Jugendlichen die Praktika wirklich nutzen können.

Mehrjahresprogramm für Hauptschulen

Die Übersicht zeigt beispielhaft, wie sich die wesentlichen Bestandteile des T.O.P.-Programms in den Hauptschul-Jahrgangsstufen 7 bis 9 systematisch in bestehende Angebote einfügen.

Klasse	Unterricht	Kompetenztest	Training	Praktikum
7. Klasse	• Einführung in den Berufswahlpass • Elternabend	• Talentcheck des geva-Instituts • Einführung in den Berufswahlpass	• KoKo-Training (Kommunikations- und Kooperationstraining) • FIT (Fähigkeiten, Interessen & Talente) • Profiltage • Routenplaner	• Eintägige Betriebserkundung • Unternehmerabend
8. Klasse	• Berufswahlpass • Einführung in www.Sprung brett-Bayern.de • Einführung in die Angebote der Agentur für Arbeit	• Berufswahltest des geva-Instituts • Test der Agentur für Arbeit	• Fünftägiges S.t.e.p.-Training	• Schnupperpraktika • 2 x einwöchiges Praktikum • Sozialpraktikum
9. Klasse	• Beratung durch die Agentur für Arbeit • Berufsbildungsmesse	• Elternabend	• Weitere Trainingsmodule • Telefontraining, „Knigge" im Beruf	• Weitere Praktika nach Bedarf • Konkrete Bewerbungen

Schritt für Schritt zum Übergang Schule–Ausbildung

Im T.O.P.-Prozess sind die einzelnen Module sinnvoll aufeinander abgestimmt.

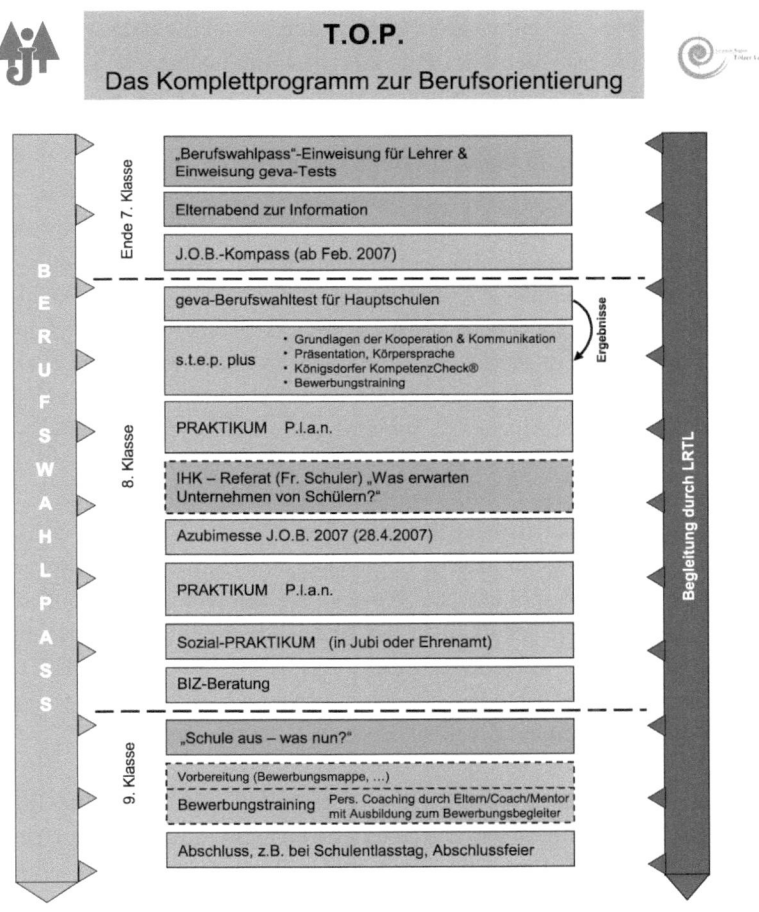

BERUFSWAHLPASS (12–20 Unterrichtseinheiten):
- integraler, flexibler Bestandteil in Schule
- systematisch strukturierte Infosammlung
- Handlungsleitfaden zur selbstst. Erarbeitung
- methodische, didaktische Vorlage

geva-Test:
- Abgleich mit breiter Masse
- wissenschaftlich fundiert
- Kultusministerium & Arbeits- und Sozialministerium

OFFENES
- Kosten Berufs- wahlpass (3,50 €)
- Laufzettel für Programm

Arbeitshilfe Berufswahlpass

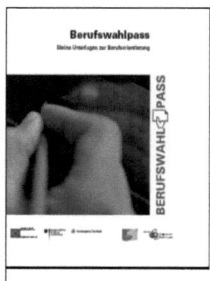

Der unter Mitwirkung der Bundesagentur für Arbeit mit Geldern des Bundes und der Europäischen Union entwickelte Berufswahlpass wird bundesweit verwendet. Er besteht aus einer Ringbuchmappe DIN-A-4 mit umfangreichen Materialteilen. Er eignet sich für alle Schulen. Mit seiner Hilfe lässt sich der gut zweijährige Prozess der Berufsorientierung steuern.

Die Schülerinnen und Schüler arbeiten mit ihrem Berufswahlpass selbstständig und eigenverantwortlich. Hier dokumentieren sie ihre Schritte zur Berufswahlentscheidung und ihre erworbenen Fähigkeiten und Kompetenzen. Der Berufswahlpass erleichtert es Eltern, Betrieben, Berufsberaterinnen, Berufsberatern und Lehrkräften, diesen Prozess zu begleiten. Den Berufswahlpass gibt es in verschiedenen Varianten, die sich an den Bildungszielen unterschiedlicher Lerngruppen orientieren und immer vier Teile umfassen:

1. **Angebote zur Berufsorientierung:** Hier stellt die Schule ihr Schulprogramm zur Berufsorientierung vor. Schülerinnen und Schüler, Eltern, Ausbildungs- oder Praktikumsbetriebe und die Berufsberatung können sich über die Angebote im Rahmen der Berufsorientierung und über die außerschulischen Kooperationspartner informieren. Außerdem enthält dieser Teil Namen, Sprechstundenzeiten und Adressen von Ansprechpartnern innerhalb und außerhalb der Schule.

2. **Mein Weg zur Berufswahl:** Dieser Abschnitt ist der wichtigste Teil des Passes. Die Schülerinnen und Schüler beschreiten den Weg zur Berufswahl, an dessen Ende eine überlegte und nachvollziehbare Berufsentscheidung steht. Der Abschnitt gliedert sich in Teilschritte:
   - Analyse der Stärken, Interessen und Ziele,
   - Planung der Lernschritte zum Ziel,
   - Planung des Übergangs in den Beruf, das Arbeitsleben oder weitere schulische Bildung.

Die einzelnen Schritte können von den Jugendlichen, den Lehrkräften, den Eltern und der Berufsberatung regelmäßig geprüft werden.

3. **Dokumentation des eigenen Bildungsganges:** Hier sammeln die Schülerinnen und Schüler Bescheinigungen, Zertifikate und Dokumente, die für ihre berufliche Zukunft wichtig sein können. So sind diese Unterlagen schnell greifbar und können z.b. für eine Bewerbung verwendet werden.

4. **Lebensordner:** Dieser Abschnitt dient der allgemeinen Lebensplanung und enthält Dokumente und Unterlagen, z.B. zur Wohnungssuche, zum Umgang mit Geld, zum Abschluss von Versicherungen und zum Umgang mit Behörden.

Analyse mit dem geva-Test

Aufgrund der Empfehlung der Stiftung Warentest und eigener Erfahrungen mit dem „Eignungstest Berufswahl" ist es sinnvoll, den Kompetenztest dem S.t.e.p.-Training voranzustellen. Er macht berufsrelevante persönliche Eigenschaften und Leistungsmerkmale sichtbar und spiegelt berufliche Interessen, Stärken und Motive wider.

Die geva-Tests für Haupt- und Realschüler wurden von den Psychologen des Münchner Instituts auf Grundlage wissenschaftlicher Diagnostik entwickelt. Sie stehen auch in russischer und türkischer Sprache zur Verfügung. Sie werden laufend optimiert und für jeden Schüler individuell ausgewertet. Eine umfangreiche Datenbank, in der Zigtausende von Teilnehmerdaten anonymisiert gespeichert sind, ermöglicht eine gezielte Auswertung jedes neuen Testbogens und die Einschätzung aufgrund der Testergebnisse vergleichbarer Teilnehmergruppen. In der Berufsdatenbank sind zudem die Anforderungsprofile aller gesetzlich geregelten Ausbildungsberufe zum systematischen Abgleich mit den Teilnehmerprofilen hinterlegt.

gevainstitut

STIFTUNG WARENTEST
SEHR GUT
Testsieger, Gesamtnote 1,5
Im Test: 9 Onlinetests
zur Selbsteinschätzung für Jugendliche
FINANZtest 03/2007
www.finanztest.de

Erfasst werden

- persönliche, soziale und methodische Kompetenzen
- sprachliche und rechnerische Leistungen
- logisches Denkvermögen, räumliche Vorstellung, Konzentrationsfähigkeit
- Allgemeinwissen
- Berufsmotive und -interessen

Bei den Empfehlungen wird nicht nur allgemein auf Übereinstimmungen mit Anforderungsprofilen geachtet, sondern auch drei – möglichst unterschiedliche – Berufsfelder benannt, die in Frage kommen können. Die Jugendlichen bekommen außerdem eine Rückmeldung, wie sie im Vergleich zu anderen Schülern gleichen Alters abschneiden – ein Vergleich, der sonst außerhalb des engen Rahmens „Klasse/Jahrgang" kaum möglich ist.

Die Schülerinnen und Schüler füllen den Test im Unterricht über das Internet aus. Er dauert rund 110 Minuten inklusive Einführung. Die Begleitung übernehmen die späteren Seminarreferenten des S.t.e.p.-Trainings. So lernt man sich bereits kennen. Die Test-Auswertung umfasst etwa 25 Seiten. Aus den Interessen, Selbsteinschätzungen und den Ergebnissen der Leistungsaufgaben entsteht ein persönliches Profil der Schüler. Dieses wird mit Anforderungsprofilen der Handwerkskammern und IHKs abgeglichen. Die Ergebnisse sind neben ganz konkreten Berufsvorschlägen auch eine Rückmeldung für die Jugendlichen, wieweit ihre Selbsteinschätzung mit den Testergebnissen übereinstimmt. Die fehlenden Einschätzungen zur sozialen Kompetenz der Jugendlichen ergänzen die S.t.e.p.-Referenten in den Beratungsgesprächen. Die Berufsvorschläge werden diskutiert, aufgearbeitet und dazu genutzt, Ziele für persönliche Kompetenzentwicklung, Schule und Ausbildung zu definieren.

S.t.e.p.-Training: Berufsorientierungswoche als Kernelement

Das **S.t.e.p.**-Training (Schülerinnen und Schüler testen ihre Stärken, entwickeln ihre Kompetenzen und planen ihre berufliche Zukunft) richtet sich an Schulklassen der 8. bis 10. Jahrgangsstufe aller Schultypen. In der Seminargruppe lernen die Jugendlichen, ihre Kompetenzen und Qualifikationen zu erkennen und weiter zu trainieren, um sich für den Schritt ins Berufsleben fit zu machen.

Ziel ist, dass sie ihre Persönlichkeit und Fähigkeiten in Bewerbungssituationen realistisch darstellen können. Dies wird erreicht mit Hilfe von Kooperationsübungen, erlebnispädagogischen Problemlösungsaufgaben, Methoden der außerschulischen Jugendbildung, Auswertungsgesprächen, Reflexionsrunden nach den Übungen, Transfergesprächen, persönlichen Profilberatungsgesprächen, Ergebnissicherung und Vereinbarungen für das Miteinander in der Schule. Es geht auch darum, kooperatives, teambildendes Verhalten zu lernen und Kritikfähigkeit zu entwickeln, also die Fähigkeit, angemessenes Feedback zu geben und zu empfangen.

Gemäß dem Motto „Lernen durch Erfahrung" löst die Gruppe zu Beginn des S.t.e.p.-Trainings gemeinsam verschiedene Übungen, die im Anschluss in angeleiteten Auswertungsrunden besprochen werden. Die Transfergespräche ermöglichen eine Übertragung der gewonnenen Erfahrungen auf die reale Situation in der Klasse. Alle Übungen und Aufgaben sind so konzipiert, dass jeder mitmachen kann. Alter, Größe, Gewicht oder auch Sportlichkeit und Kreativität sind nebensächlich. „Challenge by choice" – die Grenzen jedes Einzelnen sind verschieden, daher entscheidet jeder für sich selbst, wie weit er gehen will und kann.

Einen weiteren Schwerpunkt bildet das Thema **Kommunikation**. Wiederum mit handlungs-orientierten Methoden werden einfache Kommunikationsmodelle zielgruppengerecht vermittelt, um dabei das eigene Kommunikationsverhalten zu reflektieren. Die Jugendlichen lernen, über sich und ihre Fähig- und Fertigkeiten, ihre Erfahrungen und die bewusst gewordenen Themen zu sprechen und dadurch Vertrauen aufzubauen – eine wesentliche Voraussetzung für Konflikt- und Kooperationsfähigkeit.

In einem abschließenden exemplarischen **Bewerbungstraining** werden die vorangegangenen Inhalte zusammengefasst und in zwei beobachteten Gesprächen ausprobiert.

Für Schulklassen ist das S.t.e.p.-Training besonders wertvoll, weil es geprägt ist durch eine hohe Gruppenintensität, die Unwägbarkeit in wechselnden Situationen, verantwortungsvolles Training der Entscheidungsfähigkeit und bewussten Einsatz von Teamkompetenzen.

Auf die Lehrkräfte kommt es besonders an

Eine wichtige Voraussetzung für einen erfolgreich gestalteten Prozess der Berufsorientierung ist die durchgängige Zusammenarbeit mit den Lehrkräften. Das gilt auch für den Bereich des S.t.e.p.-Trainings. An ihm sollte am besten die Klassenlehrerin bzw. der Klassenlehrer oder eine andere Lehrkraft, die vergleichbar viele Wochenstunden in der Klasse unterrichtet, aktiv teilnehmen. Denn der langfristige Erfolg des Trainings hängt wesentlich von der Klassenleitung ab. Je intensiver die Jugendlichen auf das S.t.e.p.-Training vorbereitet werden und je mehr die Ergebnisse und Erfahrungen des Trainings im anschließenden Schulalltag zum Tragen kommen, desto größer ist der Gewinn für die Klassengemeinschaft und für jeden Einzelnen.

Um umfassend zu informieren, findet im Vorfeld ein verbindliches Gespräch mit den verantwortlichen Lehrkräften statt, bei dem die Klassensituation besprochen sowie ein mögliches Schwerpunktthema oder ein Ziel für das S.t.e.p.-Training gewählt wird. Wichtig ist, dass die Lehrkraft vollständig am Projekt teilnimmt und ihre Sichtweise einbringt. In den Übungen haben sie z.B. die Aufgabe, die Gruppe bei der Lösung zu beobachten, um bei der anschließenden Auswertung den Mädchen und Jungen gezielt Feedback geben zu können. Eine enge Zusammenarbeit ist von großer Bedeutung, damit im Anschluss an das S.t.e.p.-Training die Ergebnisse im Unterricht weiter genutzt werden können. In diesem Sinne können individuelle Absprachen mit der Schule über eine die Jahrgangsstufen übergreifende Konzeption für ein Komplettprogramm vorteilhaft sein, um Kontinuität zu gewährleisten. Dabei ist unbedingt darauf zu achten, dass die Eltern umfassend informiert und möglichst als Unterstützer einbezogen werden.

Besonderer Tipp: Erlebnispädagogik

S.t.e.p.-Trainings setzen auf die erlebnis- und neugierbetonte Art des Lernens und Arbeitens in Gruppen. Auf diese Weise ist effizientes Lernen bei Kindern und Jugendlichen am besten möglich. In einer geschützten Umgebung werden sie in eine nicht alltägliche intensive Erlebnissituation versetzt. Die hier gemachten Erfahrungen zeigen den Jugendlichen ihren persönlichen Anteil und den der anderen an gelingender Kooperation. Sie werden sich bewusst, was es bedeutet, vertrauenswürdig zu sein und vertrauen zu können. Diese grundlegenden sozialen und persönlichen Kompetenzen sind wesentliche

Bestandteile der heutigen Berufswelt. Das Training zeichnet sich dadurch aus, dass alle Sinne angesprochen, soziale Kompetenzen gefordert und gefördert sowie intensive Erfahrungen durch eigenes Erleben vermittelt werden. Die Übertragung auf den Alltag in Schule und Arbeitswelt wird somit erleichtert.

Ausgebildete und qualifizierte Trainer sind Voraussetzung für ein erfolgreiches Programm. Mit einer pädagogischen Ausbildung und einem Lehrberuf können die Trainer sowohl auf gruppendynamische Prozesse und persönliche Entwicklung eingehen wie auch Erfahrungen aus der Berufswelt einbringen. Paritätische Besetzung, Fachlichkeit in Gruppendynamik, Berufsorientierung, Beziehungs- und Beratungskompetenz sind erforderlich.

Zeitplan für das S.t.e.p.-Training

	Vormittag	Nachmittag	Abend
Mo	*Seminarstart* • Teilnehmer und Leitung stellen sich vor • Programm • Vereinbarungen • Ziele • Wochenübersicht	*Vertrauen & Kooperation* Über Kooperationsübungen erkennen die Jugendlichen ihre eigenen Anteile an der Entwicklung von Vertrauen und Kooperation. Sie schärfen ihr Bewusstsein über soziale und persönliche Kompetenzen.	*Der ideale Azubi* Was macht den idealen Auszubildenden aus? Die Jugendlichen entwickeln ein Bild im Abgleich zum Bild des Auszubildenden der IHKs und der Agentur für Arbeit.
Di	*Kommunikation* Aufbauend auf den Ergebnissen des Vortags aus der Einheit „Vertrauen & Kooperation" gilt es, diese deutlich in Gesprächen zu formulieren. Input und einfache Übungen zum Thema unterstützen die Arbeit.	*Kommunikation & Kooperation* Gruppen und Teams als Arbeitsform sind weit verbreitet. Auch hier muss ein Jugendlicher sich kommunikativ einbringen können. Dies wird mit unterschiedlichen Problemlöseaufgaben simuliert und ausgewertet.	*Steps des Tages* Überprüfung des Lern- und Tageserfolges: Welche sozialen/ persönlichen Fähigkeiten kenne ich von mir? Welche möchte ich weiterentwickeln?
Mi	*Körpersprache* Nicht nur verbal, sondern auch nonverbal kommuniziert der Schüler im Bewerbungsgespräch. Inputs und einfache Übungen zum Thema trainieren das nonverbale Verhalten im Bewerbungsgespräch.	*Präsentation im Vorstellungsgespräch* Dies wird nun praktisch überprüft. Nach einem Input zu Lampenfieber hat jeder Teilnehmer ein kurzes Bewerbungsgespräch mit Videoanalyse.	*Steps des Tages* Überprüfung des Lern- und Tageserfolges: Was habe ich erkannt über mich und meine kommunikativen Fähigkeiten?

	Vormittag	**Nachmittag**	**Abend**
Do	*Workshops* Ruhiger, meditativer Einstieg, z.B. mit einer „Traumreise", mit dem Ziel, sich der eigenen Stärken bewusst zu werden. → Die ersten Schritte zur Erarbeitung des Kompetenz-Checks werden in Einzel- und Gruppenarbeit gemacht.	*Feedbackgespräche zur Traumreise und den eigenen Stärken* - - - - - - - - - - - - - - - - - - Bewerbungstests und selbstorganisiertes Lernen im PC-Raum - - - - - - - - - - - - - - - - - - Workshop mit Lehrkraft, z.B. zu Lebenslauf, Bewerbungsanschreiben, ...	*Wie gehts weiter?* Vorstellung des Arbeitsamtes und seiner Angebote. Überleitung zum weiteren Prozess der Berufsorientierung *Steps des Tages* Überprüfung des Lern- und Tageserfolgs: Welche Stärken kann ich einbringen?
Fr	*Bewerbungstraining* • Vor der Bewerbung: Anschreiben, Lebenslauf, Foto, Infos, Motivation • Vorbereitung des Gesprächs: Worauf kommt es an? • Realistische Bewerbungssituation: exemplarisches Gespräch mit einem Firmenvertreter	*Ende des S.t.e.p.-Trainings*	

Praktika nach P.l.a.n.

Praxis

lernen

auswerten

nachweisen

Betriebliche Praktika sollen sich systematisch in die Berufsorientierung einpassen und die Bewerbung um Ausbildungsplätze erleichtern. Dazu dienen unterstützende Maßnahmen: Standards für den Einstieg, Auswertung und Dokumentation der geleisteten Praktika.

P.l.a.n. ist in enger Zusammenarbeit entstanden mit

- der vom Bayerischen Staatsministerium für Unterricht und Kultus sowie den Spitzenverbänden der bayerischen Wirtschaft und der Bundesagentur für Arbeit geförderten Online-Praktikumsvermittlung www.sprungbrett-bayern.de

- den IsarWinklerWerkstätten, der Trägerin des St.a.r.K.-Programms (vgl. Leitfadenbaustein St.a.r.K.), die ihre besonderen Erfahrungen in der Begleitung von Jugendlichen mit mäßigen Zeugnisnoten oder anderen Einstiegshemmnissen beigetragen hat. Für sie haben Praktika eine besonders große, oft sogar entscheidende Bedeutung bei der Vorbereitung auf eine Ausbildung.

Beratend begleitet wurde die Entwicklung von P.l.a.n. von der Bundesagentur für Arbeit, dem Bezirk Rosenheim, der IHK und der Handwerkskammer.

Der entwickelte Praktikumsleitfaden P.l.a.n. dient zur gezielten Praktikumsgestaltung für Lehrkräfte, Schüler, Ausbilder und Eltern und leistet einen wichtigen Beitrag zur nachhaltigen Berufsorientierung in der Region. Die Formularvorlagen und Erläuterungen der P.l.a.n.-Unterlagen (vgl. Leitfadenbaustein St.a.r.K.) sind wichtiger Bestandteil des Komplettangebotes T.O.P.

Begrüßenswert ist in diesem Zusammenhang ein **soziales Praktikum**. Auch ein permanentes ehrenamtliches Engagement in Jugendzentren, Kreisjugendringen, Vereinen, Wohlfahrtsverbänden oder kirchlichen Einrichtungen ist eine Option. In jedem Fall können Jugendliche praktische Erfahrungen sammeln: mit sozialem Verhalten und Verantwortungsbewusstsein sowie im Umgang mit anderen – gegebenenfalls hilfsbedürftigen – Menschen. Aussagekräftig dokumentiert, schmücken solche Praktika jede Bewerbungsmappe.

Finanzierung: verschiedene Geldgeber nötig

Um das Programm umzusetzen, muss eine Personalstelle auf rund 1 Jahr mit steigender Stundenzahl für die aufbauende Kontakt- und Konzeptarbeit eingeplant werden. Nimmt das Programm volle Fahrt auf, sind zusätzlich ausgebildete Honorarkräfte erforderlich, um das T.O.P.-Programm durchzuführen.

Für den Start der Maßnahmen ist eine Anschubfinanzierung in Form von staatlichen Fördergeldern, z.B. von der Agentur für Arbeit, nötig. Teile des vorgestellten Projekts werden aus dem Europäischen Sozialfonds unter dem Titel „Wissen, wo's langgeht" gefördert. Auch Stiftungen und Fördervereine können beitragen.

Europäischer Sozialfonds

Außerdem sind Teilnahmegebühren – meist von den Eltern – zu entrichten, wobei der unterschiedlichen Finanzkraft der Familien Rechnung zu tragen ist. Denn möglichst alle Schülerinnen und Schüler einer Klasse sollen vom T.O.P.-Programm profitieren können. Als Unterstützer kommen Fördervereine der Schulen und Sponsoren in Frage.

In erster Linie bestimmt die Lobbyarbeit der Projektleitung den Erfolg des Projekts und bindet entsprechende zeitliche Ressourcen. Überdies muss der Projektträger räumliche und materielle Ressourcen bereitstellen, so

- eine voll ausgestattete außerschulische Bildungseinrichtung,
- mehrere Innenräume für die Seminararbeit,
- mehrere internetfähige Rechner,
- moderne Medienausstattung (Digi-Camcorder, Beamer),
- Übernachtungsmöglichkeiten mit Vollverpflegung für ganze Schulklassen,
- Outdoorbereiche für erlebnispädagogische Übungen,
- Bürokapazitäten für Organisation und Verwaltung.

Zusätzliche Informationsmaterialien werden u.a. von der Agentur für Arbeit („Berufe aktuell") und Krankenkassen kostenfrei zur Verfügung gestellt.

Checkliste: Wie sich der Erfolg messen lässt

Nicht alles ist in Kennzahlen zu fassen. Ebenso wichtig sind die Kommentare und Reaktionen wichtiger Partner, insbesondere der Schulen und der Geldgeber.

Kategorie	Indikatoren
Schulamt ist integriert	Schulrat unterstützt Programm ideell und sorgt für Lobbyarbeit in Rektorenkonferenz, Landratsamt und Kultusministerium
Best-Practice-Schule	Mit einem engen Schulpartner werden Produkte entwickelt, getestet
Schulen unterstützen	Mind. 3 Schulen unterstützen die Entwicklung aktiv durch Direktorat und Ansprechpartner (Kontaktlehrer, …)
„Wiederkommer"	Nach erfolgreichen Seminaren bucht die Schule erneut, Integration des Programms in den Schulablauf
Pressearbeit	Mindestens einmal pro Quartal positive Berichterstattung in Lokalpresse

Jugendliche	Rückmeldung im Seminar durch Jugendliche, anschließend bei Nachgesprächen die positiven Rückmeldungen der Lehrer
Klassenleiter	Veränderung in der Klasse bemerkbar, realistischere Berufsvorstellungen, erhöhtes Engagement der Schüler, freies Sprechen in Referaten, Feedback geben danach, Gruppendynamik in der Klasse
Betriebe/Unternehmen	Das Programm ist bekannt, eine Marke hat sich etabliert, Programm ist Kriterium für Einstellung
Agentur für Arbeit	Beratung erleichtert, da Jugendliche bereits vororientiert sind, ihre Fähigkeiten kennen und darüber sprechen können

Die Netzwerkpartner

In der folgenden Übersicht sind die Partner des T.O.P.-Programms verzeichnet. Hinzu kommt ein weiterer Kreis von Fürsprechern und Förderern. Es sei erwähnt, dass in einem derartigen Netzwerk Dynamik völlig normal ist und Akteure kommen und gehen. In der Regel ist es vorteilhafter, wenige potente und engagierte Partner am Projekt zu beteiligen als aus Gründen der Vollständigkeit zahlreiche Unmotivierte. Wichtig bleibt dabei: Die Partnergruppen des „magischen Vierecks" (Schulen, Eltern, Betriebe, Kommunen) müssen ausreichend vertreten sein.

Besonderer Tipp: zentraler Ansprechpartner

Unter Marketinggesichtspunkten ist empfehlenswert, dass nicht immer neue Gesichter, sondern stets dieselbe Person die Ausbildungsoffensive mit dem T.O.P.-Programm in Wort und Bild nach außen vertritt. Sie steht mit ihrem Gesicht auf Flyern und Broschüren für das Angebot, tritt in entsprechenden Gremien auf und wirkt in den Seminaren aktiv mit. Dadurch ist in der Außenwahrnehmung für alle Beteiligten klar, dass immer vom gleichen Produkt die Rede ist. Das eine Gesicht ist

- Sympathieträger (natürlich mit „Verkaufstalent")
- Garant für die Kontinuität und Seriosität
- Ansprechpartner für alle Partner
- Vertrauensperson für die Trainingsteilnehmer
- verlässlicher Partner
- aktiver Mitarbeiter in Gremien

Auf Produktkarten und im Internet:
immer das gleiche Gesicht und wiederkehrende Aussagen.

Ausblick

Das T.O.P.-Programm lebt von der stetigen Entwicklung weiterer notwendiger Bausteine. Diese müssen sich der Schulentwicklung anpassen und passgenau für einzelne Schulen modifiziert und ergänzt werden. Durch den permanenten Austausch mit Schülern, Eltern, Lehrern, Rektoren, Ausbildungsbetrieben und Netzwerkpartnern entstehen neue Angebote der außerschulischen Jugendbildung im Bereich Berufsorientierung. Dies erfordert finanzielle Fördergelder der Kultusministerien, Arbeitsagenturen, Kommunen, Landkreise und anderer Unterstützer. In unserem Fall kann in dem Projekt „Wissen, wo's langgeht! – Die T.O.P.-Berufsorientierung" mit einer Förderung durch den Europäischen Sozialfonds ein Teil des T.O.P.-Programms nachhaltig weitergeführt werden. In Form von Kooperationsvereinbarungen mit den Schulen, Fördervereinen, Coaches, Agenturen und freien Trägern soll das Netzwerk in Zukunft auch nachweisbar für die Profilbildung der Schulen dargestellt werden. Der Bayerische Jugendring als Dachverband aller Jugendarbeit Bayerns reagiert ebenfalls durch die Bildung eines Expertennetzwerks zu dieser Thematik auf die strukturellen Veränderungen der Schullandschaft und stellt Förderprogramme für die Arbeit mit Schulen zur Verfügung. Jugendarbeit ist Bildungsarbeit – das haben die Partner erkannt und ziehen gemeinsam an einem Strang: T.O.P.-Berufsorientierung aus einem Guss.

Isabel Biegel, Jürgen Dillmann, Sibylle Groh,
Dorothee Karl, Jürgen Udwari

Vernetztes Arbeiten zur ganzheitlichen Förderung Jugendlicher

am Beispiel des Projektes „KÜM" in der Metropolregion Rhein-Neckar

Investment in die Bildung heißt investieren in die Selbstorganisation, in die Ausreifung der fachlichen und sozialen Kompetenz und in die Initialisierung des lebenslangen Lernens. Nur so reifen Menschen heran, die erfolgreich von der Schule in den Beruf übergehen und durch eine erfolgreiche Integration wichtige Träger des Sozialstaats werden. KÜM zeigt auf, wie dieses Vorhaben durch kontinuierliche, individuelle Begleitung und durch enge Netzwerkarbeit aller arbeitsmarktrelevanten Akteure an Hauptschulen und unabhängig von der kulturellen Herkunft ihrer Schüler gelebte Praxis werden kann.

Dr. Felix Gress
Geschäftsführer Metropolregion Rhein-Neckar GmbH

„Was ein Kind in den ersten Jahren verpasst, wird ihm zur lebenslangen Last" (SZ). Schon mit der Geburt beginnt die Ungleichheit (der Bildungschancen). Gleichwohl ist Schule weit mehr als nur Reparaturbetrieb sozialer Risiken. Freilich kann sie ihre Aufgabe, Schüler für das Leben und die Berufsausbildung vorzubereiten, nur in gesellschaftlichem Kontext erfüllen. Nur durch die Zusammenarbeit von Schule, Eltern, Ausbildungsbetrieben, Öffentlichkeit und Arbeitsagenturen kann Bildung zugleich Ausbildungsfähigkeit werden. Der Verdienst von KÜM ist nicht nur, dass es diese regionalen Netzwerke organisiert, sondern vor allem, dass es gerade die leistungsschwächeren Schüler kontinuierlich und systematisch fördert.

Otto-Werner Schade
Bundesagentur für Arbeit

Einleitung

Ein vernetztes Arbeiten ist notwendige Grundlage für die Realisierung einer ganzheitlichen Förderung Jugendlicher. Diese bedeutet zum einen die Einbeziehung der kognitiven, emotionalen (psychischen) und physischen Ebenen. Zum anderen gehört dazu auch die Arbeit an der persönlichen Selbsteinschätzung und realistischen Beurteilung der eigenen Leistung und Leistungsfähigkeit.

Am Beispiel des Projektes KÜM (Kooperatives Übergangsmanagement Schule – Beruf) soll der Ansatz einer ganzheitlichen, vernetzten Förderung von Jugendlichen dargestellt werden. KÜM wurde Ende des Jahres 2007 in der Metropolregion Rhein-Neckar ins Leben gerufen und befindet sich derzeit im zweiten Jahr der dreijährigen Pilotphase. Ziel des Projektes ist es, Hauptschüler erfolgreich zum Schulabschluss zu führen und ihnen danach einen direkten Anschluss in die Arbeitswelt zu ermöglichen. Die ganzheitliche Förderung wird dabei mit Hilfe eines Netzwerkes verwirklicht. Alle Projektbeteiligten, etwa die Schulen, Eltern, Lotsen, Berufsberater, Unternehmen, Kammern, Bildungsträger, Jugendberufshilfe, Ehrenamtliche usw. arbeiten intensiv an einer erfolgreichen Entwicklung der Jugendlichen. Die Schüler werden frühzeitig und kontinuierlich dabei unterstützt, sich ihrer Interessen, Talente und Berufschancen bewusst zu werden und diese zu entwickeln.

Auf den folgenden Seiten werden die theoretischen Grundlagen des ganzheitlichen Ansatzes erörtert. Dabei wird im Einzelnen auf die kognitive und die emotionale Entwicklung, auf die Selbst- und Fremdeinschätzung und auf die Physis eingegangen. Im Anschluss daran wird ein ganzheitliches und integratives Ausbildungsfähigkeitskonzept dargestellt.

1. Der ganzheitliche Ansatz in der Theorie

1.1 Kognitive und emotionale Entwicklung

Kognitive Entwicklung

Den Kognitionen, also den Informationsverarbeitungsprozessen des Individuums, kommt naturgemäß eine entscheidende Rolle bei der Entwicklung und Erhaltung der Lern- und Arbeitsfähigkeit zu. Diese Prozesse der Informationsverarbeitung müssen ständig weiterentwickelt werden. Zu einer produktiven Entwicklung der kognitiven Fähigkeiten gehören die Fähigkeiten zur Selektion von Informationen und die erfolgreiche Verarbeitung von Informationen.

Zur Gestaltung und Schaffung einer positiven Lernatmosphäre ist das Verständnis der kognitiven Informationsverarbeitungsprozesse von fundamentaler Bedeutung. Für die kognitive Leistungsfähigkeit eines Menschen ist die Art und Weise, wie ein Individuum Informationen verarbeitet und abspeichert – also Wissen generiert – von hoher Relevanz. Maßgeblich für die individuelle kognitive Leistungserbringung sind Entscheidungsfreiheit und Partizipation (vgl. West 2001).

Zur näheren Beschreibung der kognitiven Verarbeitungsprozesse wurde in der Gedächtnisforschung Ende der 60er-Jahre eine Theorie des Mehrspeichermodells entwickelt. In dieser Theorie werden drei Komponenten unterschieden: der sensorische Speicher, das Kurzzeitgedächtnis und das Langzeitgedächtnis (vgl. Atkinson/Shiffrin 1968).

Eintreffende Informationen gelangen über das sensorische Register in den Kurzzeitspeicher. An dieser Stelle wird entschieden, ob die eingetroffenen Inhalte von hinreichender Bedeutung sind, um weiterverarbeitet zu werden. Falls die Informationen vom Individuum als unwichtig beurteilt werden, werden die Informationen sofort wieder gelöscht. Liegt jedoch eine positive Einschätzung vor, gelangt der Lernstoff in den Langzeitspeicher, um dauerhaft gespeichert zu werden. Nur die als wesentlich erachteten Aspekte werden in das Langzeitgedächtnis überführt, während unwichtige Details aus dem Gesamtbild herausgefiltert werden.

Das Wissen um die Funktionsweise der menschlichen Informationsverarbeitung ist wichtig für die Art und Weise der Aufbereitung des Lernstoffes durch die Lehrer. Durch die richtige Aufbereitung können die Lern- und Speicherprozesse von Schülern aktiviert werden.

Der Selektionsvorgang verdeutlicht, dass die kognitive Verarbeitung immer ein individuelles Geschehen ist. Jeder Mensch nimmt eine Situation unterschiedlich wahr und ebenso kann die Beurteilung hinsichtlich der Bedeutung des Lernmaterials interindividuell stark abweichen. Auch die Frage, ob das neue Informationsmaterial an Bekanntes anschließen kann, zeigt, dass bereits abgespeicherte Informationen einen großen Einfluss auf den Speicherungsprozess haben. Die unterschiedliche Lernhistorie ist somit eine Hauptursache für interindividuelle Schwankungen. Ferner wird deutlich, dass Speicherprozesse nicht nur eine Anhäufung von Wissen sind, sondern in erster Linie die Organisation des Zugangs zu Informationen regeln (vgl. Ahrens 2004). Die Disposition des Menschen für gefühlsmäßige und unbewusste Denk- und Speichervorgänge ist somit abhängig von der jeweiligen Biographie, von den Verarbeitungsprozessen im Hippocampus, in dem permanent neue Vorstellungsbilder entfaltet und durch neue Lebenserfahrungen ergänzt werden. Positive Lernerfahrungen bewirken eine Förderung der Lernmotivation über die gesamte Lebensspanne hinweg.

Emotionale Entwicklung

Einen besonderen und hinsichtlich der Emotionen zentralen Bestandteil für junge Menschen stellt der Schulalltag dar. Emotionen sind gefühlte Wahrnehmungen. Positive Emotionen sind die Basis für emotionale Gelassenheit, für das genussvolle Erleben, für ein gutes Einfühlungsvermögen und Verständnis für andere sowie auch für die Möglichkeit, eigene negative oder destruktive Impulse zu kontrollieren. Implizit wird somit von Fähigkeiten ausgegangen, die dem Konstrukt der emotionalen Intelligenz zuzuordnen sind (vgl. Salovey/Mayer 1990; Goleman 2000). Als stetige Begleiter des Denkens und Handelns bilden Emotionen die Grundlage des Erlebens und beziehen sich auf sämtliche Lebenssphären (vgl. Goller 1992). Gefühle der Freude oder der Angst lassen sich nicht ausschließlich spezifischen Lebensbereichen zuordnen, vielmehr handelt es sich dabei um allgegenwärtige Phänomene. Durch sie erfolgt die zeitliche Strukturierung im Leben der Schüler und sie hat insgesamt einen großen Anteil am Alltag der Heranwachsenden. Aufgrund dieser Bedeutung und Betroffenheit für den Einzelnen scheint es infolgedessen überaus wichtig, sich auf die Bedeutung emotionalen Erlebens in der Schulzeit zu konzentrieren. Die subjektive Empfindung im Schulleben ist zweifelsfrei sehr unterschiedlich und daraus resultieren positive und negative Folgewirkungen für das weitere Leben.

Bei der so genannten alltäglichen Form der Emotionsentstehung sind die beiden Faktoren physiologische Erregung und Kognition vollständig miteinander verwoben. Durch eine unspezifische Erregung, die mit einer simultanen kognitiven Interpretation des auslösenden Ereignisses einhergeht, wird ein Gefühl hervorgerufen. Eine durch die physiologische Erregung verursachte Erregungsempfindung (die wahrgenommene Erregung) wird auf die Einschätzung der Situation zurückgeführt (Attribution von Erregung auf eine emotionale Einschätzung). Eine vom Individuum als gefährlich eingeschätzte Situation kann als Erregung Furcht zur Folge haben (vgl. Sokolowski 2002).

Eine nicht alltägliche Form der Emotionsentstehung liegt nach Schachter dann vor, wenn sich eine Person in einem Zustand physiologischer Erregung befindet, für die es keine unmittelbare Erklärung gibt. Dennoch verspürt die erregte Person das Bedürfnis, ihre körperlichen Empfindungen zu verstehen und zu benennen. Dieses bewirkt eine Suche in der Umwelt bzw. Situation nach den Ursachen der Erregung. Ist eine Ursache gefunden und führt die Person ihre zunächst unerklärte Erregung auf diese Ursache zurück, so ist die Art und Weise des emotionalen Erlebens von der individuellen Einschätzung und Attribution und somit von kognitiven Prozessen abhängig.

Transferiert man die Theorien der Emotionsentstehung auf den Schulalltag, so sind auch die „Schulemotionen" als Gefühle anzusehen, die eng mit dem Erleben, Wahrnehmen und Bewerten von schulischer Arbeit, Schule und Schulalltag verbunden sind. Affektive, schulbezogene Erfahrungen führen zu kognitiven, emotionalen, physiologischen und verhaltensbezogenen Veränderungen und können

- unterschiedliche Gefühle der Erregung oder der Lust bzw. Unlust bewirken,
- kognitive Prozesse, z.B. emotional relevante Wahrnehmungseffekte, Bewertungen und Klassifikationsprozesse enthalten,
- physiologische Anpassungen an die erregungsauslösenden Bedingungen in Gang setzen,
- zu arbeitsbezogenem Verhalten führen, welches häufig expressiv, zielgerichtet und adaptiv ist (vgl. Brehm 2001).

Eine hohe Bedeutung kommt in diesem Sinne den sozialen Prozessen im Schulalltag zu, die ohne die Beteiligung von Emotionen undenkbar sind: Freude an der Tätigkeit oder ein gewisser Stolz in Verbindung mit den Lernergebnissen wie auch in manchen Situationen (etwa Prüfungen) sicherlich auch Anspannung und Stress. Die Abhängigkeit des emotionalen Empfindens vom sozialen Umfeld soll beispielhaft anhand der Emotionen Freude und Stolz aufgezeigt werden.

Freude wird als angenehmes, warmes, offenes Gefühl des Wohlseins empfunden. Ursachen können ein gelungenes Arbeits- oder Lernergebnis oder ein Lob von einem Lehrer oder einer anderen relevanten Person sein. Gleichzeitig kann Freude auch im Hintergrund des Erlebens wahrnehmungs- und handlungsbegleitend auftreten (vgl. Ulich/Mayring 1992). Typische gestalterische Maßnahmen sind Tätigkeiten, die kreatives Denken und Problemlösen sowie selbständiges und selbstverantwortliches Handeln erfordern, jedoch immer unter der Betrachtung des personenspezifischen Interesses.

Der Stolz beschreibt ein bewusst erlebtes, gehobenes Selbstwertgefühl, also ein Gefühl der eigenen Wertigkeit. Während Stolz als Voraussetzung für Selbstsicherheit und aufrechte Haltung zu sehen ist, ist fehlender Stolz die Ursache für starke Minderwertigkeitsgefühle und kann vielfältige psychische Befindensstörungen nach sich ziehen. Gerade in der Phase des Übergangs von der Schul- in die Arbeitswelt ist Stolz eine wichtige Determinante für die weitere Entwicklung und Lebensgestaltung. Für die in dieser Phase entscheidend entwickelte Leistungsbereitschaft relevant sind vor allem Untersuchungen zum Zusammenhang zwischen Stolz und Leistungsmotivation (z.B. Schützwohl 1991). Der Stolz auf die eigene Leistung wird als leistungsförderlich angesehen, da die Antizipation von Stolz als Anreiz wirkt, leistungsbezogenes Handeln aufzunehmen. Zwar ist das konkrete Empfinden von Stolz wie bei den meisten Emotionen von relativ kurzer zeitlicher Dauer, jedoch zeigt sich die große nachhaltige Relevanz zum einen durch die kognitive Speicherung des Stolz erzeugenden Ereignisses, das immer wieder abgerufen werden kann, durch die Generalisierbarkeit des Gefühls Stolz auf die eigene Leistung als Ganzes und zum anderen durch die dauerhafte Erhöhung der Selbstsicherheit (vgl. Frese 1990).

Selbstvertrauen und Selbstsicherheit sind als Garant dafür anzusehen, dass Jugendliche spätere kritische Lebenssituationen erfolgreich meistern können und sich eigeninitiativ nach Lernchancen umsehen.

1.2 Wahrnehmung und Gesundheit

Selbst- und Fremdeinschätzung

Nach Bourdieu ist die Wahrnehmung eine wichtige Aktion des Individuums in der Findung, Überprüfung und ggf. Modifizierung der eigenen sozialen Rolle. Seiner Auffassung nach ist dieser Habitus der „Erzeugungsmodus der Praxisformen", d.h. der Mensch als sozialer Akteur ist mit systematisch strukturierten Anlagen ausgestattet, die für die Praxis konstitutiv sind. Somit ist der Mensch ein gesellschaftlich prägender und geprägter Akteur. Der Habitus gewährleistet aktive und unbewusste Präsenz früherer Erfahrungen.

Nach Harter (1990) bewerten sich Menschen hinsichtlich ihrer kognitiven Fähigkeiten, der körperlichen Fähigkeiten, der Akzeptanz von Menschen, die ihnen wichtig sind, und hinsichtlich der sozialen Akzeptanz (Benehmen, Moral, Humor, Verantwortung). Je größer die Diskrepanz zwischen dem Erreichten und dem Ideal ist, umso geringer ist das daraus resultierende Selbstwertgefühl der betroffenen Person. Die Qualität des Selbstwertgefühls ist fundamental wichtig für die persönliche Entwicklung, die Stabilität und für die Bewältigung von Herausforderungen. Bereits im Schulalltag stellt ein starkes Selbstkonzept eine protektive Ressource dar, da die Anforderungen damit als Herausforderung eingeschätzt und mit Erfolgszuversicht bearbeitet werden können sowie die Problembewältigung als eine Bestätigung bzw. Stärkung der positiven Selbsteinschätzung erlebt wird. Demgegenüber sind selbstkonzeptschwache Schüler besonders vulnerabel, da sie nur geringe Kompetenzerwartungen haben, zu Versagensängsten neigen und sich für Misserfolg stärker verantwortlich fühlen als für Erfolg. Diese Erlebensunterschiede führen zu leistungsrelevanten Differenzierungen in der Informationsverarbeitung und dem Verhalten (vgl. Jerusalem 1991; Meyer 1994). Ein geringes Selbstkonzept kann angesichts neuer Aufgaben zu einer Unterschätzung eigener Leistungsfähigkeiten und auch der eigenen Leistungsergebnisse führen, während ein hohes Selbstkonzept eher mit einer leichten Überschätzung einhergeht.

In verschiedenen Untersuchungen (vgl. Tisdale 1993) konnte zudem gezeigt werden, dass durch ein Training mit Selbstreflexionstechniken eine Verbesserung der eigenständigen Verhaltensorganisation, eine Erhöhung der Handlungsflexibilität und ein verbesserter Transfer von Problemlösefähigkeiten erzielt werden kann. Durch die parallel stattfindenden Reflexionsvorgänge kann ein differenzierteres und realistischeres Selbstwertkonzept erarbeitet werden. Gerade in der Phase, in der sich das Selbstkonzept der Jugendlichen im Wandel befindet und sich allmählich manifestiert, liegt in der Unterstützung der Jugendlichen bei einer realistischen Selbsteinschätzung eine große Chance. Hier sind diagnostische Verfahren nötig.

Physis

Fundamentale Voraussetzung für jede Art der Entwicklung ist die Gesundheit des Betroffenen. Gesundheitliche Potenziale und Prozesse müssen bei allen Maßnahmen berücksichtigt werden.

1.3 Ein ganzheitliches integratives Konzept

Für die erfolgreiche und nachhaltige Förderung der allgemeinen Entwicklung und Ausbildungsfähigkeit der Jugendlichen ist ein ganzheitliches, integratives Ausbildungsfähigkeitskonzept notwendig (vgl. Abb.). Individuelle Entwicklungen und Einflussmöglichkeiten von externen Einflussfaktoren müssen getrennt betrachtet werden, um die Möglichkeiten der Einflussnahme auf den Entwicklungsprozess aufzuzeigen.

Die ganzheitliche Darstellung des Individuums erfolgt anhand der bereits dargestellten Dimensionen Emotionen, Gesundheit und Kognitionen (siehe oben). Der Einfluss von externen und internen Bewertungsprozessen führt zu einer Subjektivierung der objektiv vorhandenen Leistungspotenziale. Dieses kann zum Teil erklären, warum Mitarbeiter Leistungen zeigen, die unterhalb oder oberhalb ihrer eigentlichen Möglichkeiten liegen. Durch die Unterscheidung zwischen potenzieller und tatsächlicher Ausbildungsfähigkeit soll die Bedeutung der externen Einflussnahme auf die individuelle Entwicklung zum Ausdruck gebracht werden. Die tatsächlich erbrachte Leistung ist das Resultat eines sehr komplexen Bedingungsgefüges vieler Einflussfaktoren.

Durch die tatsächlich erbrachten Leistungen (zum Beispiel Aufgabenerfüllungen und gute Noten) und die wahrgenommenen Konsequenzen, die sich aus der Leistung ergeben, werden wiederum Reflexionen ausgelöst, die die bereits genannten Einflussgrößen verändern oder stabilisieren können. Das Konzept soll deutlich machen, dass individuumszentrierte Vorgehensweisen notwendig sind. Unter Beachtung dieser Wechselwirkungen soll eine nachhaltige Unterstützung der wichtigsten Persönlichkeitsmerkmale für die Ausbildungs- und Leistungsfähigkeit Jugendlicher erreicht werden. Die Bundesagentur für Arbeit versteht darunter unter anderem:

- einen altersgerechten Entwicklungsstand
- Durchhaltevermögen und Frustrationstoleranz
- Konflikt- und Kritikfähigkeit
- Leistungsbereitschaft
- Selbstorganisation und Selbstständigkeit
- Teamfähigkeit
- Verantwortungsbewusstsein
- Umgangsformen und Zuverlässigkeit
- Selbsteinschätzungs- und Informationskompetenz

(Bundesagentur für Arbeit 2008)

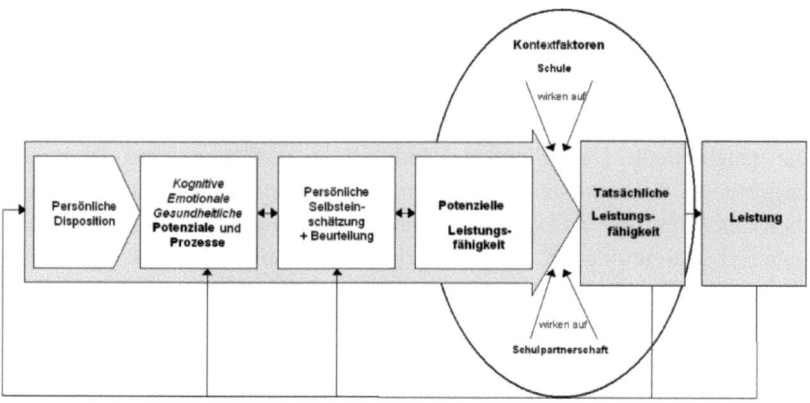

Abb.: ganzheitliches, integratives Konzept

Im folgenden Kapitel wird zunächst die Notwendigkeit des ganzheitlichen Ansatzes in der Praxis aufgezeigt. Das Kapitel schließt mit einer ausführlichen Darstellung des Pilotprojektes Kooperatives Übergangsmanagement Schule – Beruf (KÜM) in der Metropolregion Rhein-Neckar.

2. Der ganzheitliche Ansatz in der Praxis

2.1 Integrationsthematik

Einer ganzheitlichen Betrachtung der individuellen Entwicklung des Jugendlichen sowie des Übergangs von der Schule in die Ausbildung kommt zunehmend mehr Aufmerksamkeit durch Politik, Forschung und nicht zuletzt auch durch die Öffentlichkeit zu. Im Zentrum des Problembewusstseins stehen insbesondere Jugendliche mit und ohne Hauptschulabschluss, wie auch der Nationale Bildungsbericht 2008 betont:

> *Die Probleme des Übergangssystems an der Schwelle vom Sekundarbereich I zur beruflichen Ausbildung sind vor allem Probleme der Jugendlichen mit und ohne Hauptschulabschluss (...). Die Einmün-*

dungsprozesse dauern relativ lange und sind für größere Anteile von Jugendlichen selbst anderthalb Jahre nach Schulende noch immer nicht von Erfolg gekrönt. (...) Die Phase des Übergangs in eine Ausbildung hat sich für Jugendliche mit und ohne Hauptschulabschluss besonders stark ausgedehnt und verzögert für die Mehrheit dieser Jugendlichen den Eintritt in Beschäftigung bis über das 20. Lebensjahr hinaus.
(Autorengruppe Bildungsberichterstattung 2008, S. 164–165)

Um gleichzeitig Handlungsfelder näher zu definieren und die entsprechenden Lösungsansätze zu identifizieren, ist eine grundlegende Analyse der Ausbildungssituation in Deutschland geboten. Der Berufsbildungsbericht 2009 bilanziert zum 30.09.2008 616.200 neu abgeschlossene Ausbildungsverträge, also 1,5 % weniger als im Vorjahr. Aufgrund des demografisch bedingten Schülerrückganges sind jedoch die Ausbildungschancen absolut nicht schlechter geworden. Im Zeitraum vom 1. Oktober 2007 bis 30. September 2008 haben 16 % weniger Bewerber die Ausbildungsvermittlung der Agenturen für Arbeit in Anspruch genommen. Eine Erklärung für diesen Rückgang ist, dass das Berufswahlverhalten Jugendlicher stärker als bisher durch die Medien beeinflusst wird. So spielt die Ausbildungsplatzsuche mittels Internet eine immer stärkere Rolle. Bundesweit nutzen 82 % aller Jugendlichen diese Möglichkeit. Bei den Hauptschulabsolventen sind es jedoch lediglich 57,8 % (Schank 2008, S. 19).

Neben der Stellensuche werden im Netz auch gerne Berufswahltests durchgeführt. Zudem besteht die Möglichkeit, an web-basierten Tests der Arbeitsagenturen, Versicherungen, Banken etc. teilzunehmen. Oftmals verunsichern die Testergebnisse die Nutzer mehr als sie ihnen nützen. Weil sie ohne flankierende, persönliche Betreuung durchgeführt werden, vermögen die Tests nur bedingt das zu halten, was sie oftmals versprechen, und zwar das Lösen ganz individueller (Berufswahl-)Probleme (vgl. Bergzog 2008, S. 31).

Bezogen auf die Aufgabenstellung von KÜM gilt es hier u.a., die Kompetenzen der Internetnutzung bei den Schülern weiter zu steigern, damit diese im Wettbewerb mit anderen Absolventen Schritt halten können und nicht weiter an Boden verlieren. Das Internet und die unterschiedlichsten Testverfahren vermögen nicht die praktische Orientierung und das persönliche Gespräch zu ersetzen. Hier nutzen die KÜM-Lotsen ihre Chance der individuellen Betreuung (Hilfe bei Bewerbungen, Coaching etc.) und intensiven Fürsorge – ein Alleinstellungsmerkmal aller am Projekt beteiligten Schulen.

Der Berufsbildungsbericht bilanziert weiter, dass Ende September 2008 den gemeldeten 19.507 unbesetzten Plätzen 14.479 unversorgte Bewerber gegenüberstanden. Unabhängig von den Vermittlungserfolgen in Ausbildung in der sogenannten Nachvermittlungszeit bis Ende des Jahres 2008 greifen die unterschiedlichsten Alternativangebote der Agenturen für Arbeit bei denen, die auf dem ersten Ausbildungsmarkt nichts gefunden haben.[1]

Mit Blick in die Zukunft ist bei allen Integrationsbemühungen davon auszugehen, dass der Sicherung des Fachkräftenachwuchses erste Priorität einzuräumen ist. In diesem Zusammenhang ist die KÜM-Zielsetzung wichtig, den Anteil der Jugendlichen, die die Schule ohne Abschluss verlassen, „innerhalb von 5 Jahren zu halbieren". Wenn man bedenkt, dass nach dem Berufsbildungsbericht 2009 81,5 % der jugendlichen Hauptschüler großes Interesse an einer Vollqualifizierung zeigen, sich darunter 76,9 % eine betriebliche Ausbildung wünschen, muss es ein Kernziel der Partner „Lehrer" im KÜM-Projekt sein, mitzuhelfen den Anteil der Schüler ohne Abschluss signifikant zu senken.

Um den Berufswunsch betriebliche Ausbildung realisieren zu können, müssen die Hauptschüler gute Noten vorweisen. Neben den von der Wirtschaft bemängelten Bewerberdefiziten (Deutsch und Mathematik) gewinnen zunehmend die sogenannten Soft Skills (Konfliktfähigkeit, Pünktlichkeit, Belastbarkeit, Teamfähigkeit) und Umgangsformen an Bedeutung. Eine wertvolle Ergänzung zu den nicht immer optimalen schulischen Qualifikationsprofilen sind die Praktika. Hier kann ggf. der theoretisch Schwache bei seinem potenziellen Ausbildungsbetrieb in der praktischen Arbeit Punkte gutmachen. Flankierend müssen die Bewerbungsstrategien auf die Bedarfe der Betriebe zugeschnitten und mit den Leistungsprofilen der Stellensuchenden abgestimmt sein. Nicht zu unterschätzen ist dabei die geschlechtsspezifische Komponente. Weibliche Bewerber schreiben im Schnitt deutlich mehr Be-

---

1   Einen entsprechenden Überblick dieser Maßnahmen findet man unter: www.arbeitsagentur.de.

werbungen und benötigen mehr Praktika und Vorstellungsgespräche bis zum Berufseintritt. Generell gilt, dass Bewerberinnen größere Übergangsschwierigkeiten als ihre männlichen Mitbewerber haben (vgl. Schank 2008), obwohl das Leistungsniveau der Bewerberinnen oftmals besser ist als das der männlichen Konkurrenten.

Trotz der Tatsache, dass die autoritäre Distanz zu den Eltern größer wird, stellen insbesondere die Elterngespräche einen wichtigen Einfluss auf die berufliche Einmündung dar. 51,2 % der Ausbildungsplatzsuchenden mit eher geringeren Bildungsabschlüssen (gegenüber 31,5 % mit höherem Abschluss) haben in diesem Prozess Verwandte/Bekannte und Freunde um Hilfe gebeten. Im Übergangsmanagement spielen neben den Vermittlungsaktivitäten der Arbeitsagenturen vor allem die eigenen sozialen Kontakte und Netzwerke eine wichtige Rolle. Ebenso ist der Stellenwert des Familien-, Freundes- und Bekanntenkreises als Ratgeber und Türöffner nicht zu unterschätzen. Viele Ausbildungsverhältnisse kommen so auf informellem Wege zustande. Fazit: je niedriger der Schulabschluss, desto höher die Einschaltung des bekannten Umfeldes und umso wichtiger werden persönliche Netzwerke und Beziehungen.

2.1.1 Konsequenzen für die KÜM-Praxis

1. Verbesserung der schulischen Vorbildung der Jugendlichen und Verringerung der Quote derjenigen, die die Schule ohne Abschluss verlassen (Handlungsfeld Lehrer)

2. Kompetenzerweiterung bei den Schülern betr. Internetnutzung bezüglich Testhandling und Stellensuche (Handlungsfeld Lehrer)

3. Intensivbetreuung im gesamten Bewerbungs- und Integrationsverfahren durch Lehrer, Lotsen und Berufsberater

4. Stärkere Beachtung der sozialen Kontakte und Netzwerke im Übergangsmanagement (Lehrer/Lotsen)

5. Verstärkung informeller Suchwege nach Praktikums- und Ausbildungsstellen über vorhandene oder zu eröffnende Beziehungen

2.2 Kooperatives Übergangsmanagement Schule – Beruf (KÜM)

In Anbetracht dieser aktuellen Herausforderungen und der erfolgskritischen Merkmale für den Übergang von der Schule in den Beruf wurde im Rahmen des Netzwerks „Vitaler Arbeitsmarkt" in der Metropolregion Rhein-Neckar (MRN) das Projekt KÜM entwickelt – das Kooperative Übergangsmanagement von der Schule in den Beruf. KÜM ist das deutschlandweit umfassendste Modell zum erfolgreichen Übergang von der Hauptschule ins Berufsleben – beteiligt sind drei Bundesländer (Baden-Württemberg, Hessen und Rheinland-Pfalz), 15 Hauptschulen, 32 Lotsen und rund 2.200 Schüler. Um das Ziel des Projektes – Jugendliche auf dem Weg zum erfolgreichen Hauptschulabschluss zu begleiten und danach einen direkten Übergang in die Arbeitswelt zu ermöglichen – zu erreichen, setzt KÜM bereits ab der siebten Klasse an. Gelingen soll der erfolgreiche Übergang durch die gesteuerte Zusammenarbeit in einem Netzwerk von Schule, Bundesagentur für Arbeit, Land, Wirtschaft und Träger. Finanziert wird das Modell zur einen Hälfte von der Bundesagentur für Arbeit, zur anderen Hälfte – in Form von Lehrerdeputatsstunden – von den Ministerien der beteiligten Länder.

Durch KÜM werden lokale Schulpartnerschaften aufgebaut oder bestehende gestärkt. Alle Akteure – etwa die Schulleiter, die Lotsen, die Berufsberater, die Elternvertreter, die Unternehmen, die Bildungsträger, die IHKs, die HWKs und die Ehrenamtlichen – stimmen sich gemeinsam ab und unterstützen die Entwicklung der Schüler im Sinne eines erfolgreichen Übergangs in den Beruf. Die enge Vernetzung der Akteure in der Metropolregion hat bereits gezeigt, dass z.B. Unternehmen zusätzliche Praktikumsplätze anbieten und Informationsveranstaltungen und Schulungen für ein erfolgreiches Bewerbungsverfahren anbieten. Die Akteure unterstützen die Jugendlichen je nach Bedarf – personell, materiell und informell. Zum Beispiel werden Änderungen auf dem Ausbildungsmarkt direkt an das KÜM-Team gemeldet und zentral an alle Schulen gestreut. Unterstützungen oder Maßnahmen folgen dem ganzheitlichen Prinzip und dienen der kognitiven, der psychischen und physischen Entwicklung der Jugendlichen.

Die *Schule* ist selbstverständlich der zentrale Dreh- und Angelpunkt für die ganzheitliche Betreuung der Schüler. Hier kommen alle zentralen Akteure zusammen. Die Schulleitung und die Lehrkräfte koordinieren mit der Unterstützung der KÜM-Lotsen und der Berufsberater die Berufsorientierung der Schüler. Außerdem sorgen sie für die Gesamtsteuerung und Koordination der lokalen Schulpartnerschaft und gewährleisten so den Informationsfluss im KÜM-Prozess.

An der Schule findet – eingebettet in den Schulalltag und zusätzlich zu den Leistungen der Lehrer – eine kontinuierliche, individuelle Betreuung durch einen *KÜM-Lotsen* statt. Dieser Coach für die persönliche Entwicklung und die Berufsfindung unterstützt die Schüler in der Entwicklung der richtigen Berufswahl durch den Abgleich von Selbst- und Fremdeinschätzung. Eine internetbasierte Kompetenzanalyse, die dreiphasig ab der 7. Klasse einmal jährlich durchgeführt wird, dient als Diagnoseinstrument. Die Schüler werden befähigt, sich eigenverantwortlich mit der eigenen beruflichen Zukunft auseinanderzusetzen. Der Lotse koordiniert und mobilisiert das Netzwerk von Akteuren in der Schule je nach dem individuellen Bedarf der Schüler. So wird eine „Überflutung" von Maßnahmen vermieden. Der Lotse hat sein Büro in der jeweiligen Schule und ist immer für die Schüler erreichbar. Er wird von den Schülern als Vertrauensperson akzeptiert.

Die jeweiligen *Partnerunternehmen* der Schulen unterstützen die frühzeitige Praxis- und Anschlussorientierung der Jugendlichen. Sie gehen entweder eine mündliche oder eine schriftliche Kooperationsvereinbarung mit der Schule über eine Partnerschaft ein. Zentral ist dabei für das übergeordnete Ziel der Berufsorientierung die Bereitstellung von Praktikumsplätzen. Wie bereits oben beschrieben spielen diese eine ganz entscheidende Rolle in der Orientierungsphase der Jugendlichen hin zu einem konkreten Berufswunsch.

Durch die Unternehmen werden den Schülern direkte Einblicke in die Praxis ermöglicht. Diese Praxisorientierung leistet einen wertvollen Beitrag zur ganzheitlichen Förderung. Die kognitive Informationsverarbeitung kann verbessert werden, da durch den Praxisbezug für die Schüler die subjektiv wahrgenommene Relevanz des Lernstoffes erhöht werden kann. Idealerweise bekommen die Schüler so einen neuen Zugang zum Lernstoff des Schulalltags.

Die *Bundesagentur für Arbeit* (BA) mit ihren erfahrenen Berufsberatern fungiert als wichtiger Ratgeber und Vermittler und bringt ihr Know-how über den Arbeitsmarkt und die Anforderungen für einen erfolgreichen Berufseinstieg ein. Durch die Fachberatungen werden die Vorstellungen der Schüler in Einzelgesprächen differenziert und hinsichtlich der Realisierungschancen überprüft. Zwischen den Berufsberatern und den KÜM-Lotsen findet eine enge Kooperation statt.

Neben der schulischen Einflusssphäre spielen die *Eltern* ebenfalls eine wesentliche Rolle. Auch sie sollen selbstverständlich in die Entwicklung ihres Kindes einbezogen bleiben oder auch aktiviert werden. Sie müssen der Teilnahme ihrer Kinder am Projekt aktiv zustimmen. Auch über die einzelnen Maßnahmen, die Leistungsfähigkeit ihrer Kinder und deren berufliche Möglichkeiten und Chancen werden sie fortlaufend informiert. Integriert in diese enge und kooperative Zusammenarbeit mit den Akteuren der lokalen Schulpartnerschaft sollen die Eltern weiterhin wichtige Aufgaben ausüben (Bergzog 2008):

- Ausrichtung ihres Einflusses auf die Kinder an deren Interessen und Fähigkeiten
- Motivation der Kinder zur Durchführung freiwilliger Praktika
- Förderung von eigeninitiativem und eigenverantwortlichem Handeln der Kinder

Durch das *Monitoring* – eine zentrale Datenbank – werden alle relevanten Daten (Praktikumsberichte, Testzertifikate, Noten, Persönliches, Gesprächsnotizen etc.) und die Verbleibsstatistiken festgehalten. So gehen keine wichtigen Papiere für die Schüler verloren und es kann über alle Schulen einheitlich evaluiert werden. Dies sichert eine klare Vergleichbarkeit. Die Berufsorientierung und schulische Entwicklung eines jeden KÜM-Schülers werden in ihrer Gesamtheit ab Klasse 7 dokumentiert und fließen so in das individuelle

Coaching ein. Auf Basis all dieser Daten findet eine zielgerichtete und somit erfolgsorientierte Beratung statt.

3. KÜM – Praxiserfahrungen und Ausblick

Schon jetzt – nach einem Jahr Laufzeit – sind sich Schulleiter, Eltern, Berufsberater, Unternehmen und weitere Akteure sicher, bislang noch kein erfolgreicheres Projekt kennengelernt zu haben. Die Komplexität und Offenheit für zusätzliche, nötige Maßnahmen berücksichtigt und befriedigt die individuellen Bedarfe der Schüler. Durch die zentrale Koordination und Steuerung durch die Lotsen – wie auch durch das enge Vertrauensverhältnis zwischen Schülern und Lotsen – wird ein passgenaues Angebot ermöglicht und eine „Überfrachtung" mit zu vielen oder nicht relevanten Maßnahmen verhindert. So können die Jugendlichen durch eine ständige persönliche Begleitung auch in ihrer emotionalen Entwicklung (in der oftmals schwierigen Phase des Erwachsenwerdens) gestärkt werden, werden aber nicht durch unkoordinierte Einzelmaßnahmen überfordert.

Speziell aus Sicht der Schulleiter wurde beispielsweise wahrgenommen, dass der enge Kontakt zwischen Lehrern und KÜM-Lotsen Beratung effizienter werden lässt und die Berufsorientierung der Schüler spürbar verbessert. Ein weiterer positiver Effekt ist, dass Eltern gemeinsam mit ihren Kindern Termine bei den KÜM-Lotsen wahrnehmen und sich aktiver und realistischer in die Ausbildungsplatzsuche ihrer Kinder einbringen. Die Anzahl der freiwilligen Praktika steigt laut den Schulleitern durch KÜM stetig an, auch und vor allem in den Ferienzeiten.

Das Kooperative Übergangsmanagement KÜM versucht, möglichst viele externe Einflussfaktoren für eine ganzheitliche Entwicklung des Schülers zusammenzubringen und zu aktivieren. Verschiedene Akteure arbeiten zusammen, um eine erfolgreiche, ganzheitliche Berufsorientierung anbieten zu können und die Schulen mit diesem Thema nicht allein zu lassen.

Auch die Schüler selbst fühlen sich durch KÜM nicht alleingelassen. Dies zeigt eine Schülerbefragung im März 2009 bei 211 Schülern aus 13 KÜM-

Schulen. 201 der befragten Schüler äußern sich positiv zu KÜM, nur 10 Schüler haben eine neutrale oder indifferente Einschätzung zu KÜM. Mehr als 80 % der befragten Schüler geben an, dass sich bei ihnen durch KÜM etwas im Positiven verändert hat. Das Erkennen der eigenen Talente und Stärken, die Unterstützung bei der Erstellung der Bewerbungsunterlagen, der Suche nach einem Praktikums-/Ausbildungsplatz sowie der gute Rat in allen beruflichen und privaten Belangen werden dabei besonders häufig genannt.

Dies zeigt sehr deutlich, dass die Schüler im Mittelpunkt des Projektes KÜM stehen, denn der gelungene Schritt von der Schule in Ausbildung oder Beruf ist die entscheidende Weichenstellung für Jugendliche in ein eigenverantwortliches Berufsleben.

Literatur

Ahrens, D. (2004). Erfahrungsbasiertes Wissen und experimentelles Lernen: Die Macht „unscharfen Wissens". In K. Jenewein, P. Knauth & G. Zülch (Hrsg.): *Kompetenzentwicklung in Unternehmensprozessen.* Baden-Baden: Nomos Verlag, S. 373–383.

Atkinson, R.G. & Shiffrin, R.M. (1968). Human memory: A proposed system and its control processes. In K.W. Spence & J.T. Spence (Eds.): *The psychology of learning and motivation* Vol. 2. New York, NY: Academic Press, pp. 89–195.

Bergzog, T. (2008). Beruf fängt in der Schule an: Die Bedeutung von Schülerbetriebspraktika im Rahmen des Berufsorientierungsprozesses. In *Berichte zur beruflichen Bildung.* Bundesinstitut der Berufsbildung. Bielefeld: Bertelsmann.

Brehm, M. (2001). Emotionen in der Arbeitswelt. In *Arbeit* 3, Jg. 10, S. 205–218.

Bundesagentur für Arbeit (2008). *Kriterienkatalog zur Ausbildungsreife.*

Frese, M. (1990). Arbeit und Emotion – Ein Essay. In F. Frey & I. Udris (Hrsg.): *Das Bild der Arbeit.* Bern/Stuttgart/Toronto: Huber, S. 285–301.

Goleman, Daniel (2000). *EQ2. Der Erfolgsquotient.* München/Wien: Deutscher Taschenbuch Verlag.

Goller, Hans (1992). *Emotionspsychologie und Leib-Seele-Problem.* Stuttgart/Berlin/ Köln: Kohlhammer.

Harter, S. (1990). Causes, correlates, and the functional role of global self-worth: A life-span perspective. In R.J. Sternberg & J.Jr. Kolligan (Eds.): *Competence considered.* Yale University Press, New Haven, CT: Yale University Press, S. 67–97.

Jerusalem, M. (1991). *Allgemeine Selbstwirksamkeit und differentielle Streßprozesse.* In *Psychologische Beiträge* 33, S. 388–406.

Meyer, W.-U. (1994). *Das Konzept von der eigenen Begabung.* Bern: Huber.

Salovey, P. & Mayer, J.D. (1990). Emotional Intelligence. In *Imagination, Cognition and Personality* Vol. 9, pp. 185–211.

Schank, Ch. (2008). *Wege in die betriebliche Ausbildung. Wie Jugendliche ihren Ausbildungsbetrieb wählen.* Kassel: Verlag für wertorientierte Unternehmensführung.

Schützwohl, A. (1991). Determinanten von Stolz und Scham. Handlungsergebnis, Erfolgserwartung und Attribution. In *Zeitschrift für experimentelle und angewandte Psychologie*, Heft 1, Band 38, S. 76–93.

Sokolowski, K. (2002). Emotion. In W. Prinz & J. Müsseler (Hrsg.): *Allgemeine Psychologie.* Heidelberg: Spektrum Akademischer Verlag, S. 337–384.

Tisdale, T. (1993). Selbstreflexion und seine Bedeutung für die Handlungsregulation. In S. Strohschneider & R. v. d. Weth (Hrsg.): *Ja, mach nur einen Plan. Planen und Fehlschläge – Ursachen, Beispiele und Lösungen.* Bern: Huber.

Ulich, D. & Mayring, P. (1992): Psychologie der Emotionen. In H. Selg & D. Ulich (Hrsg.): *Grundriß der Psychologie* Band 5. Stuttgart/Berlin/Köln: Kohlhammer.

West, M.A. (2001). Management of Creativity and Innovation in Organizations. In N.J. Smelser & P.B. Baltes (eds.-in-chief): *International encyclopedia of the social & behavioural sciences.* Amsterdam, Paris, New York, Tokyo: Elsevier, pp. 2895–2900.

Elisabeth Buschmann

Berufswahlorientierung im Rhein-Erft-Kreis

Potentialcheck:
Potentiale entdecken – Zukunft gestalten

Gesellschaftlicher Wandel, extreme Arbeitsteilung und der Einsatz moderner Technologien haben zu tief greifenden Veränderungen auf dem Arbeitsmarkt geführt. Um die zukünftigen gesellschaftlichen Herausforderungen bewältigen zu können ist es daher auch von zentraler regionaler Bedeutung, dass alle Bürgerinnen und Bürger ihre Talente entdecken und entwickeln können und in ihrer Berufsentscheidung unterstützt werden. Die Gestaltung erfolgreicher Bildungsbiografien im Übergang von der Schule in den Beruf ist dabei in erster Linie hervorzuheben.

Aufgrund der Dysfunktionalität der Zuständigkeiten an der Schnittstelle Schule–Beruf bedarf es einer strategischen Steuerung, die regional abgestimmt ist. Eine zentrale Aufgabe der Kommunen besteht deshalb künftig darin, das Handlungsfeld Bildung (mit-) zu gestalten, um Ausbildungs-, Studien- und Beschäftigungsfähigkeit junger Menschen zu fördern. Im Mai 2007 hat der Kreistag ein Berufswahlorientierungskonzept verabschiedet, das alle Schüler/-innen im Rhein-Erft-Kreis in ihrer Berufswahlentscheidung unterstützen soll. Der Potentialcheck ist das zentrale Element des Konzeptes.

Dabei handelt es sich um eine Gemeinschaftsinitiative des Rhein-Erft-Kreises, der Agentur für Arbeit sowie der Schulaufsicht zur Unterstützung der Jugendlichen auf ihrem Weg zu einer sicheren Berufswahl. Durch die enge Kooperation dieser Akteure sowie der Bündelung verschiedener Kompetenzen ist es gelungen, den Potentialcheck als neuen Ansatz im Rahmen einer staatlich-kommunalen Verantwortungsgemeinschaft zu entwickeln. Dem Rhein-Erft-Kreis obliegt die Steuerungsfunktion der Gesamtmaßnahme. Insgesamt stehen pro Jahr Finanzmittel in Höhe von rund 500.000 € bereit. 50 % der Kosten übernimmt die Agentur für Arbeit. Das Vorhaben ist zunächst bis einschließlich 2012 finanziell gesichert. Hier übernimmt der Rhein-Erft-Kreis regionale Bildungsverantwortung.

Der Potentialcheck – ein integratives Element in der Berufswahlorientierung

Aufbauend auf den Erfahrungen des „Kompetenzchecks NRW" wurde mit dem Potentialcheck im Rhein-Erft-Kreis ein flächendeckendes, standardisiertes Kompetenzfeststellungsverfahren entwickelt, das in seiner Form bundesweit einzigartig ist. Der Potentialcheck ist ein stärkenorientiertes Instrument, mittels dessen die Schüler/-innen ihre Stärken, Fähigkeiten und Talente entdecken können. In allen 8. bzw. 9. Klassen der allgemeinen weiterführenden Schulen wurde der Potentialcheck als integratives Instrument der Berufswahlorientierung implementiert. Rund 5.000 Schüler/-innen werden den Potentialcheck jährlich durchführen. Ziel des Potentialchecks ist die Ermittlung individueller Kompetenzen und Neigungen sowie das Aufzeigen von Entwicklungsmöglichkeiten in Bezug auf schulische und berufliche Perspektiven. Unterschiedliche Testverfahren – abgestimmt auf die jeweilige Schulform – liefern den Jugendlichen konkrete Berufsvorschläge, die zu ihren Fähigkeiten, Kompetenzen und Interessen passen, und zeigen ihnen schulische sowie berufliche Perspektiven im Hinblick auf ihre weitere Lebensplanung auf.

Wo liegen meine Stärken?
Welcher Beruf passt zu mir?
Was will ich einmal werden?
Woran muss ich noch arbeiten?

Pressekonferenz „Potentialcheck im Rhein-Erft-Kreis" am 11.12.2007 in der GHS Herbertskaul

In individuellen Auswertungsgesprächen werden die Ergebnisse mit den Jugendlichen reflektiert und Handlungspläne entwickelt. Unter Beteiligung der Lehrkräfte und der Eltern bekommen die Schüler/-innen ein Feedback darüber, wo sie ihre Stärken haben und woran sie noch arbeiten müssen, um ihren Berufswunsch auch realisieren zu können. Der Potentialcheck stellt somit den Einstieg in eine systematische Berufswahlorientierung dar.

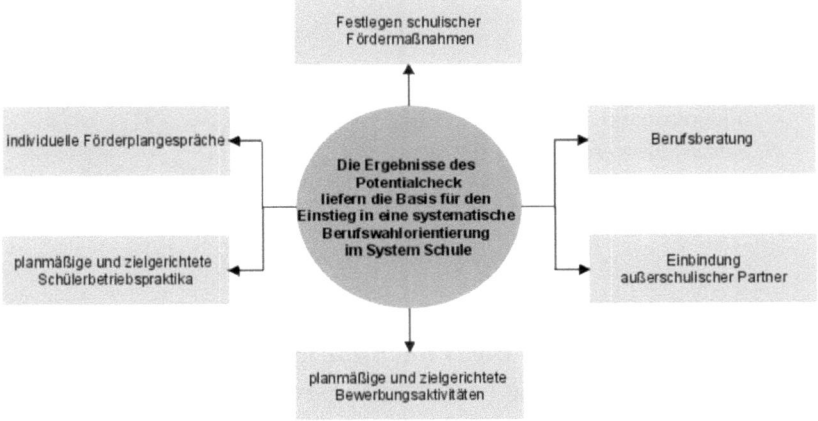

Abb. 1
Potentialcheck – ein grundlegender Baustein im Berufswahlorientierungsprozess

Der Potentialcheck weist einen hohen Innovationsgrad im Rahmen bisheriger Kompetenzfeststellungsverfahren auf, weil:

- alle Schüler/-innen der 8. Jahrgangsstufe den Potentialcheck durchführen und somit ein Gleichstellungsmerkmal geschaffen wurde;
- eine zielgruppen- und bedarfsorientierte Dienstleistung ins Leben gerufen wurde, die an die Voraussetzungen der Schüler/-innen anknüpft;
- die inhaltliche Gestaltung des Potentialchecks im Dialog mit den Verantwortlichen der jeweiligen Schulformen entwickelt wird;
- die Jugendlichen innerhalb ihrer Schulform denselben Potentialcheck durchführen und somit eine Vergleichbarkeit der Schulen innerhalb einer Schulform möglich ist;

- die Ergebnisse des Potentialchecks in den Gesamtprozess der Berufswahlorientierung an den Schulen eingebunden wird;
- der Potentialcheck regelmäßig evaluiert wird, um für jede Schulform
zu dem optimalen Verfahren zu gelangen;
- Anschlussprojekte bzw.
Nachbetreuungsleistun-
gen auf breiter Ebene
mit der Agentur für Ar-
beit sowie den regiona-
len Bildungs- und Aus-
bildungsmarktakteuren
entwickelt werden.

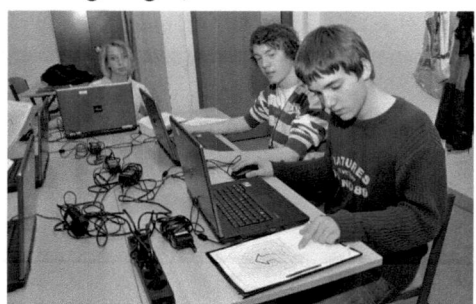

*Schüler/-innen der Klasse 8 beim Potentialcheck
in der Arthur-Koepchen-Realschule in Pulheim*

Der Potentialcheck als Basis nachhaltiger Kompetenzentwicklung (Ausbildungsreife)

Neben der Diagnostik vorhandener Kompetenzen kommt dem Umgang mit
den Ergebnissen eine besondere Bedeutung zu. Bisherige Erfahrungen mit
Kompetenzfeststellungsverfahren belegen, dass eine Wirksamkeit des Potentialchecks nur dann erreicht wird, wenn anschließende Nachbetreuungsleis-
tungen aufgebaut werden. Hier sind weitere Partner gefragt. So liefern die
Ergebnisse des Potentialchecks die Grundlage für die individuelle schulische
Förderung und stellen somit die Basis für die Verbesserung der Schuler-
folge sowie der Übergänge dar. Die Ergebnisse werden den Schüler/-innen
nicht einfach an die Hand gegeben, sondern münden in *Lern- und Entwick-
lungsberatungen* sowie in *bedarfsorientierten Fördermaßnahmen*. Ziel des
Beratungsgespräches sind möglichst passgenaue individuelle Angebote bei
der Förderplanung. Unterschieden wird zwischen personalen, sozialen und
fachlichen Kompetenzen. Auch die methodischen Kompetenzen finden Berücksichtigung.

Eine Lehrkraft initiiert den Beratungsprozess. Hierzu gehört die Beschaffung von Informationen zur Ausgangslage (Potentialcheck, Zeugnisse, ...), das gemeinsame Formulieren von Zielen und Maßnahmen mit den Jugendlichen und deren Dokumentation. Die Beratung findet regelmäßig statt und wird in die Arbeit mit dem Berufswahlpass einbezogen. Die Lern- und Entwicklungsberatung wird bisher in allen 14 Hauptschulen im Rhein-Erft-Kreis durchgeführt. Die Federführung des Prozesses obliegt den Berufswahlkoordinatoren und Klassenlehrern der jeweiligen Schulen.

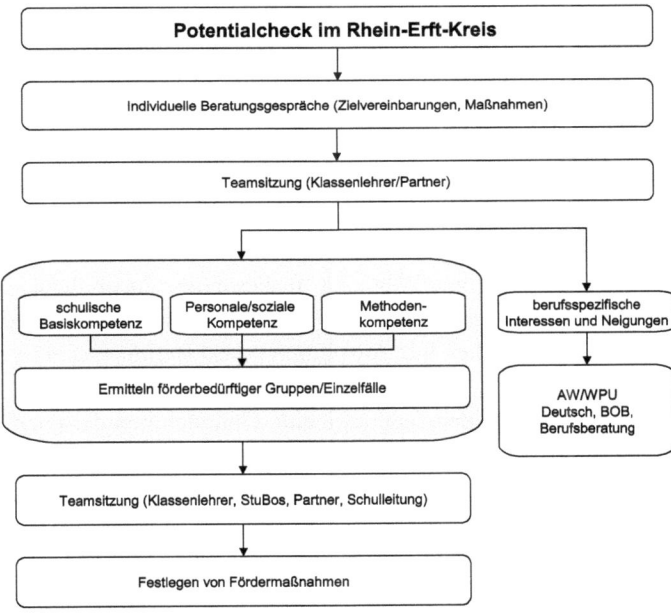

Abb. 2

Darstellung eines idealtypischen Ablaufschemas zur Kompetenzentwicklung auf der Basis des Potentialchecks im System Schule

Quelle: „Entwicklung einer individuellen Lern- und Entwicklungsberatung in den Hauptschulen", Rhein-Erft-Kreis und Untere Staatliche Schulaufsicht für den Rhein-Erft-Kreis

Des Weiteren werden die Ergebnisse in verschiedenen Fächern zum Gegenstand des Unterrichts gemacht. Die Ergebnisse werden so aufgearbeitet, dass sie in eine zielgerichtete Praktikumsplatzsuche münden. Darüber hinaus liefern sie eine wichtige Grundlage für den sich in der 9. Jahrgangsstufe anschließenden Prozess der Berufsberatung durch die Agentur für Arbeit.

Der Potentialcheck als Instrument der Personalrekrutierung

Durch die Diagnostik der Talente und Fähigkeiten und den Abgleich der Kompetenzen mit den Berufsbildern setzen sich die Schüler/-innen bereits in einem sehr frühen Stadium intensiv mit ihrer späteren Berufswahl auseinander. Diese erste Orientierung der Schüler/-innen auf bestimmte Berufsfelder können die Unternehmen dann positiv für ihre spätere Personalrekrutierung nutzen. Über ihre speziellen Angebote für motivierte und geeignete Schüler/-innen lernen sie die Jugendlichen frühzeitig kennen und können sie so an ihr Unternehmen binden. Die Jugendlichen bekommen ein Feedback und wissen nun, ob sie auf dem richtigen Weg sind. Insbesondere Jugendliche, die die Hauptschule besuchen, haben so die Möglichkeit, positiv auf sich aufmerksam zu machen, und erhöhen ihre Ausbildungs- und Berufsperspektiven.

In kurzer Zeit konnten bedeutende regionale Unternehmen der chemischen Industrie, Teilbranchen der Gesundheitswirtschaft sowie die Kreishandwerkerschaft für intensive und nachhaltige Kooperationen am Übergang Schule–Beruf gewonnen werden. Neben der Steuerungsfunktion obliegt dem Rhein-Erft-Kreis auch die Evaluation der Gesamtmaßnahme. Sie dient auch dazu, die allgemeinen weiterführenden Schulen in ihrer Berufswahlorientierung nachhaltig zu unterstützen.

Ergebnisse der Evaluation an den Hauptschulen

Der erste Evaluationsbericht „Hauptschulen" liegt nun vor. Der Potentialcheck wird von den Lehrkräften als zusätzliches Modul in der Berufswahlorientierung positiv beurteilt. Trotz anfänglicher Vorbehalte hat der Potentialcheck in der Nachbetrachtung der ersten Durchführungswelle eine hohe

Akzeptanz gewonnen, so dass alle Hauptschulen auch im nächsten Jahr den Potentialcheck wieder durchführen wollen.

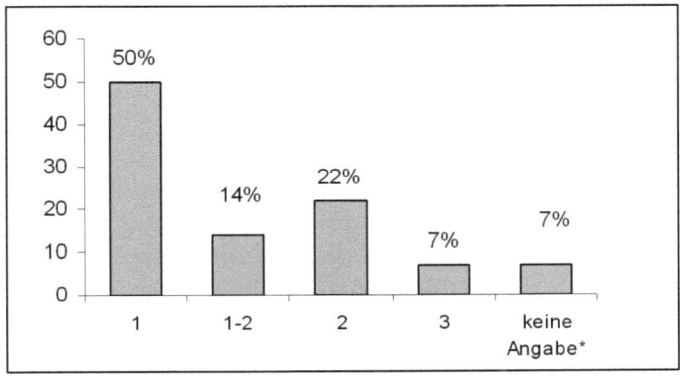

1=sehr hoch, 10=sehr niedrig, *„Das muss sich noch zeigen.";
Evaluation, Rhein-Erft-Kreis

Abbildung 3: Wie beurteilen Sie die Effektivität des Potentialchecks (Mehrwert)?

29 % der Lehrkräfte waren mit dem Testsetting des Potentialchecks sehr zu-frieden und 64 % zufrieden. Kritik wurde diesbezüglich nicht geäußert. Insgesamt wurde dem Testsetting eine gute Passung unter Berücksichtigung der Zielgruppe attestiert. Personale und soziale sowie handwerkliche Kompetenzen – so der Wunsch einiger Gesprächsteilnehmer – sollten eine Vertiefung erfahren. Aufgrund der positiven Resonanz insgesamt sind jedoch keine tiefgreifenden Veränderungen an der Programmatik erforderlich. Fast 80 % der Lehrerkräfte haben die Informationen erhalten, auf die es ihnen ankam.

Gleichzeitig erfolgte eine Befragung der Schüler/-innen. Unmittelbar nach dem Potentialcheck äußerten 87 % der Schüler/-innen, dass der Potentialcheck ihnen bei ihrer Berufswahlorientierung geholfen habe. 85 % der Jugendlichen gaben an, konkrete Anregungen erhalten zu haben.

Die Schüler/-innen werden einige Monate nach dem Potentialcheck erneut befragt. Die Wirksamkeit des Potentialchecks hinsichtlich erster Handlungsschritte ist hier der zentrale Aspekt der Befragung.

Die Ergebnisse aus den anderen Schulformen, die jedoch noch einer systematischen Auswertung bedürfen, deuten ebenfalls auf eine positive Resonanz hin. Alle Schulen wollen im nächsten Schuljahr wieder mitmachen.

Zur Überprüfung einer nachhaltigen Wirksamkeit des Potentialchecks ist der Rhein-Erft-Kreis nun eine Kooperation mit der Westfälischen Wilhelms-Universität Münster eingegangen. Die begonnenen Bestrebungen der Berufswahlorientierung im Rahmen des Potentialcheckverfahrens sollen weiter optimiert werden. Ergänzend ist es das Ziel, über ein lokales Monitoring (Längsschnittuntersuchung) ein regionales Übergangsmanagement Schule–Beruf zu entwickeln. Eine repräsentative Stichprobe Jugendlicher wird über einen Zeitraum von vier Jahren in ihrem Verhalten hinsichtlich ihrer Berufswahl und dem damit verbundenen Übergang in Ausbildung und Studium beobachtet. Ausgangslage stellt hier der Potentialcheck und die sich daraus ergebenden Handlungsschritte dar. Die Kosten teilen sich der Rhein-Erft-Kreis und die Agentur für Arbeit in Brühl.

Ausblick

Der Rhein-Erft-Kreis hat die politische Relevanz eines geordneten Übergangsmanagements erkannt und hat, in enger Kooperation mit anderen bildungs- und arbeitsmarktpolitischen Akteuren, die Steuerungsfunktion in diesem Handlungsfeld übernommen. Die flächendeckende Einbindung aller allgemeinen weiterführenden Schulen im Rhein-Erft-Kreis in das Kompetenzfeststellungsverfahren „Potentialcheck" und der damit einhergehende Aufbau von Kommunikationsstrukturen zu den bildungs- und arbeitsmarktpolitischen Institutionen liefert die Basis für die Fortentwicklung weiterer systematischer Unterstützungsleistungen für die Jugendlichen auf ihrem Weg in Ausbildung und Studium.

Die systematische Identifizierung des konkreten Unterstützungsbedarfs ist dabei die Voraussetzung für ein zielgerichtetes Handeln. Nationale und europäische Förderinitiativen können dann auf ihre Brauchbarkeit hin überprüft werden und gezielt an den Schulen zum Einsatz kommen, wo sie benötigt werden. Doppelstrukturen im Sinne von „mehr des Gleichen" und ein Nebeneinander vergleichbarer Interventionen können so vermieden und öffentliche Mittel strategisch sinnvoll im Sinne der Jugendlichen eingesetzt werden.

Bernhard Buchta, Thomas Wagenfeld

NIKAO – Module zur Berufsorientierung für Schulen

1. Einleitung

Das Informationszeitalter mit immer schneller werdenden Informationsflüssen macht unser menschliches Zusammenleben in zunehmendem Maße komplexer, differenzierter und interdependenter.

Für den Übergang Schule–Beruf bedeutet dies, dass Lehrer/-innen – vor allem Berufswahlkoordinatoren – von Arbeitsagenturen, IHKs, Handwerkskammern, Sozialversicherern, Ministerien, Bildungsträgern, Verlagen, Projektträgern, Beratern, Unternehmen u.a. mit Informationen so überfrachtet werden, dass eine sinnvolle und damit erfolgreiche individuelle Beratung der Schülerinnen und Schüler kaum mehr möglich erscheint.

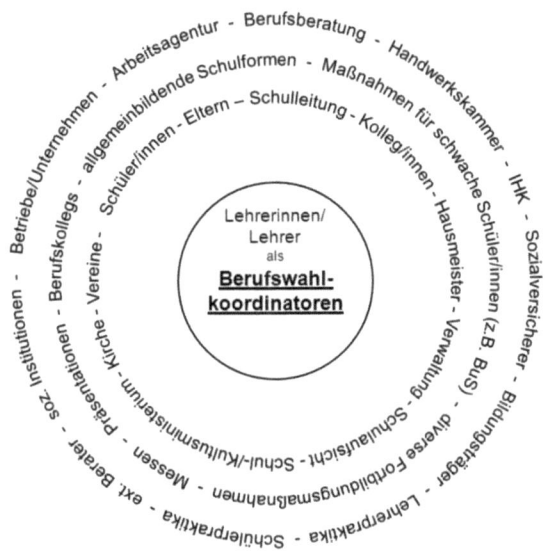

Beim Übergang Schule–Beruf geht es nicht darum, (oberflächliche) Ratschläge zu geben, sondern „handfest" und individuell zu informieren und zu beraten. Problematisch gestaltet sich dabei regelmäßig die teilweise eher realitätsferne Ausbildung von Lehrerinnen und Lehrern (Schule/Uni/Schule). Hier sind die Erziehungswissenschaften gefordert, die Lehrerausbildung so realitätsnah zu gestalten, dass beratungsrelevant unterrichtet werden kann.

Lehrerinnen und Lehrer sollen in der Lage sein, Fähigkeiten, Fertigkeiten, Interessen, Leistungen und soziale Kompetenzen von Schülerinnen und Schülern zu erkennen und sie den jeweiligen beruflichen Anforderungen in den jeweiligen Berufsfeldern so zuordnen zu können, dass Ausbilder, Schülerinnen und Schüler und Eltern das Gefühl haben, bei Abschluss eines Ausbildungsvertrages auf der Gewinnerseite zu sein.

Zurzeit erstellen externe „Experten" aus Organisationen und Stiftungen im „2-Jahres-Rhythmus" neue Konzepte zur Umsetzung in Schulen, die die beschriebene Situation für Lehrerinnen und Lehrer verbessern soll. Dies hat in vielen Schulen dafür gesorgt, dass der Aufbau eines kontinuierlichen, integrierten Ansatzes zur Berufsorientierung immer wieder unterbrochen, wenn nicht gar verhindert wurde. Aus diesem Grunde stehen viele Schulen neuen Konzepten mittlerweile sehr kritisch gegenüber und befürchten – auch vor dem Hintergrund der eingangs erwähnten Informationsüberflutung – weitere Unruhe.

Zum Aufbau eines nachhaltig wirkenden, integrierten Berufsorientierungskonzeptes sind im Kern zwei Dinge unerlässlich:

Zum einen müssen Lehrerinnen und Lehrer ein kontinuierliches Coaching erhalten, damit sie in ihrer Rolle als „Berufsberater" und „Schulwegberater" nicht überfordert werden.

Zum anderen können nur solche Projekte greifen, die in ihrer Klarheit, konzeptionellen Deutlichkeit, inhaltlich sinnvollen durchgängigen Struktur und der konsequenten Praktikabilität so überzeugen, dass sie regional individuell auf jede Schule transferierbar sind. Ein solches Modell ist „*NIKAO*", das im Folgenden erläutert wird.

2. Berufsorientierung mit NIKAO

2.1 Kurzüberblick und Anforderungen

NIKAO (griech.=„ich gewinne") ist ein durchgängiger (Jahrgangsstufe 7–10 an Hauptschulen), integrierter und ganzheitlicher Ansatz zur Verbesserung von Berufswahlorientierung und Ausbildungsreife (www.NIKAO.de).

NIKAO wurde aus dem Schulalltag von Hauptschulen für alle allgemeinbildenden Schulen in Zusammenarbeit mit Unternehmen entwickelt und ist damit ein Konzept aus der Praxis für die Praxis.

Bereits bei den ersten Entwicklungsschritten wurde auf die Berücksichtigung der unterschiedlichen Anforderungen an ein nachhaltig wirkendes, ganzheitliches Modell zur Verbesserung von Berufsorientierung und Ausbildungsreife Wert gelegt.

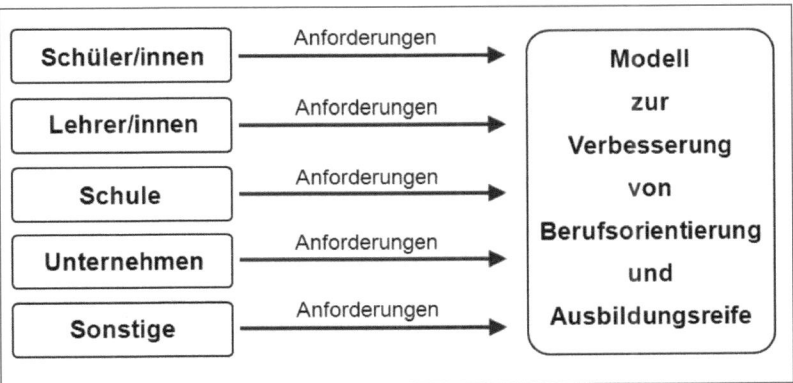

Die Umsetzung dieser Anforderungen an ein nachhaltig wirkendes, ganzheitliches Konzept soll nachfolgend anhand des NIKAO-Konzeptes kurz skizziert werden.

2.1.1 Umsetzung der Anforderungen auf Schülerebene

Eine frühzeitige, praxisnahe Berufsorientierung kennzeichnet die Realitätsnähe der Arbeit in der Hauptschule. Schon im fünften und sechsten Jahrgang soll fächerübergreifend eine praxisnahe Berufsorientierung stattfinden, die sich z.b. auf die Fächer Biologie oder Erdkunde beziehen kann (Schüler/-innen besuchen z.b. landwirtschaftliche Betriebe), laden aus diesem Bereich Fachleute (in diesem Fall Landwirte oder Landmaschinenhändler) in die Schule ein und werden so über berufliche und betriebliche Zusammenhänge informiert.

Im siebten Jahrgang findet über einen Mathematik- und Deutschtest eine Stärkenorientierung statt, die nach individueller Abfrage die jeweiligen Interessen berücksichtigt.

Im praktischen Betriebsalltag können im achten Jahrgang schon Erfahrungen in den entsprechenden Berufsfeldern gesammelt und individuell verwertet werden. Durch homogene Leistungskurse und durch die Lernbereichsnote „NIKAO" kann die Versetzungsquote verbessert werden. Somit kann durch individuelle Förderung die Anzahl der Schülerinnen und Schüler ohne Schulabschluss reduziert werden.

2.1.2 Umsetzung der Anforderungen auf Lehrerebene

Bei der Einführung des NIKAO-Projektes ist eine allumfassende Information des Lehrerkollegiums notwendig. Aus dem Kollegium bildet sich das NIKAO-Team, das aus zwei Teamleitern und den jeweiligen Fachlehrern besteht. Beim Qualifikationsaufbau erfährt das NIKAO-Team externe Unterstützung. Nach Einführung der NIKAO-Lernbereichsgruppen und Auflösung des Klassenverbandes ist aufgrund der „kleinen", homogenen Gruppen eine individuelle Förderung möglich, die sowohl im Fachbereich (z.B. AT) als auch im allgemeinbildenden Bereich (z.B. Grundlagen Deutsch) greift. Durch eine Verstärkung in Deutsch und Mathematik kann bei guten Leistungen eine evtl. schlechte Note (5) in Deutsch oder Mathematik auf ausreichend korrigiert werden, da Deutsch oder Mathematik prozentual der Gesamtnote zugerechnet werden kann. Ebenso können NIKAO-Lernbereichsnoten bei der Versetzung positive Auswirkungen haben. Die Durchlässigkeit innerhalb der jeweiligen Gruppen ist individuell gewährleistet, so dass bei möglicher Unter-/Überforderung flexibel reagiert werden kann.

2.1.3 Umsetzung der Anforderungen auf Schulebene

Das NIKAO-Team regelt den NIKAO-Bereich und -Tag eigenständig. Die Schulleitung wird weitgehend entlastet, so dass der Verwaltungsaufwand sehr gering ist. Die Außenwirkung auf Eltern und Unternehmen ist positiv und damit auch ein guter Werbefaktor für die jeweilige Schule. Durch die vielen verschiedenen Betriebe und positiven Eindrücke der Schülerinnen und Schüler bei den Ausbildern erhöht sich die Übergangsquote Schule–Beruf. In der NIKAO-Pilotschule lag die Übergangsquote im Sommer 2008 bei ca. 70 Prozent. Die zu Beginn des NIKAO-Projektes skeptische Haltung einiger Unternehmer bzw. Unternehmensvertreter, kontinuierlich Hauptschulpraktikanten aus dem achten Jahrgang einzusetzen, ist aufgrund der guten praktischen Erfahrungen sehr schnell einer positiven Haltung gegenüber dem NIKAO-Konzept gewichen, so dass bislang auch noch kein Betrieb „abgesprungen" ist. Das Netzwerk der NIKAO-Partnerbetriebe umfasst mittlerweile 100 Unternehmen und wächst ständig weiter (positive Außenwirkung).

2.1.4 Umsetzung der Anforderungen auf Unternehmensebene

„Bringen Sie Ihren Schülern Höflichkeit, Pünktlichkeit, Grundlagen in Deutsch, Mathematik und Informatik bei. Den Rest machen wir!" Dies ist ein Originalzitat des Ausbilders aus einem der ersten NIKAO-Betriebe (Mittelstand, ca. 180 Beschäftigte) im Jahre 2003. Durch ständige Gespräche mit Ausbildern in den unterschiedlichen Betrieben konnte NIKAO auch inhaltlich reagieren und Anregungen im Unterricht entsprechend verarbeiten. In den Unternehmen erhalten die Schülerinnen und Schüler im Rahmen „normaler" Arbeitszeiten (8-Stunden-Tag) eine praktische Berufsorientierung und ein realistisches Berufsbild. Der so genannte „Matching-Prozess" beginnt damit also bereits im achten Schuljahr. Bei Eignung können sich Ausbilder und

Schüler/-in entsprechend vorzeitig zu einer möglichen zukünftigen Ausbildung entschließen. Dadurch senkt der Unternehmer sowohl Kosten als auch Risiken der „traditionellen" Azubi-Suche und die Wahrscheinlichkeit von Ausbildungsabbrüchen wird extrem verringert.

2.1.5 Umsetzung der sonstigen Anforderungen

Beim Einsatz von NIKAO in Schulen und Unternehmen kann es nur Gewinner geben. Schülerinnen und Schüler erhalten einen ihren Fähigkeiten, Fertigkeiten und Interessen entsprechenden Ausbildungsplatz. Eltern sehen ihre Kinder gut und sinnvoll in die Berufswahl eingebunden. Unternehmen können rechtzeitig testen und akquirieren bei gleichzeitig erheblicher Kosteneinsparung. Schulen können für sich werben durch eine höhere Übergangsquote Schule–Beruf. Die Gesellschaft profitiert durch zufriedene und nicht frustrierte Jugendliche (z.B. Gewaltprävention), die einen Ausbildungsplatz erhalten haben und nicht in die „Warteschleife" müssen.

NIKAO lässt sich in regionale Netzwerke einbetten und ist unabhängig vom Schultyp unter Berücksichtigung regionaler Aspekte uneingeschränkt transferierbar. Durch seinen modularen Aufbau ist NIKAO individuell schulformbezogen anpassbar.

2.2 Entwicklung NIKAOs

Nach einer zweijährigen Entwicklungszeit startete im Jahre 2004 die Umsetzung der NIKAO-Methodik in die Praxis. An dem Pilotprojekt, welches vom Land Nordrhein-Westfalen und der Europäischen Kommission kofinanziert wurde, nahmen zunächst die Hauptschule Pr. Oldendorf und drei Partnerunternehmen teil. Bereits bei Abschluss des Projektes im Jahre 2006 waren über 20 Unternehmen in das Projekt eingebunden. Die Übergangsquote Schule–Beruf lag bei der Hauptschule Pr. Oldendorf im Sommer 2008 bei ca. 70 Prozent.

Aufgrund der sehr guten Ergebnisse wurde die NIKAO-Methodik im Jahre 2006 an zwei weitere Hauptschulen transferiert. Für die drei „NIKAO-

Hauptschulen" steht mittlerweile ein Netzwerk mit ca. 100 Partnerunternehmen zur Verfügung. Derzeit laufen die Transfervorbereitungen für weitere Hauptschulen, die NIKAO ebenfalls einführen möchten.

Zur Unterstützung der Schulen bei der Einführung und der Umsetzung der NIKAO-Methodik wurde im Jahre 2005 der NIKAO e.V. als gemeinnütziger, eingetragener Verein gegründet. Der NIKAO e.V. versteht sich dabei als Bindeglied zwischen Schulen und Unternehmen.

2.3 Die NIKAO-Methodik

NIKAO ist ein ganzheitliches, modular aufgebautes Konzept. Dennoch ist NIKAO bewusst offen gestaltet und lässt sich mit weiteren Maßnahmen/Projekten kombinieren. Im Mittelpunkt steht dabei das Basismodul NIKAO HS als durchgängig gestalteter „Leitfaden" von der siebten bis zur zehnten Jahrgangsstufe an Hauptschulen.

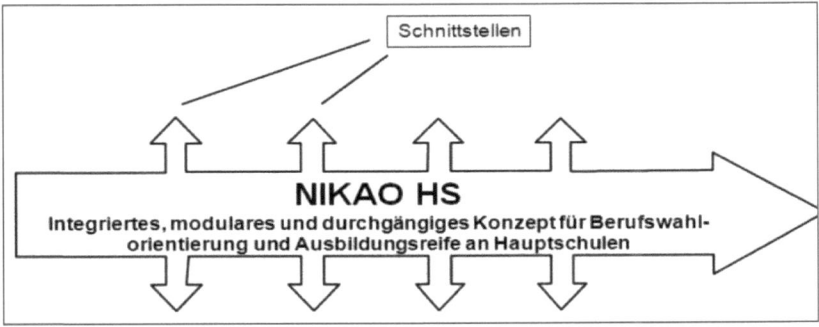

Über seine Schnittstellen dient es dabei als integrierende Verbindung verschiedener Einzelmodule bzw. Projekte. Auf diese Weise kann jede Schule mit dem NIKAO Basismodul ihr eigenes Berufsorientierungskonzept individuell gestalten.

Darüber hinaus beinhaltet das NIKAO Basismodul auch eine dynamische Komponente, so dass eine Schule über viele Jahre hinweg Teile ihres Berufsorientierungskonzeptes ergänzen oder ändern kann, ohne die Stringenz des gesamten Berufsorientierungskonzeptes aufgeben zu müssen.

Als Module können dabei alle gängigen Modelle/Methoden der Berufsorientierung angewandt werden (z.b. Kompetenzcheck, Berufsparcours u.a.) sowie NIKAO-Module (z.b. Jahrgangsstufenkonzept „HS 8"). Durch die (schul-)individuelle Kombination dieser Module entsteht eine Vielzahl von unterschiedlichen, aber durchgängigen und integrierten Konzepten zur Berufsorientierung. Die nachfolgende Graphik zeigt beispielhaft ein solches, individualisiertes Konzept.

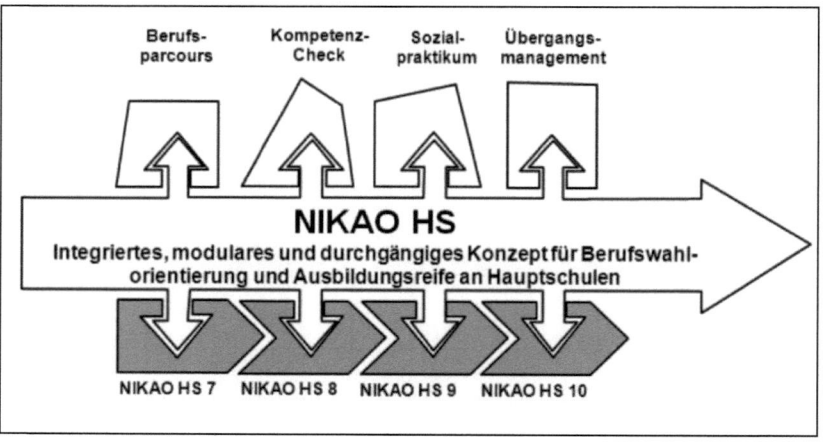

2.4 NIKAO-Module im Überblick

Kernmodul der NIKAO-Methodik ist das Jahrgangsstufen-Modul NIKAO HS 8 für die 8. Jahrgangsstufe an Hauptschulen. Die Schülerinnen und Schüler der Jahrgangsstufe 8 absolvieren zunächst einen Kompetenzcheck, in dem die individuellen Interessen abgefragt und das aktuelle Leistungsvermögen in den Bereichen Deutsch und Mathematik ermittelt werden. Aufbauend auf den Ergebnissen werden die Schülerinnen und Schüler der gesamten 8.

Jahrgangsstufe in „Interessen-" bzw. „Lern-Gruppen" neu eingeteilt, z.B. „Technik-Gruppen", „Kaufleute-Gruppen", „Restaurant-Gruppen", „Pflege-Gruppen", aber auch so genannte „Berufsfindungsgruppen". An jedem Mittwoch, dem so genannten „NIKAO-Tag", wird der Klassenverband der 8. Jahrgangsstufe aufgelöst und die (kleinen und homogenen Lern-)Gruppen beschäftigen sich ausschließlich mit berufswahlvorbereitenden Themen. Dies geschieht nicht allein auf theoretischer Ebene in der Schule, sondern auch in der Praxis! Dabei gehen die Schülerinnen und Schüler in die Unternehmen (z.B. Lehrlingswerkstätten, Restaurants etc.) bzw. ins Handwerksbildungszentrum „HBZ".

Natürlich bleibt der NIKAO-Ansatz nicht nur den Klassen des achten Jahrgangs vorbehalten. Die NIKAO-Konzepte HS 9 und HS 10 befinden sich derzeit in der Entwicklungs- bzw. in der Erprobungsphase. Auf Basis des NIKAO-Konzeptes HS 9 wird im neunten Jahrgang eine Selektion der Schülerinnen und Schüler nach Berufsfeldern erfolgen. Erfahrungsgemäß wird der größte Teil der Hauptschülerinnen und -schüler in den Bereichen Metall, Holz, Gastronomie, Einzelhandel, KFZ-Mechatronik, Arzthelferin sowie Heizung & Sanitär ihre Ausbildung beginnen wollen.

In differenzierten Gruppen werden Defizite in Mathematik/Geometrie, Sprache und Allgemeinwissen aufbereitet. Durch Betriebserkundungen und Gespräche mit Personalleitern aus den jeweiligen Berufsfeldern wird der Erfolg dieser Vorgehensweise regelmäßig überprüft.

Durch diese Kommunikation zwischen Personalleitern/Ausbildern einerseits und Schule bzw. Schülerinnen und Schülern andererseits können mögliche spätere Konfliktpotenziale frühzeitig ausgeräumt werden, denn entsprechende Untersuchungen zeigen regelmäßig, dass mangelndes Wissen um Beruf und Ausbildung die Abbrecherquote der Auszubildenden erhöht. Ergänzt wird die Berufswahlvorbereitung auch durch Bewerbertrainings mit unterschiedlichen Unternehmen.

Im NIKAO-Konzept HS 10 für den zehnten Jahrgang werden dann die Belange des „täglichen Lebens" mit einbezogen. Grundlagen der freien und sozialen Marktwirtschaft, Finanzen, Steuern, Versicherungen usw. stehen dann ebenso im Mittelpunkt der Betrachtungen wie die so genannten „Schlüsselqualifikationen". Aus diesem Grunde werden die Schülerinnen und Schüler in kleinen Gruppen an Strategiespielen wie z.B. „Start-up-Werkstatt" und „Börsenspiel" teilnehmen, hierbei ihre Kommunikationsfähigkeit erweitern und erfahren, dass durch Beständigkeit, Teamarbeit, Einsatzbereitschaft und Tüchtigkeit Erfolge im Wettbewerb mit anderen Schülergruppen auch für Hauptschüler möglich sind, wie das Abschneiden der Schülergruppen der Hauptschule Pr. Oldendorf in den vergangenen Jahren eindrucksvoll bewiesen hat; u.a.: Ergebnis „Start-up-Werkstatt" 2003: Platz 1 im Kreis Minden-Lübbecke von insgesamt 19 Gruppen und Platz 52 bundesweit bei knapp 900 Teilnehmergruppen. Ergebnis „Börsenspiel" 2003: Platz 1 im Kreis Minden-Lübbecke von 18 Teilnehmern und Platz 292 bundesweit unter beinahe 43.000 Teilnehmern.

2.5 Evaluation

Bereits nach Abschluss des ersten Durchlaufs erfolgte eine umfassende Evaluation des NIKAO-Projektes in der Hauptschule Pr. Oldendorf. Dabei wurden Schüler/-innen, NIKAO-Projektlehrer/-innen, Klassenlehrer/-innen und Unternehmensvertreter zu dem NIKAO-Projekt befragt.

2.5.1 Ergebnisse der Befragung der Schülerinnen und Schüler

Im Mittelpunkt der Befragung der Schülerinnen und Schüler standen zwei Kriterien: die „Wichtigkeit" des Projektes sowie die „Zufriedenheit" mit dem derzeitigen Verlauf des Projektes.

Insgesamt lieferte die Schülerbefragung sehr positive Ergebnisse. Aus den gleichermaßen hohen Werten bezüglich des Kriteriums „Wichtigkeit" über alle Gruppen hinweg lässt sich ableiten, dass sich die Schülerinnen und Schüler der achten Jahrgangsstufe mit der aktuellen wirtschaftlichen Situation auf dem Ausbildungsmarkt entweder konkret auseinandergesetzt oder aber zumindest beschäftigt haben. Eine eindeutige Mehrheit (Durchschnittswert 77,1 Prozent) betrachtet das Projekt NIKAO als „wichtig" zur Verbesserung der Chancen auf einen Ausbildungsplatz. Bei einer differenzierten Betrachtung der Ergebnisse der einzelnen Gruppen zeigt sich, dass es scheinbar einen Zusammenhang zwischen dem Kriterium „Wichtigkeit" und der Lage auf dem Ausbildungsmarkt in den jeweils angestrebten Ausbildungsberufen der Schüler/-innen gibt. Je schwieriger die Schüler/-innen die Situation in der jeweiligen Branche einschätzen, desto höher waren die Werte für das Kriterium „Wichtigkeit".

Die Ergebnisse für das Kriterium „Zufriedenheit" differierten zwischen den Gruppen stärker als die Ergebnisse für das Kriterium „Wichtigkeit". Bei der Analyse der Ergebnisse wurde festgestellt, dass die höchsten „Zufriedenheitswerte" von den Schülerinnen und Schülern geäußert wurden, die bereits regelmäßig zu Tagespraktika in die Unternehmen gingen. Die größte „Unzufriedenheit" wurde von den Berufsfindungsgruppen I + II geäußert. Für diese beiden Gruppen stand zum Zeitpunkt der Befragung noch nicht fest, ob es überhaupt möglich sein würde, für diese Schülerinnen und Schüler Tagespraktika anzubieten. Mittlerweile haben aber auch die Schüler/-innen der Berufsfindungsgruppen jeweils ein Neigungspraktikum absolviert.

2.5.2 Ergebnisse der Befragung der NIKAO-Projekt-Lehrerinnen und -Lehrer

Die Mitglieder des NIKAO-Lehrerteams sollten anhand von sechs Kriterien ihre jeweiligen Erfahrungen mit dem NIKAO-Projekt und dem Unterricht in den fünf Lerngruppen beurteilen.

Für die Gruppen „Technik", „Kaufleute" und „Restaurant" waren die Ergebnisse ausnahmslos gut. In den beiden Berufsfindungsgruppen waren die Ergebnisse überwiegend gut. Besonders vor dem Hintergrund, dass sich in den beiden Berufsfindungsgruppen eher unterdurchschnittlich gute Schülerinnen und Schüler befinden, können die Ergebnisse als unerwartet positiv bewertet werden.

2.5.3 Ergebnis der Befragung der Klassenlehrer/-innen

Ein bemerkenswertes Ergebnis lieferte die Befragung der jeweiligen Klassenlehrerinnen und -lehrer. Diese berichteten übereinstimmend, dass sich das

Verhalten der Schülerinnen und Schüler im Unterricht im Klassenverband merklich verbessert habe.

2.5.4 Ergebnis der Befragung der Unternehmensvertreter

Die Unternehmensvertreter äußerten sich im Hinblick auf Art und Durchführung des NIKAO-Projektes uneingeschränkt positiv. Gelegentlich auftretende Probleme mit einzelnen Schülerinnen und Schülern wurden umgehend mit dem betreffenden Schüler und dem zuständigen NIKAO-Lehrer angesprochen und diskutiert. Bislang hat noch kein Unternehmen die Zusammenarbeit mit dem NIKAO-Projekt beendet.

2.6 NIKAO-Transfer

Das NIKAO-Modell wurde bereits drei Mal erfolgreich transferiert. Transfervorbereitungen für weitere Schulen haben bereits begonnen. Der Transferprozess durchläuft dabei in der Regel die folgenden Schritte:

a) Kontaktaufnahme mit dem Schulaufsichtsbezirk
b) Informationsveranstaltung
c) Einladung zur Schulleiterdienstversammlung
d) NIKAO-Präsentation bei der Schulleiterdienstversammlung (idealerweise mit Berufswahlkoordinatoren)
e) Einzelgespräche mit den Schulen (Lehrerkollegium) zur individuellen Umsetzungsplanung:
   - vertiefte Berufsorientierung nach der NIKAO-Methodik (Kompetenzfeststellungsverfahren; Gruppeneinteilung und -organisation; Stundenplangestaltung; Unterrichtsgestaltung; Leistungsbeurteilung)
   - Arbeiten mit der NIKAO-Arena
   - individuelle Betreuung
   - Kooperation mit Partnerunternehmen
   - Logistik
f) Netzwerkaufbau: Kontaktaufnahme zu Kammern, Bildungsträgern, Arbeitsagentur und regionalen Unternehmen

g) Begleitung und Coaching[1] der Schulen/des Netzwerks in der Anfangsphase

h) Parallel dazu: Einrichtung eines regionalen NIKAO-Beauftragten (1–2 Lehrer/-innen mit Stundenermäßigung)

2.7 Vorteile, Potenziale und Effekte von NIKAO in Kurzform

- NIKAO ist ein ganzheitlicher, modularer Ansatz zur Berufswahlorientierung, der für alle Hauptschulen geeignet ist

- Individuelle Förderung. Verstärkungsunterricht und Lernbereichsnoten in Mathematik und Deutsch (Notenkorrektur). Reduzierung der Sitzenbleiberquote

- NIKAO ist praxiserprobt (seit 2004)

- NIKAO ist nachweislich transferierbar, unabhängig davon, welche regionalen Bedingungen vorhanden sind

- NIKAO wird von den Schulen nachgefragt

- NIKAO zeigt nachweislich sehr schnell Erfolg (bereits nach dem ersten NIKAO-Jahr in einer Schule deutlich feststellbar)

- NIKAO schafft Perspektiven für Schülerinnen und Schüler und trägt damit zur Reduzierung von Frustpotenzial und Gewaltbereitschaft bei

- NIKAO stärkt das Selbstbewusstsein und bewirkt einen Abbau von Minderwertigkeitsgefühlen

- NIKAO liefert einen wertvollen Beitrag zur Integration (Chancen eröffnen)

---

1 Das professionelle Coaching erfolgt dabei stets durch ein „Kompetenz-Tandem", bestehend aus einem langjährig erfahrenen Berufswahlkoordinator einerseits und einem Unternehmensberater andererseits. Im Rahmen des Coachings wird nicht nur „theoretisiert", sondern es werden praktikable Vorschläge unterbreitet und Handlungsmuster vorgestellt, wie z.B. welche Stunden für die BO genutzt werden, wie fächerübergreifend gearbeitet werden kann, welche Möglichkeiten Externe bieten können, wie der Stundenplan umgestaltet werden muss uvm.

3. Schlussbetrachtung

Die Stellung der Hauptschulen wird in der Politik derzeit sehr kontrovers diskutiert. Die Zeit ist reif, die Projekte sind vielfältig. Dank dieser Vielfältigkeit soll vernetzt werden. Es werden Netzwerkkommissionen gebildet, deren Vertreter besuchen Schulen und „überprüfen" Projekte auf ihre „Vernetzungswirksamkeit". Bei Vernetzungswirksamkeit werden diese Projekte auf Messen präsentiert. Ist der Förderzeitraum abgelaufen, werden neue Projekte ins Leben gerufen, alte verlaufen im Sande, die neuen Projekte werden wiederum auf ihre Netzwerkwirksamkeit überprüft, Millionenbeträge werden z.B. in Nordrhein-Westfalen investiert, das Land „tut was", das Geld ist weg und in der „Bildung" ist nichts angekommen – oder vielleicht doch?

Zurück bleiben überlastete, verunsicherte, orientierungslose, um Hilfe rufende und um Planungssicherheit bittende Lehrerinnen und Lehrer.

In Nordrhein-Westfalen soll der Berufswahlkoordinator der Rettungsanker beim Übergang Schule–Beruf werden. Schnell (in wenigen Tagen) qualifiziert, installiert, vom Land NRW und der Regionaldirektion Nordrhein-Westfalen der Bundesagentur für Arbeit finanziert, soll er es nun vor dem Hintergrund der Überhäufung mit Verwaltungsaufgaben, Projekten, Tests, Prüfungen, Inspektorenbesuchen usw. richten.

Mit seinem nun geschulten sozialen, politischen, pädagogischen und ökonomischen Bewusstsein soll er die derzeitigen gesellschaftlichen Strömungen im gesamtgesellschaftlichen Kontext hinterfragen, auf seine Wirksamkeit und Realitätsnähe überprüfen und seinen Schülerinnen und Schülern erklären, warum es bei Missmanagement, z.B. in namhaften deutschen Banken, Belohnungen in Millionenhöhe gibt und bei Frisören und in Fast-Food-Restaurants für einen Stundenlohn von EUR 4,50 gearbeitet wird, welche Qualifikationsmerkmale seine Schülerinnen und Schüler mitbringen müssen, um in bestimmten Berufsfeldern den Anforderungen gerecht zu werden, um somit in bestimmten Betrieben im Wettbewerb mit anderen Schulformen einen Ausbildungsplatz zu erhalten und warum es sich lohnt zu lernen.

Hier sind die Erziehungswissenschaften in der Lehrerausbildung beim Übergang Schule–Beruf gefordert, u.a. Interessenkriterien der jeweiligen Unternehmen, Institutionen etc. zu hinterfragen und Strategien zu einer verbesserten Berufsorientierung zu entwickeln – dadurch, dass auf bestehende Projekte, die realitätsnah und erfolgreich im Einsatz sind, zurückgegriffen wird.

Wie dargestellt handelt es sich bei NIKAO um ein solches Projekt, das schulformbezogen modular so eingesetzt werden kann, dass es eine nachhaltige Hilfestellung für die Berufswahlkoordinatoren und alle in der Berufsorientierung tätigen Lehrerinnen und Lehrer beim Übergang Schule–Beruf ist, da es sich regional den individuellen Gegebenheiten anpassen lässt.

Jürgen Lange

SchuB – Übergang Schule–Beruf – die Generationenwerkstätte (7/2006–6/2010)

SchuB gibt es schon seit Mitte 2006. Mittlerweile fanden mehr als 250 Veranstaltungen statt, meistens mit ganzen Klassen, sodass SchuB schon mehr als 5.000 Jugendliche erreicht hat.

Im Folgenden wird kurz die Ausgangssituation beschrieben und die „Hardware" des Projektes vorgestellt. Im Anschluss gehe ich ein auf die Rolle der Unternehmen und die Einbindung von Ehrenamtlichen in das Projekt.

Arbeit und Leben DGB/VHS NW e.V. ist eine der größten Einrichtungen der politischen Erwachsenenbildung in Nordrhein-Westfalen mit ca. 20.000 Teilnehmenden und 900 Referentinnen und Referenten pro Jahr. Im Jahre 2001 wurde bei Arbeit und Leben mit dem Aufbau eines neuen Themenschwerpunktes „Demografie/Alter" begonnen. Erster Baustein war damals die Agentur für gesellschaftliches Engagament AGE, die mit finanzieller Unterstützung des Landes Nordrhein-Westfalen (Ministerium für Gesundheit, Soziales, Frauen und Familie) im westfälischen Hamm in Kooperation mit der Volkshochschule und Großunternehmen ins Leben gerufen wurde. Anlass war damals die Frage, wie Arbeitnehmerinnen und Arbeitnehmern, die bei Entlassungswellen der Jahrtausendwende mit 50 oder 55 Jahren in den Vorruhestand versetzt worden waren, eine sinnvolle Tätigkeit im Rahmen des Ehrenamtes finden könnten. Ziel von AGE ist es, gesellschaftliches Engagement von Ruheständlern in Kooperation mit Unternehmen zu fördern. In den folgenden Jahren wurden vier Betriebsgruppen mit ehemaligen Mitarbeitern und Mitarbeiterinnen von Mannesmann Präzisrohr GmbH/LinePipe, DuPont de Nemours Deutschland, Bergwerk Ost der Deutschen Steinkohle AG und der Stadtverwaltung Hamm gegründet. Mittlerweile wurden mehr als 60 kleinere und größere gesellschaftlich relevante Projekte erfolgreich durchgeführt. Für das besonders innovative Konzept wurde die AGE im Oktober 2005 mit dem Robert-Jungk-Preis ausgezeichnet und in die Bundesauswahl (25 von 550 Projekten) von „startsocial" gewählt.

Ausgehend von den spannenden und guten Erfahrungen wurde der Themenschwerpunkt ausgebaut. Unter dem Oberthema Work-Life-Balance und insbesondere im Projekt KEB40plus werden Zusammenhänge zwischen Gesundheit und Altern thematisiert. In europäischen Projekten wurde das Thema „Förderung der Mobilität Älterer in Europa" aufgegriffen (EU-geförderte Projekte TRIGGER und TRAMP).

Irgendwann gegen Ende des Jahres 2005 kam die schwierige Situation der Jugendlichen in Hamm beim Übergang von der Schule in den Beruf zur Sprache. Aus dieser Diskussion entstand das Projekt SchuB – Schule und Beruf. Es setzt an beim Problem der in der Stadt Hamm sehr hohen Jugendarbeitslosigkeit und der geringen Ausbildungsreife. Ziel ist es, Jugendliche bereits im Vorfeld der Bewerbungsphase zu unterstützen und einen einfacheren Einstieg in den Beruf durch eine bessere Information und größere Klarheit der Jugendlichen über die Arbeitswelt zu ermöglichen. Bei den angesprochenen Zielgruppen soll das bestehende schulische Angebot sinnvoll ergänzt werden durch eine intensive Orientierung auf den Beruf durch Vermittlung von Kenntnissen und Erfahrungen über das Berufsleben und damit auf die Anforderung von Berufen sowie durch vertiefende Praxiseinblicke, insbesondere in die Anforderungen von Unternehmen im Kontext von Bewerbungsgesprächen und den Stellenwert von Schlüsselqualifikationen. Das geschieht in Kooperation mit Schulen durch verschiedene berufsvorbereitende Unterrichtsmodule und durch praktisches generationenübergreifendes Arbeiten.

Bei der Durchführung der Unterrichtsmodule kann SchuB auf das in den Betriebsgruppen der Agentur für gesellschaftliches Engagement (AGE) vorhandene Potenzial von ehrenamtlich tätigen Ruheständlern zurückgreifen. Die Ehrenamtlichen können mittlerweile auf Erfahrungen aus drei Projektphasen seit Mitte 2006 zurückblicken. Ihre Berufserfahrung und Fachkenntnisse sind die Basis für die verschiedenen Unterrichtsmodule. Darüber hinaus werden Kontakte der Ruheständler zu verschiedenen Unternehmen genutzt, um Werksführungen zu organisieren und vorzubereiten. In mehreren praktisch ausgerichteten Teilprojekten schulen die freiwillig Engagierten Schülerinnen und Schüler darüber hinaus in handwerklichen Fähigkeiten.

Der innovative Ansatz im Projekt „SchuB" besteht insbesondere in der ehrenamtlichen Einbindung von bis zu 50 berufsnahen älteren Praktikerinnen und Praktikern, ihrer beruflichen Erfahrungen und Kompetenzen. Sie werden dabei durch die an der Agentur für gesellschaftliches Engagement (AGE) beteiligten Hammer Großunternehmen unterstützt.

Der innovative Ansatz bestand zunächst auch in der Einbindung der Jugendlichen in die ehrenamtlichen Projekte der AGE-Gruppen, also in ein Feld vielfältiger Lernprozesse. Die Systematik der Lernformen im freiwilligen Engagement umfasst inhaltliches/themenspezifisches, soziales, persönliches, politisches und insbesondere berufliches Lernen. Als Beispiel sei hier die Übernahme von Verantwortung durch die Mitglieder der Projektgruppen für die von ihnen ausgewählten Projekte, für deren Start, Ablauf und konstruktive Beendigung genannt, Projekte, die immer einen gesellschaftlichen Mehrwert bringen sollen. Ebenso führt der Einsatz von persönlicher Motivation zu einem Zuwachs an persönlicher und sozialer Kompetenz, der wiederum ermutigt, neue Projektthemen und größere Herausforderungen aufzugreifen. Diese Ergebnisse können nicht über eine reine Qualifizierung, sondern nur durch die aktive Beteiligung an Projekten vermittelt werden. Mittlerweile werden die Projekte zusammen mit den Schulen entwickelt.

Ausgangslage

Im Oktober 2005 lag die Arbeitslosenquote der jüngeren Menschen unter 25 Jahren in Hamm bei 14,1 % (=1.435 Personen), bei den Jugendlichen unter 20 Jahren lag sie bei 8,9 % (=271 Personen) (Arbeitsmarktreport der Agentur für Arbeit Hamm, Berichtsmonat Oktober 2005).

Gleichzeitig klag(t)en viele Betriebe über die mangelnde Ausbildungsreife der Bewerber/-innen für einen Ausbildungsplatz. Schülerinnen und Schüler haben im Bewerbungsgespräch oder bei Ausbildungsbeginn unklare Vorstellungen oder unrealistische Erwartungen. Folge sind Ablehnung der Bewerbung oder Probleme während der Ausbildung bis hin zum Ausbildungsabbruch.

Laut BiBB-Umfrage werden unter Ausbildungsreife die Fähigkeiten und Arbeitstugenden verstanden, die für alle Ausbildungsberufe wichtig sind. Schulkenntnisse wie die Grundrechenarten und Rechtschreibung zählen nur 25–44 % der Fachleute zu Fähigkeiten, die für jeden Ausbildungsberuf wichtig sind. Dazu kommt die berufsspezifische Eignung. Die wichtigsten Fähigkeiten sind laut dieser Umfrage Zuverlässigkeit, Bereitschaft zum Lernen, Leistungswille und Verantwortungsbewusstsein. Fachleute legen vor allem Wert auf allgemeine Arbeits-, Leistungs- und Sozialtugenden. Wichtiger sind Qualifikationen wie Ausbildungs- und Arbeitsmotivation, Selbstsicherheit, Teamfähigkeit und Arbeitstugenden wie zum Beispiel Pünktlichkeit. Außerdem wird von den Jugendlichen die Auseinandersetzung mit der Berufswahl, eine höhere Verantwortung für ihr eigenes Leben und eine realistische Einschätzung ihrer Kompetenzen erwartet.

Das Projekt SchuB griff und greift die in der Region Hamm besonders ausgeprägte Problematik der Jugendarbeitslosigkeit bereits im Vorfeld auf. Natürlich gab es sehr viele verschiedene Angebote anderer Träger für spezielle Zielgruppen-Segmente. Mit dem Projekt SchuB wurde das bestehende Angebot in Abstimmung mit der Agentur für Übergangsmanagement sinnvoll ergänzt.

Zielgruppe

Zielgruppe sind überwiegend Jugendliche der 9. und 10. Klassen, ggf. der Klasse 8, von Förderschulen, Hauptschulen, Realschulen, Gesamtschulen und (nach der ersten Projektphase förderbedingt weggefallen) Berufskollegs. Die Beteiligung der Schulen variierte im Laufe des Projektes aufgrund der unterschiedlichen Förderbedingungen. Die Jugendlichen werden vor allem über die Schulen angesprochen. Die Auswahl der Schulen erfolgt in Abstimmung mit der Agentur für Arbeit Hamm, der Agentur Übergangsmanagement Hamm und den beteiligten Schulen. Darüber hinaus wurden im ersten Durchgang auch Jugendliche in Jugendzentren angesprochen.

Produkte

Folgende Module werden im Rahmen von SchuB durchgeführt:

- Berichte aus der Arbeitswelt
- Werksbesichtigungen und Infoveranstaltungen in Unternehmen und öffentlichen Einrichtungen
- Bewerbungstrainings
- Trainings zur sozialen Kompetenz
- Training Assessmentcenter
- praktische generationenübergreifende Projekte
- Podiumsveranstaltung mit Unternehmensvertretern

Das Programm teilt sich dabei in zwei Kernbereiche auf:

- Erster Kernbereich ist ein intensives Training in Gruppen. Dazu gehören Bewerbungstrainings mit intensiver Vorbereitung auf Bewerbungsgespräche und Berufseignungstests. In diesem Kontext wird die Entwicklung einer persönlichen Übergangskompetenz gefördert. Darüber hinaus werden Trainings in Soft Skills (sozialen Kompetenzen) angeboten, um den hohen Stellenwert dieser Kompetenzen beim Übergang von der Schule in den Beruf zu verdeutlichen. Bei der Stellensuche zählt eben nicht nur die fachliche Kompetenz, sondern auch die so genannten sozialen Kompetenzen werden immer gefragter. Zu den sozialen Kompetenzen, die in diesen Trainings vermittelt werden, gehören vor allem Zielorientierung, Planung, Organisation und Konfliktlösung im Team. Die Trainings werden in der Regel während der Unterrichtszeit von Ehrenamtlichen in Kooperation mit den zuständigen Lehrenden der jeweiligen Klassen und ggf. den Schulsozialarbeiterinnen und -arbeitern durchgeführt.

- Zweiter Kernbereich ist eine vertiefte Berufsorientierung bzw. Förderung der Ausbildungsreife mit anschaulichen Einblicken in das Berufsleben unterschiedlicher Sparten durch Berichte und durch betrieblichen Zugang durch Werksführungen, die eine feste Gruppe der Ehrenamtlichen durchführt. Zusätzlich wurde eine „Generationenwerkstatt" eingerichtet. Hiermit ist die Mitarbeit von Jugendlichen in den von den Ehrenamtlichen durchgeführten, generationenübergreifenden Projekten gemeint, um einerseits handwerkliche und kreative Fähigkeiten, andererseits aber besonders den hohen Stellenwert der sozialen Kompetenz, der Teamfähigkeit, des Verhaltens bei Entscheidungen, des Verantwortungsbewusstseins nicht im Training, sondern im praktischen Handeln zu erleben. Mit laufenden Projekten sind hier zeitlich befristete Aktionen innerhalb der Gesamtmaßnahme gemeint, die informelles Lernen ermöglichen und bei denen Jugendliche von älteren Berufserfahrenen lernen. Zusätzlich werden neue Projekte initiiert und durchgeführt, die die Jugendlichen und älteren Berufserfahrenen gemeinsam ausgestalten. Die Projekte werden schultypabhängig in der Regel während des Unterrichts oder ggf. nach dem Unterricht von den in den o.g. Trainings engagierten Ehrenamtlichen plus weiteren in anderen AGE-Projekten engagierten Ehrenamtlichen durchgeführt.

Ergänzend werden in unregelmäßigen Abständen Podiumsveranstaltungen zur Berufsorientierung mit Unternehmensvertretern und Auszubildenden veranstaltet. Mit diesen Veranstaltungen rund um das Thema Berufseinstieg wollen wir Eltern und Jugendlichen die Möglichkeit geben, ihre Fragen direkt an Personalverantwortliche und Auszubildende aus den unterschiedlichen Branchen zu richten.

Arbeitspakete im Rahmen des Projektes 7/2006–6/2010

1. Organisation, Durchführung und Nachbereitung der Trainings und Projekte, die in der Regel von den Ehrenamtlichen allein oder in Kooperation mit der pädagogischen Mitarbeiterin, den jeweiligen Fachlehrkräften bzw. ggf. mit den Schulsozialarbeiterinnen und -arbeitern durchgeführt werden:

   • Durchführung von 56 Veranstaltungen „Berichte aus der Arbeitswelt" à 3–4 U.-Std. mit 1.120 Jugendlichen: Berichtet wird von den Ehrenamtlichen – die Lehrkräfte moderieren den Unterricht

   • Durchführung von 54 Werksführungen à 4 Std. mit 1.100 Jugendlichen in Kooperation mit den beteiligten Unternehmen. Geführt wird von Ehrenamtlichen in Kooperation mit einer/einem Verantwortlichen aus dem Betrieb und den jeweiligen Lehrenden

- Durchführung von 45 Bewerbungstrainings à 1–2 Tage mit 900 Jugendlichen, die in Kooperation mit Schulen und Lehrenden bzw. (soweit an der Schule vorhanden) mit den Schulsozialarbeiterinnen und -arbeitern angeboten werden. Trainiert wird von den Ehrenamtlichen in Kooperation mit den jeweiligen Lehrenden

- Durchführung von 40 Trainings „Soft Skills/soziale Kompetenz" à 1–2 Tage mit 800 Jugendlichen. Trainiert wird von Ehrenamtlichen und der pädagogischen Mitarbeiterin in Kooperation mit den jeweiligen Lehrenden bzw. ggf. mit den Schulsozialarbeiterinnen und -arbeitern

- Durchführung von 4 Assessment-Centern à 1–2 Tage mit 80 Jugendlichen in Kooperation mit Schulen. Trainiert wird von Ehrenamtlichen und einer pädagogischen Mitarbeiterin in Kooperation mit den jeweiligen Lehrenden bzw. ggf. mit den Schulsozialarbeiterinnen und -arbeitern

- Teilnahme von 200 Jugendlichen an 20 laufenden oder neuen Projekten à mindestens 15 U.-Std. der AGE-Gruppen in Kooperation mit den beteiligten Unternehmen. Die Projekte werden durchgeführt von den AGE-Betriebsgruppenmitgliedern. Die Betriebe beteiligen sich an der Organisation der Räume, Materialien, Maschinen, Werkzeuge und sonstigem Support

- 8 Podiumsveranstaltungen mit Unternehmensvertretern mit ca. 400 Schülerinnen und Schülern sowie 2 Veranstaltungen „Schule trifft Wirtschaft" (Workshop mit Lehrkräften/Vertretern von Hammer Unternehmen zur verbesserten Abstimmung von berufsvorbereitenden Angeboten)

2. Die Begleitung der Ehrenamtlichen wird von der pädagogischen Mitarbeiterin/Projektleiterin durchgeführt.

- Moderation der Koordinierungstreffen (Lenkungsgruppe, Kooperationspartner, des Ehrenamtnetzwerks etc.). Zielkonkretisierung im Projektverlauf, Projektplanung und Projektorganisation mit einem erweiterten Beteiligtenkreis, Konkretisierung bzw. Steuerung der Absprachen insbesondere mit Ehrenamtlichen, Übergangsmanagement, Schulen, Unternehmen, Jugendzentren. Entwicklung weiterer intergenerationeller Projekte. Regelmäßiger Austausch mit Schulleitern, Berufswahlkoordinatoren und Klassenlehrern, einer Lehrperson als Ansprechpartnerin oder -partner pro Schule, Berufsberaterinnen und Berufsberatern der Arbeitsagentur, Übergangsmanagement des Jobcenters

- Projektbegleitendes Coaching, Unterstützung und Beratung bei Konflikten in der Zusammenarbeit. Durchgeführt von der pädagogischen Mitarbeiterin und ggf. unterstützt durch Mitglieder der Lenkungsgruppe (HPM der Träger)

- Schulung und Organisation der kollegialen Beratung der Ehrenamtlichen und Weiterentwicklung der Curricula (u.a. in den Themenfeldern: Methodik und Didaktik, Projektmanagement: gemeinsame Projektplanung und Projektverfolgung in der Kooperation Ehrenamtliche/Hauptamtliche, Gesprächsführung (informieren, moderieren, diskutieren und leiten, auch in inhaltlichen Fragen wie Bewerbungstraining, AC-Verfahren etc.); durchgeführt von HPM und ggf. unterstützt durch Mitglieder der Lenkungsgruppe (HPM der Träger) und weitere Trainer

3. Nach jeder Veranstaltung werden die Teilnehmenden (Schüler/-innen; Lehrkräfte) mündlich und schriftlich (per Fragebogen) befragt. Die Ergebnisse werden aggregiert und ausgewertet und fließen in die weitere Arbeit ein. Zusätzlich werden zur Projektmitte und zum Projektende die beteiligten Multiplikatorinnen und Multiplikatoren (Schulen, Betriebe, Ehrenamtliche, Arbeitsagentur) zu je einer Auswertungsveranstaltung eingeladen. Die aggregierten Ergebnisse der Fragebögen werden in Form eines Zwischen-/Abschlussberichts der Arbeitsagentur zur Verfügung gestellt. Ergebnissicherung und Transfer erfolgen durch Rückspiegelung

der Ergebnisse an die beteiligten Partner (Schulen und Jugendzentren) im Rahmen der Agentur für Übergangsmanagement Hamm/Agentur für Arbeit Hamm.

Finanzierung

Hintergrund der Förderung waren die Empfehlungen des Landesausschusses für Berufsbildung des Landes Nordrhein-Westfalen zur Förderung junger Menschen für den Übergang von der Schule in den Beruf vom 18.2.2004. Einer der Kernpunkte war, an Schulen der Sekundarstufe I und II die Auseinandersetzung mit der Betriebs- und Berufswelt sowie mit Ausbildungs- und Lernorten zu fördern, um „Schülerinnen und Schüler zu befähigen, in sinnvoller Weise Entscheidungen über ihren weiteren Ausbildungs- und/ oder Berufsweg zu treffen und dabei sowohl ihre individuellen Wünsche und Fähigkeiten als auch die konkrete regionale Situation zu berücksichtigen". 2004–2007 förderte dementsprechend das Land Nordrhein-Westfalen im Rahmen des Ausbildungskonsenses NRW Projekte, die zur Stärkung regionaler Strukturen der Berufswahlorientierung und Berufsvorbereitung für Schülerinnen und Schüler an allgemeinbildenden Schulen sowie zur Bereitstellung von Ausbildungsplätzen beitrugen. Die 50 %-ige Finanzierung erfolgte mit Mitteln der Landesregierung (Ministerium für Arbeit, Gesundheit und Soziales, MAGS) und der Europäischen Union (Europäischer Sozialfonds, ESF) unter Einbeziehung von regional verfügbaren Ressourcen. („Verbesserung des Übergangs von der Schule in den Beruf – Bericht zur Umsetzung der Förderlinie 2004 bis 2007, März 2008, G.I.B. NRW, Gesellschaft für innovative Beratungsförderung mbH").

Die Bundesagentur für Arbeit griff Ende 2007 Projektansätze des Übergangsmanagements auf und förderte zusätzliche Maßnahmen zur vertieften Berufsorientierung nach § 33 SGB III zur Unterstützung der Berufswahlentscheidung von Jugendlichen in Kooperation mit Schulen. Maßnahmeträger konnten/können hier u.a. Kommunen, freie Träger oder Schulen sein. Die Kooperation erfolgt(e) auf regionaler Ebene direkt mit der Berufsberatung der Arbeitsagenturen vor Ort, in diesem Falle mit der Agentur für Arbeit Hamm. Das Projekt wird kofinanziert durch die Volkshochschule Hamm,

Arbeit und Leben NW, Ehrenamtliche von AGE/SchuB und Lehrende der beteiligten Schulen.

Organisation

Das Projekt „SchuB" wird durchgeführt von Arbeit und Leben DGB/VHS NW e.V. in Kooperation mit der Volkshochschule Hamm und ist organisatorisch angebunden an die gemeinsam getragene Agentur für gesellschaftliches Engagement (AGE). Beide Projekte werden getragen von zwei Weiterbildungseinrichtungen, die in korrespondierenden und sich ergänzenden Feldern ihre Kompetenzen erworben haben. Arbeit und Leben hat durch den DGB als eine der beiden Gründungs- bzw. Trägerorganisationen und durch die eigene Bildungsarbeit insbesondere mit Bildungsbenachteiligten vielfältige Zugänge zu Betrieben: über die Teilnehmenden, über Betriebsräte, Vertrauensleute und nicht zuletzt über die Gewerkschaften selbst. Volkshochschulen verfügen als kommunale Weiterbildungszentren über einen breiten Zugang zu kommunalen Kooperationspartnern in allen relevanten Bereichen. Mit dem ESF-geförderten Programm „Lebensbegleitendes Lernen und Zweiter Bildungsweg/Erwerbsweltorientierung" im Bereich nachträgliche Schulabschlüsse verstärkt die Volkshochschule Hamm die Arbeitsweltorientierung von Jugendlichen.

Eine Anbindung von „SchuB" an die Agentur AGE bringt verschiedene Vorteile mit sich, die sich zum einen auf die eingespielte und erfolgreich arbeitende Organisationsstruktur des gemeinsamen Projektes AGE beziehen, zum anderen auf das vorhandene Potenzial von berufserfahrenen und ehrenamtlich tätigen Ruheständlern. Hinzu kommen sehr gute Kontakte zu großen Unternehmen und verschiedenen Institutionen in Hamm. Der Zugang zu Schulen und den entsprechenden Lehrkräften ist durch langjährige Zusammenarbeit in verschiedenen lokalen Arbeitszusammenhängen gewährleistet.

Die Arbeit von SchuB wird durch eine Lenkungsgruppe mit Mitgliedern der Trägerorganisationen und der Projektleitung sowie eine erweiterte Lenkungsgruppe mit Sprechern der Ehrenamtlichen-Gruppen bestimmt. Die Projektleiterin vor Ort leitet das Projekt SchuB seit vier Jahren erfolgreich und verfügt zudem über langjährige Erfahrungen in der Zusammenarbeit mit Senioren und Seniorinnen, Jugendlichen und Personen mit Migrationsgeschichte.

Kooperation mit Unternehmen

Bei der Verleihung des Robert-Jungk-Preises 2005 an das Projekt AGE wurde als herausragend die bisher in dieser Weise noch nicht praktizierte Zusammenarbeit mit großen Unternehmen genannt. Ein zentraler Vorteil hier ist die Win-win-Situation, die sich aus dem Zusammenspiel von Ruheständlern, Unternehmen und der Öffentlichkeit ergibt. Während den – oft erst 50 Jahre jungen – Ruheständlern eine sinnvolle Beschäftigung für die nachberufliche Phase geboten wird, erhalten die Unternehmen die Gelegenheit, durch Unterstützung der Projekte Verantwortung für die Gesellschaft zu zeigen. Kommune, gemeinnützige Einrichtungen und Bedürftige profitieren als dritte Partner und Nutznießer der Projekte. Die Unternehmen unterstützen die Projekte. Außer an der Logistik und Organisation, Räumlichkeiten, Veranstaltungsimbiss und -begleitung etc. für die monatlichen Betriebsgruppentreffen sind die Betriebe noch auf anderen Feldern finanziell beteiligt. Für die Einzelprojekte der Betriebsgruppen stellen sie bei Bedarf zusätzliche Mittel zur Verfügung wie Betriebswerkstätten, Werkzeuge und spezielle Materialien (z.B. Bleche für die künstlerische Aufbereitung von Solaranlagen auf dem Dach der Waschkaue im Maximilianpark). Es werden LKW angemietet für Transporte nach Rumänien, die Versicherung wird übernommen und die Betriebsstoffe bezahlt etc. Auf der anderen Seite erschließen die Mitglieder der Betriebsgruppen noch zusätzliche weitere Ressourcen, zum Beispiel Farben von einer ortsansässigen Lackfabrik und anderes.

Durch die langjährige Kooperation mit großen Unternehmen in Hamm wie der Salzgitter-Mannesmann-Präzisrohr GmbH, dem Bergwerk Ost der Deutschen Steinkohle AG, der DuPont de Nemours Deutschland GmbH und der Stadt Hamm verfügt die Agentur AGE über gute Kontakte zu den jeweiligen Betriebsräten, Werks- und Personalleitungen und über die in den Räumen der Unternehmen stattfindenden regelmäßigen Betriebsgruppentreffen ist eine ständige – auch räumliche – Anbindung gegeben.

Dazu sind im Rahmen von SchuB neue Kooperationen mit Unternehmen entstanden wie z.B. mit der Plus Warengesellschaft mbH, der Hella KG Hueck u. Co., der Hesse GmbH u. Co. Lacke und Beizen, der Stadtwerke Hamm GmbH, dem St. Marien-Hospital Hamm, der St. Barbara-Klinik Hamm-Heessen GmbH, dem Berufsförderungswerk Hamm und nicht zuletzt der Agentur für Arbeit Hamm (als Unternehmen).

Im Projekt „SchuB" fördern die Unternehmen die Kontakte zwischen den am Projekt teilnehmenden Jugendlichen und den Unternehmen dadurch, dass sie über Werksführungen und Unterstützung der Projekte der Betriebsgruppen Einblicke in den Arbeitsalltag vermitteln, Praktika anbieten sowie im Rahmen der Podiumsveranstaltungen Jugendlichen Hilfestellung bei ihren Bemühungen um einen Ausbildungsplatz geben.

Die Ehrenamtlichen

Im Projekt SchuB wird Berufsorientierung aus erster Hand vermittelt durch ehrenamtliche Einbindung von berufsnahen Praktikern, ihrer beruflichen Erfahrungen und Kompetenzen. Ältere Praktiker mit reflektierter Berufsbiografie vermitteln den Schülerinnen und Schülern als Ehrenamtliche Erfahrungen, Wissen, Methoden und praktische Tipps für den Einstieg in den Beruf. Nicht geleistet werden kann im Rahmen dieses Projektes Eignungsfeststellung, konkrete Berufsberatung oder Vermittlung. Hier wird das Projekt auch abgegrenzt von anderen Ansätzen wie Coaching-, Mentoring- oder Patenschaftsprojekten. Diese Ansätze überfordern in der Regel die Beratungskompetenzen der Mehrheit der teilnehmenden Ehrenamtlichen.

Etwa 20 ehrenamtlich Tätige arbeiten in den Trainings und zusätzlich nochmals etwa 40 Ehrenamtliche im Projektbereich. Um die Bandbreite noch zu vergrößern, wurde parallel eine neue Gruppe von älteren Ehrenamtlichen angesprochen, die nicht wie bisher an ein Unternehmen gebunden, sondern aus ehemaligen Mitarbeiterinnen und Mitarbeitern aus unterschiedlichen Betrieben und Berufssparten besteht.

Die ganze Gruppe ist höchst motiviert, gut ausgebildet und berufserfahren. Das Spektrum der vertretenen Berufe ist sehr breit angelegt: technischer Angestellter (Koordinator für Gesundheitsschutz, Labor, Produktion, Unfall- und Umweltschutz), Planungsanalytiker, Betriebsschlosser, Maschinenbauer (mehrfach), Lehrerinnen Berufsschule und Sekundarstufe I, Sozialpädagoge, kaufmännischer Angestellter, Leiter Berufsausbildung, Elektriker, Techniker, Materialbeschaffung, Journalistin/Autorin, Industriemechaniker/Schlosser, Personalleiter, Kfz-Mechaniker/Maschinenschlosser/Werkzeugschleifer, Betriebsrat, Inhaberin einer Buchhandlung, gelernter Elektriker, später SAP-Koordinator und Schaltanlagenbauer, gelernter Einzelhandelskaufmann, später Operator (Maschinenbetrieb im Chemieunternehmen), Kaufmann, später technischer Assistent für Verfahrenstechnik, Former/Kernmacher, Hausfrau, technischer Angestellter Materialbeschaffung, Personalleiter, kaufmännischer Angestellter/Betriebsrat/IHK-Prüfer für Industriekaufleute, Elektrotechniker/ SAP-Leitstand, Kfz-Mechaniker/technischer Angestellter, Schweißer, technischer Angestellter Kraftwerk, Klempner/Installateur/Chemiearbeiter, CP-Operator/Regelwartenfahrer, gelernter Maurer/später Qualitätsprüfer im Rohrwerk. Ihre Berufserfahrung und Fachkenntnisse waren die Ausgangsbasis für die Planung der verschiedenen Unterrichtsmodule.

Der Einsatz der Ehrenamtlichen erfolgt nach gemeinsamer Absprache und berücksichtigt dabei die gestellten Anforderungen und vorhandenen Kompetenzen. Während des Projektes „SchuB" wird die Datensammlung mit Angaben über Fähigkeiten und Kenntnisse der beteiligten Ruheständler verfeinert, so dass die vorhandenen Ressourcen umfassender für die Arbeit mit den Jugendlichen bereitgestellt werden können. Ein Teil der Betriebsgruppenmitglieder verfügt über die Voraussetzungen, Einblicke in den Berufsalltag sowie spezielle fachliche Fähigkeiten und Fertigkeiten in schulischen Kontexten zu vermitteln. Das ermöglicht biografiebezogenes und authentisches Arbeiten. Ein weiterer Teil der Ehrenamtlichen hat bereits mehrere ergänzende Fortbildungen im Bereich der Erwachsenenbildung durchlaufen und vorhandene Kompetenzen ausgebaut. Alle haben Interesse an der Durchführung generationenübergreifender Projekte.

Nicht alle Angebote werden von allen Ehrenamtlichen angeboten werden können. Die sehr speziellen AC-Verfahren etwa werden von einer Gruppe unter Leitung des ehemaligen Ausbildungsleiters des Bergwerks Ost durchgeführt, der mit dem Verfahren und der Durchführung bestens vertraut ist.

Durch die Einbindung der berufserfahrenen ehrenamtlichen Praktiker als Trainer/-innen, die Einbindung der Betriebe als Lernorte, die stete Abstimmung der Programmmodule auf die Möglichkeiten und Bedarfe der Schulen, Lehrer/-innen und Schüler/-innen, die zeitlich ausführliche und intensive Vorbereitung und Bearbeitung der jeweiligen Themen und durch Qualifizierung der Ehrenamtlichen ist gewährleistet, dass das Ziel der Maßnahme erreicht wird.

Katja Birkner, Björn Müller-Bohlen

„Das betrifft Dich!" – Persönlichkeitsbildung in der Jugendakademie Walberberg als Übergangsmanagement

Die Jugendakademie Walberberg ist ein jugendgerechtes Tagungshaus, in dem mit kurzzeitpädagogischen Konzepten prozess- und teilnehmerorientierte[1] Jugendbildungsarbeit durchgeführt wird. Aus diesem, in seinen Grundzügen an Paulo Freire[2] anschließenden Verständnis heraus bietet die Jugendakademie Walberberg Seminare an, die nah an Themen und Bedürfnissen der Jugendlichen sind und großen Wert auf die jeweiligen gruppenspezifischen Interessen, Fähigkeiten und Prozesse legen. In der Regel sind die Teilnehmer der Jugendakademie Walberberg Schüler und verbringen dort als Gruppe gemeinsam mit den hauseigenen Referenten eine Woche, um auf unterschiedlichste Art und Weise an ihren persönlichkeitsbezogenen Themen und deren „Sitz im Leben" zu arbeiten. Ein besonderer Fokus liegt dabei traditionell auf der Arbeit mit benachteiligten bzw. besonders förderungsbedürftigen Jugendlichen. Ein gesonderter Fachbereich widmet sich daher auch der Arbeit mit Haupt- und Förderschulen sowie Projekten der Jugendberufshilfe.[3]

Seminare, die dieser Fachbereich als Angebote für Förder- und Hauptschulen sowie Berufskollegs bereithält, sind den Bereichen Übergangsmanagement und Berufsorientierung zuzuordnen und führen z.B. Titel wie „Achtung. Fertig. Arbeitslos." oder „BO-Camp" (Berufsorientierungscamp im Sinne von „Zukunft fördern."), „Projekt: Zukunft!" oder ganz schlicht „Berufsorientierungstage". Doch ganz gleich wie die konkreten Veranstaltungen auch

---

1 Personenbezeichnungen erscheinen überwiegend in der männlichen Schreibform. Selbstverständlich sind in diesem Artikel aber grundsätzlich beide Geschlechter gemeint.
2 Begründer der Befreiungspädagogik bzw. der „Pädagogik der Unterdrückten". Informationen und Hintergründe zum pädagogischen Ansatz von Paulo Freire z.B. in: Freire, P.; Schreiner, P. et al. (Hrsg.) (2008): Pädagogik der Autonomie: Notwendiges Wissen für die Bildungspraxis. Münster, New York, München, Berlin: Waxmann.
3 Zu den anderen Fachbereichen der Jugendakademie siehe Website www.jugendakademie.de.

heißen, gemeinsam sind ihnen der zugrundeliegende Ansatz und die übergeordneten Ziele.

Ziele der Berufsorientierungsseminare für junge Menschen

Jugendliche sollen in den Seminaren der Jugendakademie einen Ort finden, an dem sie sich gemeinsam mit den Referenten mit Fragen nach persönlichen Perspektiven, individuellen Stärken und Schwächen, Zukunftschancen und den Anforderungen der Arbeitswelt beschäftigen können. Im Seminarverlauf sollen sie miteinander und voneinander lernen. Sie sollen ermutigt werden, eigene Perspektiven und alternative Gestaltungsspielräume zu entdecken und eigenständig weiterzuentwickeln. Dabei sollen sie unter anderem die grundlegende Erfahrung machen,

- dass die jeweiligen Mitschüler auch mit Zukunftsschwierigkeiten konfrontiert sind,
- dass ein Sich-Zusammentun und ein gemeinsames Überlegen Sinn machen,
- dass sich ein Ausprobieren in einem geschützten Raum lohnt,
- dass eine produktive Auseinandersetzung mit der Selbst- und Fremdwahrnehmung nicht nur belasten, sondern auch Perspektiven eröffnen kann und
- dass unterschiedliche Zugänge und Methoden existieren, um an sich und seinen Zukunftschancen zu arbeiten.

Ein exemplarischer Seminarverlauf anhand der Darstellung der unterschiedlichen Arbeitsphasen und Dimensionen mag verdeutlichen, welcher didaktisch-methodische Leitfaden maßgeblich für die Umsetzung dieser Ziele ist:

1. Vorbereitung

Bevor die Schüler als Seminarteilnehmer anreisen, lernen sie bereits eine Referentin oder einen Referenten im Rahmen eines Besuchs in der Schule kennen. Neben organisatorischen und konzeptionellen Absprachen sowie der Vorstellung des Hauses steht dort der erste Kontakt mit den Schülern im Vordergrund. Ein erstes Gespräch mit den Teilnehmern und ein erster „Scan" der jeweiligen Situation der Gruppe und deren Auseinandersetzung mit dem allgegenwärtigen Thema „Berufswahl" und „Zukunft" – privat wie auch in Unterrichtsprozessen – liefern, ergänzt durch die Einschätzung der für die Gruppe verantwortlichen begleitenden Lehrer, Anhaltspunkte für die konkrete Gestaltung des Seminars.

2. Einsteigen

Zu Beginn des Seminars wird eine Ankommensphase gestaltet. Die Teilnehmer sollen sich mit dem neuen, nicht-schulischen und nicht-alltäglichen Umfeld arrangieren können und sich die Jugendakademie als Lern- und Lebensraum durch erste, oft gruppen- und erlebniszentrierte, Aktionen erschließen. Ein Sympathieaufbau und die Sensibilisierung für sich selbst wie auch die anderen Teilnehmer stellen in dieser Phase die Weichen für die weitere Zusammenarbeit.

3. Fokussieren

Der Übergang zu einem thematischen Einstieg erfolgt meist fließend. In den Seminareinheiten stehen von Beginn an die Teilnehmer gleichermaßen als einzelne Persönlichkeiten einerseits und als Teil der Gruppe andererseits im Mittelpunkt. Das eigene Kennenlernen anhand neuer Zugänge wird durch die Beteiligung der „dritten Ebene" unterstützt und erhält in der Seminarplanung ausreichenden Raum. Diese Ebene betrifft das Einüben von persönlichem Reflexionsvermögen. Reflektiert werden sollen die eigene Lebenssituation, eigene Werte und Überzeugungen als Argumente für Entscheidungen, die Haltungen gegenüber Menschen im Lebensumfeld und bestimmten Funktionen, die kulturellen und sozialisationsabhängigen Prägungen sowie persönliche Ängste und Blockaden. Hierbei ist das jeweilige Seminarthema auf die Lebensübergänge und die jeweilige Betroffenheit bezogen: Die Persönlichkeit im Hier und Jetzt mit ihrer individuellen Vergangenheit und ihren Erfahrungen ist das Subjekt des pädagogischen Bemühens. Die Thematisierung von Zukunftsphantasien und Berufswünschen – ganz gleich ob utopisch oder realistisch – findet hier ihren Platz. Doch auch das Herausfinden bzw. Zuordnen von Eigenschaften und Persönlichkeitsmerkmalen zur eigenen Person (Stärken und Grenzen, Interessen und Neigungen) ist ein zentraler Aspekt in dieser Phase. Die Teilnehmer können hier die Bedeutungen von Eigenschaften klären, ihre Selbsteinschätzungen mit entsprechenden Begrifflichkeiten füllen und mit den anderen Gruppenmitgliedern darüber ins Gespräch kommen. Kreative und interaktive Methoden helfen dabei, die Potentiale der Schüler zu entdecken. Neue Erfahrungsfelder liegen für die oben genannte Zielgruppe insbesondere in der Möglichkeit, sich positiv und verstärkend zu entdecken, d.h. unter Ausblendung bzw. Vernachlässigung der sonstigen diskursiven Wertungen ihrer Persönlichkeiten und Lebenswelten, und eine klarere Sprache zur Beschreibung des eigenen Profils herauszuarbeiten.

4. Trainieren

Nachdem eigene Berufswünsche und Zukunftsperspektiven benannt bzw. erarbeitet wurden und eine Auseinandersetzung mit den eigenen Stärken und Schwächen gewagt wurde, richtet sich die Aufmerksamkeit nun auf jene komplexen Anforderungen und Situationen, die sich am Übergang zum Beruf zwangsläufig stellen. Ziel dieser Phase ist es, (a) die Anforderungen und Erwartungen in Bewerbungsverfahren und Arbeitsalltag transparent und mit Blick auf die eigene Person besprechbar zu machen und (b) in einem geschützten Raum Kommunikationssituationen wie Bewerbungstelefonate oder Vorstellungsgespräche zu simulieren und so Möglichkeiten zur Vorbereitung, zum Ausprobieren und zur anschließenden Reflexion zu schaffen.

Durch die Sammlung von bereits vorhandenem Wissen, z.B. über Vorstellungsgespräche und ihre spezifischen Rahmenbedingungen, wird in Kombination mit ergänzenden Inputs durch die Referenten ein Anforderungsprofil inklusive „Dos and Don'ts" erstellt. Wo das Gespräch vielleicht nicht die richtige Erarbeitungsform ist, können spielerische Zugänge eine Alternative sein.[4] In zwei

---

4   So werden beispielsweise bei einer Variante der Methode „Wer schafft's auf den Stuhl", die der Erstellung eines Anforderungsprofils für den Beginn und die Startphase eines Vorstel-

Trainingsmodulen sollen sich die Teilnehmer in dieser Arbeitsphase zudem einzeln unter Beweis stellen. Im ersten Modul wird jeweils eine Kontaktaufnahme per Telefon trainiert. In einem weiteren Modul finden sich die Teilnehmer dann in simulierten Vorstellungsgesprächen wieder. In beiden Modulen erhalten sie die Chance, sich und ihre Strategien für solche Kommunikationssituationen auszuprobieren. Diese Seminarphase schließt ab mit persönlichen Reflexionsgesprächen, in denen die Teilnehmer detailliertes Feedback zu den beiden Trainingsmodulen und konkrete Verbesserungsvorschläge erhalten.

5. Auswerten

Mit den an die einzelnen Arbeitsschritte der verschiedenen Phasen gekoppelten Auswertungsgesprächen, dem Feedbackgespräch zu den Trainingsmodulen und einer abschließenden Seminarauswertung werden Rückkopplungsprozesse initiiert und die Teilnehmer einmal mehr in die Gestaltung des Seminars eingebunden. Die Wertschätzung der Rückmeldungen und Ideen ist dabei ein zentraler Aspekt. Die Schüler können sich so als ernst genommene Gesprächspartner in den verschiedenen, (selbst-)reflexiven Austauschszenarien erleben.

Besondere Merkmale dieser Seminarform für junge Menschen

Da im Seminarverlauf mit besonders förderbedürftigen Teilnehmern nicht selten Irritationen oder Probleme in oder mit der Gruppe aufkommen, sind die Referenten stets darauf bedacht, die gruppenspezifischen Prozesse zu beobachten und ggf. aufzugreifen. Nicht selten ist es für einige Teilnehmer z.B. eine überaus große Herausforderung, mehrere Tage und Nächte mit ihrer Klasse zu verbringen und sich dazu auch noch eher „unbequemen" Fragestellungen auszusetzen. Doch dieses inhaltliche wie zwischenmenschliche Reibungspotential wird in den Seminarkontexten der Jugendakademie nicht als störend für die „eigentliche" Arbeit angesehen. Es ist vielmehr ein nützlicher

---

lungsgesprächs dient, so lange nach dem „Trial and Error"-Prinzip Handlungs- und Reaktionsweisen ausprobiert, bis eine durchweg gelungene Begrüßung mit sich anschließendem Einstieg in das Vorstellungsgespräch geschaffen wurde.

und notwendiger Anknüpfungspunkt für Interventionen und Initiativen der Prozessmoderatoren. Mit einem zielgruppengerechten Repertoire an Modellen der Konfliktmoderation und erlebnispädagogischen Methoden respektive der Möglichkeit, den hauseigenen Niedrigseilgarten und die Kletterwand zu nutzen, können Grenz- und Konfliktsituationen nicht nur situativ bearbeitet, sondern – im Sinne der Idee von Persönlichkeitsbildung der Jugendakademie als außerschulischer Bildungsform – zur Entwicklung von kurz- und längerfristigen Strategien und Handlungsalternativen nutzbar gemacht werden.

Das „Walberberger Verständnis" von Übergangsmanagement

Die hier vorgestellte Form von Übergangsmanagement basiert im Grunde auf der Initiierung informeller Bildungsprozesse. Im Vordergrund steht dabei die persönlichkeitsbezogene Arbeit an Identitätsfragen und Kommunikationsskills im Rahmen einer Gruppe, die in ihrer praktischen Umsetzung auf nachhaltige, erlebnisorientierte und den Gestaltungsmöglichkeiten der Teilnehmer entsprechende Methoden setzt. Obgleich die Prognostizierbarkeit und Überprüfbarkeit der Nachhaltigkeit solcher kurzzeitpädagogischer Seminarkonzepte[5] sicher nur schwer möglich ist, zeigen die langjährigen Erfahrungen der Kursarbeit, dass dieser stark partizipative Ansatz der politischen Bildung mit seinen Möglichkeiten zur Mitbestimmung und Mitgestaltung von Gruppenprozessen mindestens eine Bewusstseinsschärfung für den Wert und die Notwendigkeit des Engagements in persönlichen, beruflichen und gesellschaftlichen Entscheidungsprozessen evoziert. Ein weiterer Gewinn besteht in den positiven wie auch negativen Erfahrungen aus den vielfältigen „Laborsituationen" des Seminars. Aus ihnen können die Teilnehmer geeignete Handlungsmuster für die Bewältigung der Anforderung des Übergangs in das Berufsleben schöpfen oder ausgehend von diesen Szenarien Handlungsalternativen für ihren Lebensalltag entwickeln.

---

5   Die spezifische Dynamik und Möglichkeit der Kurzzeitpädagogik liegt darin, in der Distanz zum Alltag in eine intensive Auseinandersetzung mit sich selbst und unterschiedlichen Themen zu gehen – und das nicht nur während der Arbeitseinheiten, sondern auch abends, in den Pausen, auf den Zimmern oder beim Essen. Die Referenten des Seminars begleiten die Gruppe in ihren Prozessen und inhaltlichen Auseinandersetzungen. Siehe dazu auch: www.jugendakademie.de/wir/konzept.htm.

Fred Schelp

Die Rolle der Bibliotheken in der Berufsorientierung

am Beispiel der Stadtbibliothek Bielefeld

1. Berufsorientierung (eine Begriffsdeutung)

Unter **Beruf** versteht man im Allgemeinen eine normativ mit Handlungs-Rechten und -Pflichten versehene Tätigkeit, die ein Mensch für finanzielle oder sonstige Gegenleistungen selbstständig oder im Dienste Dritter regelmäßig erbringt und für die er durch eine Ausbildung (im weiteren Sinne) befähigt ist.

Das Wort **Orientierung** ist in der Bedeutung von „Ausrichtung, Kenntnis von Weg und Gelände, geistige Einstellung" im Deutschen seit dem 19. Jahrhundert belegt. Das zugrunde liegende Verb **orientieren** wurde bereits im 18. Jahrhundert aus dem französischen *orienter* entlehnt und geht auf das lat. *oriens* zurück. Dies bedeutet soviel wie „sich dem Sonnenaufgang oder Osten zuwendend".[1]

Hieraus abgeleitet ist **Berufsorientierung** ein Angebot/Hilfsmittel gleich einem Kompass, welches insbesondere jungen Menschen ermöglicht,

- in einem „Dschungel" vielfältiger Berufs- und Qualifizierungsoptionen einen generellen Überblick über das Berufsangebot aus einer Art Metaebene zu erlangen,

- für sich selbst den/die speziellen Berufe zu entdecken, die ihren individuellen Fähigkeiten und Präferenzen entsprechen, woraus sie für sich selbst den eigenen Berufswunsch (Ziel) definieren können,

---

1 Wissenschaftlicher Rat der Dudenredaktion (Hrsg.) (1997). Duden. Das Fremdwörterbuch (Band 5). Mannheim: Bibliographisches Institut F.A. Brockhaus, S. 577.

- Wege zu erkennen, wie sie ihre Ziele am besten erreichen können

- und hierüber hinaus die Qualifizierungsmöglichkeiten, Hilfen und Institutionen kennenzulernen, die ihnen bei der Erreichung der beruflichen Ziele behilflich sind.

2. Berufsorientierung – eine gesellschaftliche Notwendigkeit und Verpflichtung

Schon in der 9. Klasse der Mittelstufe stehen junge Menschen vor der wichtigen Entscheidung, welche Richtung sie hinsichtlich ihres späteren Berufes einschlagen sollen. Fakt ist, dass viele Heranwachsende nur nebulöse Vorstellungen haben, wie ihr späteres Berufsleben aussehen soll. Manche/-r Heranwachsende mag geneigt sein zu meinen, dass mit Ende der 8. Klasse noch genügend Zeit zur Verfügung stehe und man sich zu diesem Zeitpunkt noch keine Gedanken über sein späteres Berufsleben zu machen brauche. Dementsprechend wird auch die Notwendigkeit einer rechtzeitigen Berufsorientierung unzureichend erkannt und bestehende Angebote unzureichend eigenmotiviert abgerufen.

Im Folgenden möchte ich begründen, warum Maßnahmen der Berufsorientierung bei Jugendlichen möglichst schon mit Vollendung ihres 14. Lebensjahres (8. Klasse) einsetzen sollten.

- Grundsätzlich geht es darum, dass Kinder/Jugendliche die Schulzeit als eine für sich selbst wichtige Phase auf dem Weg zum Erfolg begreifen sollen. Mit Erfolg meine ich nicht den Erfolg, der sich im gesellschaftlichen Vergleich in Geld und Status messen lässt, sondern das persönliche Glück, den Beruf ausüben zu können, der eigene Präferenzen und Stärken am besten zum Tragen bringt und dessen Ausübung innere Zufriedenheit (Glück) bewirkt. Vielen Jugendlichen, insbesondere Jungen, fehlt eine Vorstellung des Berufsziels, das sie erreichen wollen oder können. Eine Berufsorientierung, insbesondere im ersten begleiteten Praktikum, kann hier wirkungsvolle Hilfe leisten, eine Sicht über die eigene berufliche Zukunft zu entwickeln.

Ohne ein Ziel vor Augen fehlt es an der nötigen Lernmotivation. Die Motivation ist stark an ein Ziel gebunden, welches begehrlich und erreichbar erscheint. Ohne ausreichende Lern-Motivation in der 8. Klasse besteht die Gefahr, dass aufgrund unzureichender Leistungen schulische Qualifikationen nicht, unzureichend oder zeitverzögert erreicht werden. Im Wettbewerb um eine günstige Ausgangsposition bei der Vergabe limitierter Ausbildungs- und Arbeitsplätze verrinnt wertvolle Zeit und das „durchlässige" Schulsystem wird für manchen undurchlässig. Die Folge ist, dass ohne eine Berufsorientierung mancher Lebensweg unnötigerweise schon früh einen entscheidenden Knick erfährt. Insbesondere Jungen sind während der Pubertät besonders gefährdet, ins Hintertreffen zu gelangen. Für diese Gruppe ist es lernpsychologisch besonders wichtig, bezogen auf die berufliche Zukunft rechtzeitig hinreichend begleitet und beraten zu werden. M. E. müsste deshalb die Berufsorientierung schon ab der 8. Klasse regulärer Teil des Unterrichtsgeschehens sein.

- Das vermehrte Angebot sich stetig wandelnder Berufsbilder und Qualifikationsmöglichkeiten überfordert die Jugendlichen und auch viele Eltern. Eltern, die ihren Kindern beratend zur Seite stehen wollen, fehlt oftmals die Zeit und die Kompetenz, dies ausreichend zu tun. Zudem haben sich Berufsbilder und Qualifikationen in den letzten 20 Jahren stark von klassischen, eng eingrenzbaren und überwiegend handwerklichen Tätigkeiten weg in Richtung einer interdisziplinären Verarbeitung von Daten und eines Ausbaus der Dienstleistungen gewandelt.

- Jugendliche aus sozial schwachen Elternhäusern und/oder mit einem Migrationshintergrund benötigen wegen einer fehlenden oder nur unzureichend vorhandenen Hilfestellung ihres Elternhauses bzw. sozialen Umfeldes externe Hilfen bei der Berufsorientierung. Kulturelle und soziale Gewohnheiten prägen das Leben dieser Kinder bis in die Berufswahl hinein. Ein Großteil der beschriebenen Elternhäuser hält eine umfangreiche Qualifizierung nicht für notwendig bzw. ist nicht fähig oder willens, diese zu unterstützen. Eine frühzeitige externe, im Verbund durch die diversen Akteure vermittelte, Hilfestellung bei der Berufsorientierung ist deshalb für diese Jugendlichen besonders

wichtig, um möglichst rechtzeitig eine falsche Prägung auszuglei-
chen. Sie stellt ferner eine wichtige Voraussetzung dar, damit deren
gesellschaftliche Integration gelingen kann.

- Jugendliche müssen rechtzeitig vor ihrer Volljährigkeit befähigt werden, durch gut durchdachte Entscheidungen ihre berufliche Zukunft/
  Entwicklung in eine positive Richtung zu lenken, da sie es sind, die
  mit den Folgen leben müssen. Berufsorientierungsmaßnahmen sind
  somit eine wichtige Hilfe zur Erlangung tatsächlicher Selbstständigkeit, d.h. Abnabelung von Dritten (Eltern), die bisher die Entscheidungen für sie trafen.

- Die Übergangsphase zwischen Schule und Beruf hat sich verlängert
  und damit zu einer zeitlich verzögerten Berufswahl geführt. Das
  „durchlässige" Schulsystem ermöglicht diverse Möglichkeiten des
  Weiterlernens. Nicht wenige Jugendliche halten es daher für nicht so
  wichtig, sich auf ein berufliches Ziel auszurichten, sondern wollen
  sich möglichst lange möglichst viele Optionen offenhalten. Diese
  Möglichkeiten können aber auch dazu verleiten, zielgerichtete Entscheidungen hinsichtlich einer Spezialisierung zu ertagen und somit
  wichtige Zeit zu verschenken. Besonders betroffen sind auch männ-
  liche Jugendliche. Bei ihnen überschneidet sich – im Gegensatz zu
  den Mädchen – die Orientierungsphase mit ihrer später eintretenden
  Pubertät. Jungen sind eher geneigt nur im „Heute" zu leben.

- Die momentane wirtschaftliche Situation und die negative Berichter-
  stattung hierüber bewirkt bei vielen Jugendlichen eine große Verunsi-
  cherung und Angst, sich in falscher Richtung zu entscheiden. Berufsorientierung ersetzt nebulöse Ängste durch Fakten und Erfahrungen.
  Jugendliche bedürfen in dieser Situation besonders der Ermutigung,
  der Beratung und eines Coachings, damit sie sich mit Selbstvertrauen
  den Herausforderungen der Berufswahl stellen wollen und auch können.

- Die zunehmende Komplexität in der Gesellschaft mit ihren Vernet-
  zungen in der Wirtschaft und im Arbeitsleben erfordert ein Zusammenwirken aller Kräfte, damit Jugendliche befähigt werden, die

Arbeitswelt interdisziplinär beurteilen und in ihrer Berufsfindung, beruflichen Weiterentwicklung und Lebensplanung mit den richtigen persönlichen Strategien flexibel reagieren zu können.

Aus diesen und weiteren Gründen ist die Berufsorientierung eine gesellschaftliche Bringschuld an die künftige (Arbeits-)Generation und muss somit ein integraler Bestandteil des Bildungssystems sein (werden), welches die Entwicklung der Ausbildungsfähigkeit von Schülerinnen/Schülern unterstützt und die notwendigen Schlüsselkompetenzen vermittelt.

Die Arbeitssituation, die Berufsbilder und die erforderlichen Schlüsselkompetenzen haben sich in den letzten 25 Jahren radikal geändert.

- Wir registrieren eine Verkürzung der Halbwertzeit des Wissens, die uns zu lebenslangem Lernen nötigt.

- Die Globalisierung des Wirtschaftsverkehrs führte zu einer zunehmenden Komplexität des Waren- und Dienstleistungsverkehrs, welche sich in neuen Berufsbildern niederschlägt. Interdisziplinäre Kenntnisse/Kompetenz und deren Aneignung wird wichtiger als starres Faktenwissen.

- Es wurde eine flächendeckende Technisierung insbesondere im Bereich der Datenverarbeitung und des Datentransfers vollzogen, deren Beherrschung spezielle Kompetenzen erfordert.

- Globalisierung und Wirtschaftskrise lassen eine Sicherheit des Arbeitsplatzes und die Sicherheit, in dem ursprünglich erlernten Beruf bis zur Verrentung zu arbeiten, nicht zu. Persönliche wirtschaftliche Absicherung erfordert eine erhöhte Flexibilität auf eine begrenzte Zeit und/oder zusätzlich neue Tätigkeiten zu erlernen und auszuüben.

Diese Situation stellt auch veränderte Ansprüche an die Bildungseinrichtungen, denen sie sich stellen müssen, um ihren gesellschaftlichen Bildungsauftrag – Menschen nicht nur Wissen, sondern Kompetenz zu vermitteln – effektiv wahrnehmen zu können.

Indem ich hier das Bildungssystem in die Pflicht nehme, beziehe ich die öffentlichen Bibliotheken mit ein, welche seit über 100 Jahren eine wichtige gesellschaftliche Funktion in der Vermittlung von Wissen wahrnehmen.

Im Folgenden zeige ich auf, wie sich das Selbstverständnis der öffentlichen Bibliotheken und das Verständnis ihres Bildungsauftrags in den letzten 100 Jahren gewandelt hat und welche Rolle die Bibliotheken in dem Orchester der Maßnahmeträger der Berufsorientierung spielt bzw. spielen kann.

3. Das Rollenverständnis der öffentlichen Bibliotheken in der Vergangenheit von 1900 bis ca. 1990

Im vergangenen Jahrhundert bis Anfang der 90er-Jahre definierten sich die öffentlichen Bibliotheken überwiegend als eine Bildungseinrichtung, die Medien für die Öffentlichkeit erschließt, d.h. Neuerscheinungen sichtet, nach den jeweiligen, sich wandelnden, Zielsetzungen beschafft, in einem Katalogsystem verzeichnet und diese einer breiten Bevölkerungsschicht zur Ausleihe zur Verfügung stellt.

Dem Bibliothekssystem lag und liegt die positive Absicht zugrunde, auch finanziell schlecht gestellten Bevölkerungsschichten den Zugang zu Büchern und über die hierüber vermittelte Bildung eine gesellschaftliche Teilhabe bzw. einen beruflichen und damit gesellschaftlichen Aufstieg zu ermöglichen. Kaum eine Bildungsinstitution hat in der Vergangenheit derart positiv auf die Volksbildung gewirkt.

Folgende Effekte möchte ich herausstellen:

- Erwerb von Lesekompetenz, welche wiederum eine wichtige Voraussetzung zur Erlangung einer soliden Rechtschreibkompetenz bildet,
- Vermittlung von Medienkompetenz hinsichtlich des richtigen Umgangs mit Literatur, z.B. Medienrecherche,
- Wissenspool (Vorhalten von Literatur),
- Erweiterung des intellektuellen Horizontes,
- Anregung des Wissensdurstes und der Phantasie,

- Völkerverständigung und Toleranz (mit Ausnahme der Zeit von 1933 bis 1945).

Die Bibliothek war lange Zeit der Inbegriff des Hortes des Wissens und dies insbesondere für ärmere Schichten, die sich Bücher und damit Bildung aus eigener wirtschaftlicher Kraft nicht leisten konnten. Die Institution der öffentlichen Bibliothek ist somit gelebte Bildungsgerechtigkeit.
Die Bibliotheken stellten auch einen der wenigen Orte dar, an dem eine Gleichberechtigung der Geschlechter schon zu einer Zeit gelebt wurde, als dies in den meisten Berufsfeldern noch nicht der Fall war.
Die Leitung der öffentlichen Bibliothek in Bielefeld wurde 1905 einer Frau übertragen. Zurzeit wird 90 % des fachbibliothekarischen Personals durch Frauen gestellt.

Aus der oben beschriebenen Wirkung der Bibliotheken auf die Volksbildung entwickelten diese ein stark ausgeprägtes Selbstbewusstsein, für breite Bevölkerungsschichten die Anlaufstelle für Bildung schlechthin zu sein, welche auch in der Zukunft notwendig sein wird und damit ein Stück weit eine gewisse Unantastbarkeit genießt.
Hieraus resultierte, trotz einer dem Bibliothekspersonal zugeschriebenen Weltoffenheit, eine gewisse Selbstgenügsamkeit und Fixierung auf sich selbst.
Die Lektorinnen/Lektoren sahen ihre Hauptaufgabe darin, die Sichtung, Beschaffung, Katalogisierung und Bereitstellung der Medien in großen Lesesälen in Regalaufstellungen sicherzustellen, die bis in die 90er-Jahre hinein die nüchterne Anmutung von Spargelbeeten hatten. Ferner galt es für viele Bibliotheksleitungen als erstrebenswert, möglichst viele Exponate zur Ausleihe anbieten zu können. Eine Spezialisierung fand kaum statt, so dass in einer Stadt wie Bielefeld noch bis in die 80er-Jahre im wissenschaftlichen Bereich durch die Stadtbibliothek Parallelbestände zur Universitätsbibliothek aufgebaut und gepflegt wurden. Es bestand keine Zusammenarbeit der Institute, wenn nicht gar eine gewisse Konkurrenz.
Das Verständnis als Ausleihanstalt bedingte, dass es den Bürgerinnen/Bürgern oblag, die Institution aufzusuchen und die Medien zu nutzen. Werbung und ein Kundendienst außer Haus fanden nur begrenzt statt.

4. Veränderung des Rollenverständnisses zu einer nach außen gerichteten Bibliothek mit einem nachfrageorientierten Medien- und Veranstaltungsangebot am Beispiel der Stadtbibliothek Bielefeld

4.1 Die Krisenstimmung in den öffentlichen Bibliotheken Anfang der 90er-Jahre

Wie so oft bedarf es erst krisenhafter äußerer Veränderungen, um ein Umdenken und eine Neuausrichtung zu bewirken.

Anfang der 90er wurde die Schuldenlast der Kommunen als Betreiber der öffentlichen Bibliotheken so erdrückend, dass rigorose Einsparungen in den städtischen Haushalten ergriffen bzw. teilweise durch die Aufsichtsbehörden des Landes verordnet wurden.

Besonders ins Blickfeld gerieten die so genannten freiwilligen Aufgaben der Selbstverwaltung. Da es entgegen anderer Länder wie England bis heute in Deutschland keine Bibliotheksgesetze gibt, handelt es sich nicht um eine Pflichtaufgabe, was bedeutet, dass es der Kommune freigestellt ist, ob und in welchem Umfang sie eine öffentliche Bibliothek betreibt.

Indiz für die Handlungsfähigkeit einer Bibliothek sind der Medienerwerbungsetat und der Personalbestand.

Mitte der 90er-Jahre bestand die Stadtbibliothek Bielefeld noch aus einer großen Zentralbibliothek mit 11 Zweigstellen und 72 Planstellen. Im Zuge der Sparanstrengungen wurde Mitte der 90er-Jahre der Medienerwerbungsetat der Stadtbibliothek Bielefeld von vormals ca. 300.000 € auf 160.000 € reduziert. Bei einer Einwohnerzahl von 320.000 Einwohnerinnen/Einwohnern belief sich die Medienerwerbsquote auf 0,50 € pro E und lag somit 50 % unter der Mindestquote, welche der Deutsche Bibliotheks-Verband (DBV) empfohlen hatte.

Da nicht mehr aktuelle Medien beschafft werden konnten, sank die Attraktivität des Medienbestandes derart, dass die jährlichen Ausleihzahlen von 1,5 Mill. auf 0,85 Mill. jährliche Ausleihen zurückgingen.

Dieser negative Trend wurde auch durch eine neue Medienlandschaft und einen veränderten Medienkonsum weiter verstärkt.

- Im populärwissenschaftlichen Bereich tauchte die CD-ROM auf
- Video und aufkommende DVD bestimmten die Medienlandschaft der 90er-Jahre
- In den letzten 10 Jahren hat sich das Internet als Wissensdatenbank immer mehr ausgebreitet
- Immer mehr Kinder und besonders Jugendliche konsumieren Wissen via Internet und Journalen in einer Fast-Food-Mentalität, d.h. dass das Lesen von komplexeren literarischen Werken abnahm. Die Nutzergruppe der 14- bis 18-Jährigen an der Gesamtnutzerzahl in der Stadtbibliothek Bielefeld beträgt nur ca. 4 %. Von dieser Nutzergruppe werden überwiegend DVDs, Musik-CDs und Computerspiele ausgeliehen

Folge des überwiegend aus dem Einsparungsdruck resultierenden Absinkens der Ausleihzahlen war die Schließung von drei Zweigstellen. Vier weitere Zweigstellen konnten nur durch ehrenamtliches Engagement vor der Schließung bewahrt werden. Die Anzahl der Planstellen wurde bis zum Jahr 2008 auf 47,5 Planstellen heruntergefahren.

4.2 Eine allgemeine Neuausrichtung der Bibliotheken als Antwort auf die Krise und den Medienkonsumwandel am Beispiel der Stadtbibliothek Bielefeld

Mit dem Leitungswechsel im Jahr 2001 erfolgte eine Neuausrichtung der Bibliothek, die den veränderten gesellschaftlichen Bildungsbedürfnissen Rechnung trägt.

Folgende Veränderungen wurden u.a. mit Fördermitteln des Landes NRW realisiert:

- Einrichtung eines Internetangebotes (2001)

- Einrichtung eines Medienschulungsraums in der Zentralbibliothek (Klick-Center) mit einer multimedialen Ausstattung zur Schulung von

Gruppen (Schulklassen) in der Internetrecherche und Nutzung des Bibliothekskatalogsystems (2002)

- Einführung eines Digitalen Recherchesystems (DigiBiB) zur parallelen Online-Recherche in bibliothekarischen Datenbanken (2002)

- Einrichtung einer Gesundheitsbibliothek „Wissenspool Gesundheit" in der Zentralbibliothek mit Medien rund um Wellness, Ernährung, Sport und Pflege (2003)

- Einrichtung einer Teen-Bibliothek in der Schulbibliothek der Gesamtschule Schildesche (2004) und in der Zentralbibliothek (2006) mit einer jugendgerechten Ausstattung an Mobiliar und Medien (AV-Medien, Mangas, Comics, Fantasy, Jugendsachbücher, Romane, Beziehungsratgeber). In diesem Rahmen wurden auch Bücher zur Berufsfindung und Bewerbungshilfen angeboten. Deren Umfang beträgt aber nur 2 % des Medienbestandes

- Aufbau von Schülercentern in der Zentralbibliothek und den 4 großen Zweigstellen. Hierbei handelt es sich um Lernhilfen ab der Klasse 5, Nachschlagewerke, Sprachkurse, Sachbücher und Schulbüchern der verschiedenen Verlage

- Parallel baute der Autor ab 2004 mit qualifizierten AGH-Kräften eine offene Hausaufgabenhilfe in 3 Teilbibliotheken auf. In extra zur Verfügung gestellten Räumlichkeiten konnten Kinder mit fehlendem Lernumfeld und Betreuung Hausaufgaben machen und hierbei unter Anleitung auf die existierenden Lernhilfen und das Internet zugreifen. In Einzelfällen konnte konkrete Nachhilfe erfolgen

- Ausdünnung des spezialisierteren bzw. anspruchsvolleren Sachbuchbestandes für Erwachsene in den Filialen zugunsten einer umfangreichen Angebotsspezifizierung auf Kinder- und Jugendliteratur („Familienbibliothek")

- Modernisierung und Neuausrichtung des Medienbestandes von 4 Zweigstellen als Familienbibliotheken (2004, 2006–2008)

- umfangreiche Projekte zur Förderung der Lese- und Rechtschreibkompetenz wie aufsuchende Bibliotheksarbeit – Leselatten bei Kinderärzten und Kindergärten (2005), Vorleseschulungen für Eltern und Pädagoginnen/Pädagogen (jährlich), Sommerleseclub in Kooperation mit Schulen: Leseleistungen werden auf Deutschzensuren angerechnet (seit 2007 jährlich)

- Führungen von Schulklassen durch die Bibliothek

- Kinderliteraturveranstaltungen (Kinderliteraturtage=Lesungen mit Kinder- und Jugendbuchautoren); Grips für Kids=Jugendliche stellen ihre Experimente aus „Jugend forscht" vor und experimentieren mit Kindern,

- Neukonzeption einer neuen Kindererlebnisbibliothek zum Thema Wald (u.a. mit Baumhaus, Lesebäumen) in der Zentralbibliothek (2005)

- Aufbau einer bilingualen Bibliothek in der Stadtteilbibliothek Brackwede, welche einen sehr hohen Migrantenanteil an der Wohnbevölkerung aufweist, in den Sprachen Türkisch, Russisch und Griechisch. Parallel werden in Zusammenarbeit mit dem Jugendamt und der Ausländerstelle Lesekurse sowie Theaterstücke für ausländische Mütter und deren Kinder angeboten

- Aufbau eines kostenpflichtigen Bestseller-Angebotes (Bestsellerlisten)

- Aufbau eines attraktiven AV-Medienangebotes (DVD, CD-Rom, CD, Hörbücher)

- Erlass einer kunden- und familienfreundlichen Benutzungs- und Gebührenordnung, welche u.a. Karenzzeiten vorsieht und eine vergünstigte Familien- und Partnerkarte anbietet

- attraktiver Internetauftritt

- Erwachsenenliteraturtage und diverse Ausstellungen (2002–lfd.)

- kundenfreundliche Medienausleih- und Verlängerungsservice durch SMS- und Internetverlängerung (2006), RFID-Ausleihverbuchung (2008)

- Durchführung einer Spendenaktion

- Angebot von vorkonfektionierten Medienboxen für den Fachunterricht in Schulen zu Themen (z.B. Wald, Umwelt, Körper) und deren Auslieferung/Rückholung mittels eines gesponserten Lesemobils

- Literaturkreis für junge Mädchen ab dem 14. Lebensjahr

- Schulkooperationen mit allgemein bildenden Schulen hinsichtlich Leseberatung und Einbeziehung der jeweiligen Schulbibliotheken in das Bibliothekssystem mit einem Kombiausweis (Schul-/Bibliotheksausweis)

Durch diese o. a. Maßnahmen erfolgte eine Öffnung der Bibliothek nach außen, eine Angebotsspezifizierung als Familienbibliothek insbes. für Kinder und Jugendliche und die Mobilisierung von Synergien durch Kooperationen mit anderen Bildungseinrichtungen.
Infolge dieser Maßnahmen stieg die Ausleihzahl wieder auf 1,60 Millionen jährliche Ausleihen. Die Besucherzahl stieg 2008 auf eine Höchstzahl von 712.000 Bibliotheksbesuchern.

5. Angebote der Berufsorientierung in der Stadtbibliothek Bielefeld

Die Ausführungen unter den Punkten 1 und 2 dienen dem Verständnis, dass nachfolgend dargestellte Angebote der Stadtbibliothek Bielefeld auf dem Gebiet der Berufsorientierung auch ein positives Ergebnis der allgemeinen

Neuorientierung der öffentlichen Bibliotheken sind. Noch vor 20 Jahren hätte man dieses Betätigungsfeld für sich nicht entdeckt. Es sei allerdings erwähnt, dass die Stadtbibliothek Bielefeld neben der Stadtbibliothek Bochum hierbei eine Vorreiterrolle unter den Bibliotheken in Nordrhein-Westfalen einnimmt.

5.1 Praktika

Die Stadtbibliothek Bielefeld bietet Schülerinnen/Schülern allgemein bildender Schulen die Möglichkeit, ihre zweiwöchigen Schulpraktika in der Bibliothek zu absolvieren. Um eine seriöse Betreuung zu gewährleisten, können maximal nur 6 Schüler/-innen parallel angenommen werden.
Inhaltlich sind die Fachkräfte bemüht, den Praktikantinnen/Praktikanten in der Kürze der Zeit einen umfassenden Eindruck über das Arbeitsgebiet der Bibliotheksassistentinnen/-assistenten zu vermitteln.
Die Praktikantinnen/Praktikanten nehmen an den einmal wöchentlich stattfindenden Dienstbesprechungen „Jour fixe" teil. Hier werden sie auch dem Personal vorgestellt. Sie erhalten ein Namensschild und eine Benutzerkarte.
An einem Vormittag werden sie durch die Zentralbibliothek geführt und erhalten hierdurch einen Überblick über die Arbeitsbereiche und die Infrastruktur der Bibliothek.
Bevorzugter Einsatzort für Schülerpraktikantinnen/-praktikanten ist der Medienausleihbereich, da sich am Ausleihtresen die verschiedenen Schritte der Medienausleihe optimal erfahren lassen.
Hier erhalten sie eine Kurzeinweisung in unsere Bibliothekssoftware „Bibliotheca 2000" der Fa. Bond, in der unser Medienkatalog, die Nutzerinnen/ Nutzer und der jeweilige Ausleih- und Gebührenstatus der einzelnen Nutzer/ -innen abgebildet sind.
In Zeiten geringen Publikumsandrangs dürfen sie unter fachkundiger Anleitung der Tresenkoordinatorin Ausleih- und/oder Rückbuchungen mittels eines Barcode-Scanners vornehmen. Zudem dürfen sie beim Rückstellen der Medien und bei der Vorbereitung von Kinderveranstaltungen helfen.
Letztlich dient dieses Kurzpraktikum dazu, den Schülerinnen/Schülern einen Einblick in die Bibliotheksarbeit zu vermitteln und sie für eine zurzeit zweijährige Ausbildung als Fachangestellte/-r für Medien und Informationsverar-

beitung (FAMI) zu interessieren. Neben den Schulpraktika bietet die Stadtbibliothek auch die Möglichkeit von längeren Praktika während des Studiums.

5.2 Freiwillige Mitarbeit in den ehrenamtlichen Bibliotheken ab dem 16. Lebensjahr

Vier Stadtteilbibliotheken werden von ehrenamtlichen Kräften aus der Bielefelder Bevölkerung betreut.

Im Rahmen dieser Freiwilligenarbeit wird über 16-jährigen jungen Menschen die Möglichkeit eröffnet, sich in die Freiwilligenarbeit einzuklinken, wobei für den Personenkreis der unter 18-Jährigen die Regelungen des Jugend-Arbeitsschutzgesetzes mit den zeitlichen Einschränkungen analog Anwendung finden. Unter 18-Jährige arbeiten generell nur unter Aufsicht einer „Stammkraft" und nicht mehr als 2 Stunden wöchentlich. In der Freiwilligenarbeit haben sie die Möglichkeit, sämtliche Bereiche der Bibliotheksarbeit zu erproben.

Die Tätigkeiten erstrecken sich auf die Ausleihverbuchung, die Rückstellung von Medien, aber auch auf die Mithilfe bei Klassenführungen und Leseveranstaltungen.

Sie erhalten eine umfangreiche theoretische und praktische Einweisung durch die ehrenamtliche Koordinatorin bzw. durch die Zweigstellenlektorin.

5.3 Das Angebot einer „Job-und-Karrierebibliothek"

Angesichts der Notwendigkeit, besonders Kindern einkommensschwacher Familien und solchen mit Migrationshintergrund Hilfen bei der Berufsorientierung zu bieten, wurde 2006 hierzu ein spezielles Medienangebot aufgebaut.

Die Maßnahme wurde mit 60.000 € durch die Stadtwerke Bielefeld, verteilt auf 3 Jahre, gesponsert. Das Angebot geht weit über die Bereitstellung spezieller Medien hinaus und bezieht sich auf folgende Teilmaßnahmen bzw. Angebote:

5.3.1 Schaffung eines attraktiven, nach außen hin vom restlichen Medien-bestand abgegrenzten Multifunktionsbereiches

Uns ging es darum, das Medienangebot als „Eyecatcher" in einem gediege-nen, wertigen Ambiente zu präsentieren und gleichzeitig die Infrastruktur zu bieten, mit dem Medienbestand nahe an diesem zu arbeiten. Mit der Einrich-tung einer besonderen, nach außen erkenntlichen Medienpräsentation „Job-und-Karrierebibliothek" wird die neue Philosophie einer modularen Frontal-medienpräsentation umgesetzt.

Konkret wurde dieser Spezialbibliothek ein ca. $100\,m^2$ großer Bereich an einer strategisch gut einsehbaren Stelle zugewiesen. Dieser Bereich in der Nähe des attraktiven Informations-Tresens wurde durch einen andersfarbigen Teppich von der Umgebung abgehoben. Hierauf wurden drei speziell hierfür entworfene Spangenregale gestellt, welche sich durch ihr modisches Ausse-hen und der Möglichkeit, Medien der Frontalpräsentation zu präsentieren, von den sonstigen Regalen unterscheiden.

Zwischen den Regalen wurden einerseits ein großzügiger Arbeitsbereich mit 4 PCs, spezieller Arbeitsbeleuchtung und Netzwerkdrucker sowie ein weite-rer Bereich mit Stehtisch und Farbkopierer geschaffen.

Über die PCs ist sowohl eine Internetrecherche in den diversen Bibliotheks-katalogen, im Web als auch in diversen Datenbanken möglich, die ansonsten kostenpflichtig sind.

Die PCs sind zudem mit normalen Office-Funktionen bestückt, so dass hier Bewerbun-gen bzw. Ausarbeitungen jeglicher Art ver-fasst, ausgedruckt und auch auf USB-Stick geladen werden können.

Speziell beworben wird dieser Bereich mit großformatigen Bannern mit ansprechendem Signet und Nennung des Hauptsponsors.

5.3.2 Angebot eines umfangreichen Medienbestandes zur
      Berufsorientierung und beruflichen Qualifizierung

Das Kernstück der „Job-und-Karrierebibliothek" bildet der fachspezifische
Medienbestand mit ca. 1.800 Medien. Abweichend von der Standard-Syste-
matik wird das Medienangebot unter folgenden Schlagworten präsentiert, die
die einzelnen Themen eindeutig abgrenzen, umschreiben und so zum Stöbern
animieren, ohne dass man zuerst in den Katalog schauen muss.

Folgende Themenbereiche sind ausdifferenziert:

- *Bildungseinrichtungen + Bildungsangebote (1)*
- *Stellensuche/Bewerbung (311)*
- *Berufsbilder (40)*
- Studienführer
- Schriftliche Arbeiten
- Erwachsenenbildung
- *Herstellung/Verarbeitung von Nahrungsmitteln (14)*
- *Friseur- und Kosmetikhandwerk (13)*
- *Hotel- und Gaststättengewerbe (29)*
- Arbeitsrecht/Gerichtsbarkeit
- Arbeitsförderung nach SGB VII
- Einzelbiographien
- Kundendienst
- *Berufsratgeber (185)*
- Arbeitswissenschaft
- Wirtschaftsinformatik
- Geschäftskorrespondenz
- Betriebliche Steuerlehre
- Betriebliche Finanzwirtschaft

Die Bereiche, die im engeren Sinne der Berufsorientierung zuzuordnen sind,
sind kursiv gesetzt. Die Zahlen in den Klammern zeigt die Medienanzahl.

Die Themenbeschreibungen zeigen, dass dem Bereich der Berufsorientierung ein großer Raum zugestanden wird. In diversen Medien werden die ver-

schiedenen Berufsbilder handwerklicher, kaufmännischer und akademischer Berufe vorgestellt und deren Anforderungen beschrieben.

Einen weiteren großen Umfang nimmt der Themenkomplex Bewerbungen ein. Angeboten werden hier Bewerbungshilfen sowie Vorbereitungshilfen für Auswahlgespräche und für die Teilnahme an einem Assessment-Center. Abgerundet wird das Medienangebot durch digitale Zeitschriften zur Berufsauswahl und Qualifizierung wie z.B. Harvard Business, digitale Zeitungen und spezielle Datenbanken wie z.B. die Berufsinformationsbörse der Agentur für Arbeit (BIB) und die GENIOS-Datenbank.

Der Medienbestand der Job-und-Karrierebibliothek umfasst ca. 1.800 Medien, wovon 613 Exemplare den oben kursiv gesetzten Bereichen der Berufsorientierung zuzuordnen sind.

Der Medienbestand wird stetig auf dem neuesten Stand gehalten und weiter ausgebaut.

Jeder Arbeitsplatz in der Job-und-Karrierebibliothek enthält eine Aufstellung der kostenlos zur Verfügung gestellten Internetangebote.

Über den Zugriff auf die aktuellen großen Zeitungen des deutschsprachigen und englischsprachigen Raumes ist eine umfangreiche und schnelle Recherche von Stellenausschreibungen möglich.

Die GENIOS-Datenbank ermöglicht einen umfangreichen Einblick in das Innenleben von vielen europäischen Firmen verschiedener Branchen. Eingestellt sind hier Beschreibungen des Firmenaufbaus, der Beschäftigtenstruktur, der Berufe, der Produktion und ihrer Produkte sowie Dienstleistungen und der Ausbildungs- und Weiterqualifizierungsmöglichkeiten.

Diese Datenbank schlägt allein mit über 3.000 € jährlicher Lizenzgebühren zu Buche.

Es werden somit umfangreiche Quellen zur Verfügung gestellt, die es insbesondere Schülerinnen/Schülern ermöglichen, sich über einen Beruf ihres Interesses gründlich zu informieren.

5.3.3 Spezielle Bibliotheksführungen

Mit der Bereitstellung der Medien allein ist nicht deren Nutzung sichergestellt.

Es stellt sich die Frage, wie man insbesondere die Schülerinnen/Schüler, die besonders von den Informationen profitieren sollen, in Kontakt zu den Medien bringt.

Um dieses zu bewerkstelligen, macht die Bibliothek Schulklassen ab der 8. Klasse das Angebot einer Bibliotheksführung, welche sich speziell der Erschließung der Informationen des Medienbestandes der Job-und-Karrierebibliothek widmet.

5.4 Berufsinformationstage in den Räumen der Stadtbibliothek

Mit Errichtung der Spezialbibliothek erwuchs die Idee, begleitend zur eingestellten Fachliteratur externe Fachleute aus verschiedenen Branchen in die Job-und-Karrierebibliothek einzuladen und diese zu diversen Ausbildungsberufen und Karrieremöglichkeiten referieren und befragen zu lassen. Neben der Information aus erster Hand war es das Ziel, die Jugendlichen mit dem Medienbestand in Kontakt zu bringen und sie hierfür zu interessieren.

Der Idee lag ferner die Intention zugrunde, die Schülerinnen/Schüler durch fundierte Fachvorträge in der Job-und-Karrierebibliothek nicht nur über die jeweiligen Ausbildungen zu informieren, sondern darüber hinaus zur Nutzung des weiterführenden Medienangebotes zu motivieren.

In Ergänzung zu der alljährlich in Bielefeld stattfindenden Jobbörse, in der sich mehrere Ausbildungsbetriebe vorstellen und die viele Schulklassen als Pflichtveranstaltung besuchen, sollten sich die Veranstaltungen durch ihre Offenheit und ihre Spezialisierung auf einzelne Ausbildungsbereiche/Ausbildungsberufe auszeichnen.

Die konkrete Umsetzung des Vorhabens wurde durch den glücklichen Umstand befördert, dass der Autor in engem Kontakt zu einem Ausbilder des Handwerksbildungszentrums Brackwede (HBZ) in Bielefeld steht. Diese Einrichtung sah sich durch unsere Anfrage in ihrem Vorhaben unterstützt, ihre Ausbildungsberufe des Baugewerbes noch mehr in der Öffentlichkeit bekannt machen zu können.

Das HBZ wurde 1977 als gemeinnütziger Verein durch die Bauinnung Bielefeld, zu der später die Bauinnung Gütersloh hinzutrat, gegründet. Ziel war und ist es, eine möglichst hochwertige überbetriebliche Aus- und Fortbildung zu gewährleisten, zu der den einzelnen Betrieben die zeitlichen und fachlichen Kapazitäten fehlen. Konkret bedeutet dies, dass die Mitgliederbetriebe ihre Auszubildenden zu Ausbildungsblöcken oder tageweise in das HBZ abstellen. Hier werden sie in gut ausgestatteten Schulungsräumen und Werkhallen theoretisch und praktisch geschult. Daneben führt das HBZ Meisterlehrgänge durch und qualifiziert Ausbilderinnen/Ausbilder der Bauunternehmen.

Die Zielgruppe der Informationsveranstaltungen in den Bibliotheksräumen wurde mit Schülerinnen/Schülern allgemeiner weiterführender Schulen ab Klasse 9 und deren Eltern klar umrissen.
Vereinbart wurden 4 Nachmittagsveranstaltungen, in denen Ausbilder des HBZ zu den diversen Bauberufen, Ausbildungen und Praktikumsmöglichkeiten informieren und sich Fragen der Interessentinnen/Interessenten stellen sollten.
Im Einzelnen handelte es sich um die Ausbildungsberufe des Maurer-, Stuckateur-, Bautischler-, Dachdecker-, Eisenbieger-, Straßenbauer-, Steinmetz-, Fliesenleger- und Tiefbauerhandwerks.
Um die Berufsbilder plastisch darstellen zu können, baute das HBZ in der Bibliothekshalle mehrere Tische mit einzelnen Schaustücken von Gewerken auf. An den Tischen fertigten Lehrlinge z.B. kleine Stuckteile (Stuckateure), Schalungen (Bautischler) und ein Mauerwerk (Maurer). Sie standen auch für Fragen zur Verfügung, da erwartet wurde, dass sich Jugendliche eher authentische Auskünfte von Auszubildenden über deren Erfahrungen in der jeweiligen Ausbildung erhoffen.

Vor dem Haupteingang der Bibliothek wurde ein kleiner Raupenbagger postiert, mit dem Schülerinnen/Schüler im Rahmen eines Geschicklichkeitsspiels ein Betonteil in ein Betonrohr einführen sollten. Über diese erlebnispädagogische Aktion sollten insbesondere jugendliche Passantinnen/Passanten angelockt werden, die Ausstellung im Inneren zu besuchen.
Im Klick-Center konnten Interessenten virtuell an 20 bereitgestellten Rechnern mittels einer speziellen Baustellenanimation „Bauwatch" eine Baustelle mit ihren diversen Gewerken begehen.

Die vier Veranstaltungen fanden jeweils nachmittags in der Zeit von 13.00 bis 17.00 Uhr statt und standen unter der fachlichen Leitung des Ausbildungsleiters des HBZ und zweier weiterer Ausbilder.

Sie wurden durch Radio Bielefeld, die lokalen Zeitungen, die Internetsite der Stadtbibliothek und Anschreiben mit Handzetteln in den weiterführenden Schulen bekannt gemacht.

Die Veranstaltungen zielten neben der Informationsvermittlung auf die Vermittlung von Orientierungspraktika in den Ausbildungswerkstätten des HBZ. In den beiden Veranstaltungen des ersten Halbjahres wurde für eine Teilnahme an einem Sommerbaucamp geworben. Für die beiden ersten Platzierungen in diesem Baucamp wurden Ausbildungsverträge bei den angeschlossenen Baubetrieben des Maurerhandwerkes ausgelobt.

5.5 Spezielle Qualifizierungsmaßnahmen in der Stadtbibliothek

Seit Mitte 2008 wird ein Bewerbungstraining angeboten, welches durch einen Trainer der Volkshochschule Bielefeld gestaltet und seitens des Förderkreises der Stadtbibliothek Bielefeld finanziert wird. Es handelt sich hierbei um Nachmittagsveranstaltungen, die im Bereich der Job-und-Karrierebibliothek der Zentralbibliothek stattfinden.

Die Besonderheit ist, dass es sich hierbei um Einzeltermine und nicht um einen zusammenhängenden Kurs handelt, so dass sich die Teilnehmerinnen/ Teilnehmer nicht verpflichten müssen und somit mehrere Personen zum Zuge kommen. Gerade das Format der Einmalveranstaltung und ihrer persönlich und individuell gestalteten Beratung scheint dem Wunsch vieler Ratsuchender zu entsprechen.

5.6 Links zur Berufsorientierung auf der Homepage der Stadtbibliothek Bielefeld

Die Job-und-Karrierebibliothek ist auch im Internet unter folgendem Button präsent:

Hier finden sich eine Kurzbeschreibung des Medienangebotes sowie ein Internetformular, mit dem man sich einen PC-Arbeitsplatz reservieren kann.

Im Anhang befinden sich verschiedene hilfreiche Links zu Themen der Berufsfindung wie z.B. zur

Ausbildung

Bundesinstitut für Berufsbildung (BIBB)
Das „Bundesinstitut für Berufsbildung" bietet Informationen zu Ausbildungsberufen sowie aktuellen Forschungs- und Förderprogrammen. Darüber hinaus stehen Links zu Berufsbildungs- und Aus- und Weiterbildungsportalen zur Verfügung. Weiterhin hält die Homepage wichtige Informationen zur Berufswahl (Ausbildungsberufe, Forschungs- und Förderprogramme) sowie weiterführende Links bereit.

Ausbildung.net
Informationsportal über die Ausbildung, Informationen von der Berufswahl über die Bewerbung bis zum Abschluss.

Berufswahl

arbeitsagentur.de
Die offizielle Internet-Site der „Agentur für Arbeit" bietet neben Suchmöglichkeiten in Stellen- und Bewerberbörsen Informationen für Arbeitgeber, Arbeitnehmer, Ausbildung und Berufswahl. Darüber hinaus sind Aus- und Weiterbildungsangebote abfragbar.

studienwahl.de
Die „Bund-Länder-Kommission für Bildungsplanung und Forschungsförderung" hat gemeinsam mit der „Bundesagentur für Arbeit" ein Portal zur Studien- und Studienplatzwahl geschaffen. Neben Studiengängen und Hochschulen wird auch über Auslandsstudien, Studiengebühren oder Fördermöglichkeiten informiert.

6. Ergebnisse und Erfahrungen hinsichtlich der Effektivität und Effizienz der Angebote

6.1 Teilnahme an Praktika

Im Jahr 2008 wurde in der Stadtbibliothek Bielefeld und ihren 4 mit hauptamtlich beschäftigten Kräften betriebenen Bibliotheken 17 Schülerinnen/ Schülern ein Einblick hinter die Kulissen der Bibliothek und in die Arbeit des Fachpersonals gegeben.

Aus den Vorjahren ist bekannt, dass sich einige bei der Stadtbibliothek Bielefeld und bei Bibliotheken der angrenzenden Städte um einen Ausbildungsplatz beworben haben.

Von den zurzeit 3 Auszubildenden entschieden sich 2 aufgrund der positiven Erfahrungen in einem Schülerpraktikum, diesen Beruf zu ergreifen.

6.2 Teilnahme an ehrenamtlichen Einsätzen in 4 Stadtteilbibliotheken

Aktuell helfen zwei 16-jährige Mädchen für 2 Stunden in der Woche in den ehrenamtlich betriebenen Stadtteilbibliotheken Dornberg und Jöllenbeck aus. Beide äußern große Freude an der Arbeit mit Büchern und Kindern.

Die Erfahrungen hierin bewirkten, dass sich eine der jungen Praktikantinnen entschloss, eine Ausbildung als FAMI zu beginnen. Sie hat bereits eine entsprechende Zusage der Stadtbibliothek Bad Salzuflen. In dem Auswahlverfahren kamen ihr die Spezialkenntnisse der ehrenamtlichen Arbeit sehr zugute. Somit erfüllt die Möglichkeit einer ehrenamtlichen Mitarbeit sehr wohl den Effekt einer Berufsorientierung.

6.3 Inanspruchnahme des Medienangebotes der Job-und-Karrierebibliothek

Im Jahr 2008 wurden in der Altersklasse der 14- bis 18-Jährigen insgesamt nur 138 Medien ausgeliehen.

Dies spricht für eine nur schwache Nachfrage nach diesem aktuellen und umfangreichen Medienangebot. Allerdings verzeichnet die Literatur der Job- und-Karrierebibliothek insgesamt einen der höchsten Umsatzwerte bei den Sachbuchausleihen. Von der Anzahl der ausgeliehenen Medien kann nicht auf die tatsächliche Anzahl der Entleiher/-innen geschlossen werden, da nach Rückgabe der Medien aus Datenschutzgründen keine personenbezogene Historie abrufbar ist.

Nicht ermittelbar ist die Anzahl der Nutzerinnen/Nutzer der Altersgruppe, welche die Medien vor Ort eingesehen und auch kopiert haben, ohne diese auszuleihen. Dies ist auch dem Umstand geschuldet, dass die Job-und-Karrierebibliothek kein eigenes Zählsystem besitzt. Auch die Nutzung der PCs wird nur allgemein, nicht jedoch altersspezifisch erfasst.

Zudem kann nicht ermittelt werden, wie viele Eltern für ihre Kinder Medien zur Berufsorientierung auf ihrem Ausweis ausgeliehen haben.

Über die Anzahl der direkten Entleihungen durch die Jugendlichen selbst kann auf den Grad der intrinsischen Motivation geschlossen werden, sich mit diesem Themenkreis zu beschäftigen.

Aus dem Sachgebiet der Stellensuche und Bewerbung wurden am meisten Medien (91) ausgeliehen. Weit abgeschlagen folgen die Sachgebiete „Allgemeine Ratgeber für den Berufsalltag" (21) und „Berufe und Berufsbilder" (15).

Die schlechten Ausleihzahlen spiegeln das generell geringe Interesse von Jugendlichen dieses Alters wider, Bücher zu lesen. In der Ausleihstatistik dieser Altersgruppe rangieren Nonbook-Medien wie DVDs, Musik-CDs und Konsolenspiele ganz weit oben.

Leider wurde die sehr kostenintensive Datenbank GENIOS in den letzten beiden Jahren nur wenig genutzt. Speziell angebotene Schulungen in der Nutzung dieser fielen mangels Anmeldungen aus. Daher ist entschieden worden, die Datenbank zu kündigen und stattdessen die freien Mittel in einen weiteren Ausbau der Fachliteratur zu investieren.

6.4 Teilnehmerinnen/Teilnehmer an Bibliotheksführungen

Im Jahr 2008 wurden 24 Bibliotheksführungen in der Zentralbibliothek der Stadtbibliothek Bielefeld durchgeführt, an denen 580 Jugendliche im Alter von 13 bis 17 Jahren teilnahmen.

Fester Bestandteil dieser Führungen war u.a. die Präsentation des Medienangebotes der Job-und-Karrierebibliothek.
Dieses Ergebnis zeigt eine funktionierende Kooperation mit den Bielefelder Schulen.

6.5 Zuspruch bei den Berufsinformationstagen

Aufgrund der Vorlaufzeit konnten nur 3 Veranstaltungen realisiert werden, die sämtlich vor den Sommerferien stattfanden, um für die Teilnahme am Sommerbaucamp werben zu können. Konkret fanden die Veranstaltungen am 09.04., 07.05. und 04.06.2008 in der Zeit von 14.30 bis 17.00 Uhr statt.
Die Auftaktveranstaltung am 09.04.2008 wurde nur von ca. 50 Schülerinnen/ Schülern gezielt besucht. Hinzu kam noch eine unbekannte Zahl von Eltern und sonstigen Interessenten, die Informationen zu den Ausbildungen in den Bauberufen einholten. Besonders gut kamen die „Bauwatch"-Präsentation im Klick-Center und die Aktionsbereiche in der Halle an. Weniger frequentiert wurde der Bagger, der aber seiner Funktion als „Eyecatcher" gerecht wurde.

Die Gründe für die geringe Anzahl der Interessentinnen/Interessenten sind in einer zu geringen Vorlaufzeit für die Bewerbung der Veranstaltung in den Schulen zu vermuten. Die Kunst ist, die Werbung nicht zu früh zu schalten, damit diese nicht aus dem Blickfeld gerät, aber früh genug zu agieren, um (Schul-)Systemen die interne Bekanntmachung zu ermöglichen.
Die Verteilung der Plakate und Handzettel an die Schulen erfolgte mittels unseres hauseigenen Lesemobils.

Die zweite Veranstaltung am 07.05.2008 war ein großer Erfolg. Ca. 150 Schülerinnen/Schüler besuchten die Veranstaltung. Hierunter befanden sich sogar zwei Schulklassen einer Haupt- und einer Gesamtschule mit ihren

Fachlehrern. Neben der Animation „Bauwatch" wurden keine zusätzlichen Fachvorträge angeboten, sondern es wurde auf die Wirkung der persönlichen Beratung an den Schautischen gesetzt.
Die dritte Veranstaltung am 04.06.2008 erzielte eine ähnlich gute Resonanz wie die zweite Veranstaltung.

Von den insgesamt ca. 350 Schüler/-innen, die an den drei Veranstaltungen teilnahmen, meldeten sich ca. 20 zu zwei Sommerbaucamps im Ausbildungscenter des HBZ in der Arnsberger Str. 1 in Bielefeld an.
Hierbei machte man sich im positiven Sinne die Idee des Dschungelcamps zu eigen, indem es galt, bestimmte Herausforderungen zu bestehen.

Konkret handelte es sich um Mädchen und Jungen im Alter von 14 bis 16 Jahren. Das jeweilige Baucamp begann an einem Freitagmittag und endete am Samstag am frühen Nachmittag. In dieser Zeit durchliefen die Teilnehmerinnen/ Teilnehmer einen Werk-Parcours mit verschiedenen Stationen und lernten an diesen die verschiedenen Gewerke mittels einfacher Übungen praktisch kennen. Die Übungsergebnisse wurden durch Ausbilder des HBZ bewertet und jeweils drei Erstplatzierte ermittelt, von denen im ersten Durchgang den drei Erstplatzierten und im zweiten Durchgang dem Erstplatzierten ein Ausbildungsvertrag angeboten wurde. Mit den weiteren geeigneten Interessenten wurden Beratungsgespräche geführt und soweit wie möglich eine Vermittlung in Arbeitsförderungsprogramme der ARGE und in bekannte Ausbildungsstellen vorgenommen.
Dieses positive Ergebnis konnte im Wesentlichen durch die erfolgreiche Kontaktanbahnung zu den Schulen, Fachlehrern und Schülerinnen/Schülern auf den Berufsinformationstagen erreicht werden. Der Ausbildungsleiter Herr Nolte des HBZ zieht daher eine sehr positive Bilanz der Informationstage. Hierdurch entstanden auch intensive Kontakte zu Schulen, welche sich auch für weitere Programme als sehr nützlich erweisen.[2]

Die besonderen Stärken der Veranstaltung lagen
- in dem offenen Rahmen, die jeder Interessentin/jedem Interessenten die Freiheit ließ, sich umzuschauen und zu informieren, ohne sich bedrängt zu fühlen,

---

2   Nolte mdl., 02.03.2009

- in der Anwesenheit von Auszubildenden, die befragt werden konnten,
- in einer modernen jugendgerechten Präsentation der Ausbildungsberufe mittels einer Computeranimation, die eine virtuelle Begehung der Ausbildungsbereiche zuließ,
- in der Konzentration auf eine Berufssparte: die der Bauberufe.

Als Schwächen der Veranstaltungskonzeption wurden ausgemacht
- ein hoher logistischer Aufwand, die Exponate in die Stadtbibliothek zu verbringen, auf- und abzubauen,
- ein eingeschränktes Platzangebot,
- ein hoher finanzieller Aufwand für Werbung,
- ein erheblicher zusätzlicher Personaleinsatz seitens der Bibliothek.

Das Konzept, die Veranstaltung auf den Bereich der Job-und-Karrierebibliothek zu zentrieren, ließ sich aufgrund des Platzmangels nicht umsetzen. Es wurde aber mit entsprechenden Flyern auf deren Angebot hingewiesen. Inwieweit hiervon die Ausleihzahlen der Job-und-Karrierebibliothek profitierten, wurde nicht nachgehalten und kann auch nachträglich nicht ermittelt werden.

6.6 Teilnahme am Bewerbungstraining

In 10 Veranstaltungen haben 57 Personen das Angebot des Bewerbungstrainings in der Stadtbibliothek in Kooperation mit der Volkshochschule wahrgenommen. Die Stadtbibliothek stellte den Raum in der Job-und-Karrierebibliothek zur Verfügung, während der Trainer durch die VHS gestellt wurde. Hierfür wurde eine Honorarbeteiligung aus dem Budget des Förderkreises der Stadtbibliothek gezahlt.
Durchschnittlich kamen 5–6 Teilnehmerinnen/Teilnehmer, was eine sehr individuelle Betreuung an den vorhandenen 4 PC-Arbeitsplätzen ermöglichte. Der Kursleiter regelte in Absprache mit den Teilnehmerinnen/Teilnehmern den Ablauf der Veranstaltung so, dass er sich jedem Einzelnen persönlich widmete. Es gab somit keinen „allgemeinen und pauschalen" Frontalunterricht.
Ein solches individuelles, unentgeltliches und niedrigschwelliges Angebot gibt es bisher anscheinend bei keiner anderen Institution in Bielefeld. Diese

Rückmeldung erhielt der Trainer jedenfalls von den Teilnehmerinnen/Teilnehmern.

6.7 Aufruf unserer speziellen Internetplattform zur Job-und-Karrierebibliothek

Leider lassen sich die Aufrufe der Unterseiten wie der Job-und-Karrierebibliothek nicht aus der Gesamtzahl der Personen herausfiltern, die unsere Startseite aufrufen.

7. Weitere Projekte und Ideen zum Ausbau der Berufsorientierungsmaßnahmen

7.1 Ausbau der Zusammenarbeit mit Ausbildungsorganisationen

7.1.1 Zusammenarbeit mit dem HBZ

Aufgrund des unter 6.5 beschriebenen hohen logistischen Aufwands wird von einer Neuauflage der Berufsinformationstage in der o. a. Konzeption und dem o. a. Umfang in den Räumen der Stadtbibliothek abgesehen.

Das HBZ nutzt künftig die während der Berufsinformationstage angebahnten Kontakte zu Schulen, um Schülerinnen/Schülern der 8.–10. Klassen von Haupt- und Realschulen ein 10-tägiges informatorisches Praktikum anzubieten. Dies gilt für ganze Klassen. Weiterhin können Einzelpraktika abgeleistet werden.

In diesen 10 Tagen lernen die Praktikantinnen/Praktikanten die verschiedenen Bauberufe kennen. Sie werden in einer separaten Werkhalle beschäftigt, stehen aber in Kontakt zu den Lehrlingen und haben somit die Möglichkeit, diese zu ihren Erfahrungen zu befragen.

Mit der Einstellung der herkömmlichen Berufsinformationstage ist die Zusammenarbeit zwischen HBZ und Stadtbibliothek keineswegs beendet, sondern soll auf anderer Ebene intensiviert werden.

Folgende Maßnahmen sollen umgesetzt werden:

- Spezialeinführung durch die Job-und-Karrierebibliothek für die Teilnehmerinnen/Teilnehmer an Kursen der Berufsorientierung des HBZ
- Einstellung aktueller Medien zu Berufsbildern und Ausbildungen des Baugewerbes auf Empfehlung des HBZ in die Job-und-Karrierebibliothek

Angedacht und diskutiert werden folgende Maßnahmen:

- Bereitstellung von Medienboxen mit fachspezifischen Medien aus der Job-und-Karrierebibliothek für Veranstaltungen der Berufsorientierung und Ausbildungen, welche auf Anfrage durch unser Bibliotheksmobil zum HBZ gebracht und von dort abgeholt werden können
- Hinweis auf das Angebot der Job-und-Karrierebibliothek in den Veranstaltungen der Berufsorientierung des HBZ
- Hinweis auf Job-und-Karrierebibliothek auf der Homepage des HBZ
- durch das HBZ im Auftrag der Bibliothek auszugebende Nutzerausweise für die Bibliotheksnutzung für Praktikantinnen/Praktikanten und Auszubildende

7.1.2 Berufsinformationstage mit Ausbildungsorganisationen/-betrieben anderer Branchen

Die ursprüngliche Idee, Informationsveranstaltungen zu einzelnen Berufen in der Job-und-Karrierebibliothek durchzuführen, sollte weiterverfolgt werden. Eingedenk der gewonnen Erfahrungen sollte der Veranstaltungsort allein auf den Bereich der Job-und-Karrierebibliothek und auf die Vorstellung einzelner

Berufe beschränkt werden. Die Präsentation von Exponaten sollte aus Platz- und Betreuungsgründen eingeschränkt werden, wobei ein repräsentativer „Eyecatcher" in der Halle oder im Eingangsbereich gut wäre.

Hierzu sollte demnächst Kontakt zur Industrie- und Handelskammer (IHK) sowie der Handwerkskammer aufgenommen werden, um Ausbildungsberufe mit Perspektive und Ausbildungskapazitäten zu ermitteln und geeignete Referentinnen/Referenten zu finden.

7.2 Information in Schulen zum Medien- und Veranstaltungsangebot

Über Plakate und Buttons auf Kombiausweisen (Schul- und Bibliotheksausweis) könnte in den weiterführenden Schulen auf das besondere Angebot der Job-und-Karrierebibliothek hingewiesen werden.

7.3 Ausbildungs- und Praktikumsplatzportal als Teil der virtuellen Job- und-Karrierebibliothek auf der Homepage der Stadtbibliothek

Die Idee basiert darauf, die verschiedenen Initiativen und Angebote miteinander zu vernetzen. So könnten auf unserer Internetsite zusätzliche Links zum Portal des HBZ oder anderer Ausbildungseinrichtungen eingerichtet werden.

Dies hätte zum Vorteil, dass

- das Medienangebot der Job-und-Karrierebibliothek in einen wahrnehmbaren Zusammenhang zu konkreten Angeboten der Ausbildung und Weiterbildung gestellt würde,
- Synergien dahingehend genutzt würden, dass viele kostspielige Veröffentlichungen entfallen und
- Angebote breiter gestreut werden könnten.

7.4 Job-/Ausbildungsvorstellung auf der Homepage der Stadtbibliothek

Denkbar wäre hier eine authentische Kurzvorstellung eines Ausbildungs-
berufes, erstellt durch das jeweilige Ausbildungszentrum oder auch durch
die Auszubildenden selbst, die monatlich wechselnd auf die Homepage der
Stadtbibliothek Bielefeld unter dem Link „Job-und-Karrierebibliothek" eingestellt wird. Ergänzt wird das Ganze durch Kontaktadressen der/des jeweiligen Ausbildungsbetriebe/-s.

7.5 Erweiterung des Medienangebotes um weitere Sachgebiete

Die Anzahl der Sachgebiete zeigt, dass manche Berufe/Branchen nicht oder
nur unzureichend repräsentiert sind. Obwohl Veranstaltungen mit dem HBZ
durchgeführt wurden, existiert kein direktes Sachgebiet Handwerk, geschwei-
ge denn einzelne Fachrichtungen wie z.B. Bauhandwerk, holzverarbeitende
Berufe, Maler/Lackierer und weitere.
Mit dem HBZ wurde vereinbart, dass diese der Stadtbibliothek hilfreiche Titel
nennen, damit diese in der Job-und-Karrierebibliothek vorgehalten werden
können.

Da die Stadtbibliothek unter chronischem Finanzmangel leidet, sollte versucht werden die IHK, Handwerkskammer und einzelne Firmen für eine
Patenschaft für die Ausstattung/Aktualisierung einzelner Mediensachgebiete
der Berufsorientierung zu gewinnen.

8. Andere wegweisende vernetzte Projekte der Berufsorientierung unter Beteiligung von Bibliotheken

Unter dem Titel „Vernetzte Chancen" startete der Netdays Berlin e.V. 2009
mit seiner Projektarbeit berlinweit, um Jugendlichen den Weg in die berufliche
Zukunft zu erleichtern und sie in der Persönlichkeitsentwicklung zu unterstüt-
zen. Unter der Förderung des Europäischen Sozialfonds (ESF) knüpft das neue
Projektkonzept an den großen Erfolg der vergangenen Modellprojekte „Kultur
& Bildung" sowie „Bibliotheken, Jugend & Berufsvorbereitung" an.

„Der erste Schwerpunkt liegt unter dem Titel ‚*Kultur & Bildung*‘ auf der Schulung und Entwicklung der sozial-kulturellen Schlüsselkompetenzen der Jugendlichen. In einem kulturellen Rahmen erhalten sie aktive und kreative Möglichkeiten, Teamfähigkeit, Kreativität, Durchhaltevermögen etc. zu erleben und diese Fähigkeiten zu stärken.

Der zweite Schwerpunkt unter dem Titel ‚*Bibliotheken, Jugend & Berufsvorbereitung*‘ wird dann auf der praktischen Berufsorientierung und -vorbereitung der Jugendlichen liegen. Die Berufsvorbereitungsworkshops werden in Kooperation mit Berliner Stadtbibliotheken durchgeführt. Im Rahmen des gleichnamigen Modellprojekts 2007–2008 wurde das Teilprojekt zunächst erfolgreich im Bezirk Tempelhof-Schöneberg durchgeführt. Eine Fachtagung im September 2008 mit Vertretern weiterer Berliner Stadtbibliotheken führte dazu, dass das Konzept nun im neuen Projekt auf weitere Berliner Bezirke ausgeweitet wird. Dabei soll auch die lokale Vernetzung und Zusammenarbeit von Bibliotheken, Oberschulen und weiteren Partnern zum Thema Berufsvorbereitung unterstützt und ausgebaut werden."[3]

Weitere Informationen:
Netdays Berlin e.V.
c/o ufaFabrik Berlin
Viktoriastraße 10–18
12105 Berlin
T: 030 75689-20
F: 030 75689-222
www.netdays-berlin.de

9. Fazit

Bibliotheken sind eine wichtige Plattform der interdisziplinären Wissensvermittlung, auch auf dem Gebiet der Berufsorientierung, da sie nicht allein ein wegweisendes Medienangebot vorhalten, sondern darüber hinaus mit ihrem bibliothekarischen Fachwissen Einzelpersonen und Bildungseinrichtungen

---

3   Quelle: Pressemitteilung der Senatsverwaltung für Bildung, Wissenschaft und Forschung vom 24.10.2008.

die notwendige Hilfestellung geben können, sich Wissen aus den Medien rund um den Beruf und der Jobsuche zu erschließen.

Das Buch, ob als Paper oder digital aufbereitet, wird auch in der Zukunft eine wichtige Quelle des (Handlungs-)Wissens, auch auf dem Gebiet der Berufsorientierung, sein.

Das Ausmaß des Angebotes ist erschlagend. Insbesondere der Zielgruppe der Jugendlichen erschließt sich das Medienangebot zur Berufsorientierung nur sehr schwer. Der Grund hierfür mag darin liegen, dass das Medium Buch in der Altersgruppe nicht erste Wahl ist, sondern digitale Medien, welche aber einseitig nur für die Freizeitgestaltung genutzt werden.

Es besteht somit ein großer Bedarf an Medienkompetenz, welche nur unzureichend in der Schule und im Elternhaus vermittelt wird bzw. werden kann.

Hier schlägt die Stunde der Bibliothekarinnen/Bibliothekare, indem sie als Medienexpertinnen/-experten die Kinder und Jugendlichen

- an Medien heranführen und Freude/Neugierde wecken, sich mit ihnen zu beschäftigen, d.h. diese auch bei der Berufsfindung hinzuzuziehen und
- ihnen Medienkompetenz vermitteln, die sie befähigt, in die Medienwelt einzutreten, sich in dieser selbstständig zu bewegen und sich das erforderliche Wissen insbesondere auf dem Gebiet der Berufsorientierung zu erschließen.

Durch Kooperationen mit Schulen besteht für die Bibliotheken eine gute Möglichkeit, ihre Medien- und Beratungskompetenz im Fachunterricht offensiv zu platzieren.

Als Wissensplattform geben die Bibliotheken Ausbildungsinstituten z.B. über entsprechende Internetverlinkung die Möglichkeit, berufsorientierende Informationen im Kontext des Medienangebotes zu streuen.

In enger Zusammenarbeit mit den Ausbildungsinstituten können die Bibliotheken ihr Medienangebot so ausrichten, dass dieses auf dem Gebiet der Berufsorientierung einen aktuellen und repräsentativen Stand der Ausbildungsberufe und ihrer Anforderungen gibt. Andererseits bietet sich für sie die Möglichkeit, ihr spezielles Medienangebot und ihre Beratungskompetenz auf Berufsmessen im direkten Kontext zu Ausbildungsangeboten einer breiten Masse zu präsentieren.

10. Ausblick

Die o. a. Ausführungen zeigen die vielen Möglichkeiten, Maßnahmen der Berufsorientierung im Verbund mit Ausbildungsbetrieben und Schulen durch die Bibliothek wirksam zu unterstützen.

Die bisherigen Aktionen zeigen, dass sich die Bibliotheken den gewandelten gesellschaftlichen Bedürfnissen, auch auf dem Gebiet der Berufsorientierung zu wirken, stellen. Die Bibliotheken sollten vermehrt aktiv den Kontakt zur ausbildenden Wirtschaft und zum Handwerk suchen und gemeinsam neue Wege der Wissensvermittlung auf dem Gebiet der Berufsförderung erarbeiten.

Die Bibliotheken werden auch zukünftig einem fortschreitenden gesellschaftlichen Wandel insbesondere im Medienkonsum (z.B. E-Book) unterworfen sein und sich immer wieder neu definieren und erfinden müssen, um mit den gesellschaftlichen Anforderungen/Präferenzen Schritt halten und den „hohen" Zuschussbedarf aus öffentlichen Finanzmitteln zu rechtfertigen.

Ich bin mir gewiss, dass die Bibliotheken diese Herausforderungen meistern, wenn sie nicht weiter als finanzieller Steinbruch ausgeschlachtet, sondern besser als bisher mit den notwendigen Ressourcen ausgestattet werden.

Um dies zu ermöglichen, bedarf es meines Erachtens folgender Maßnahmen:

- Erlass eines Bibliotheksgesetzes mit festgelegten Standards hinsichtlich der Medienversorgung in € pro Einwohnerin/Einwohner und speziellen Parametern wie Anzahl der pädagogischen Einrichtungen, Migrationsanteil, Anzahl der Kinder und Jugendlichen

- Nutzung von Bildungssynergien durch Überführung der Schulbibliotheken in die öffentlichen Bibliotheken und der hierdurch gewährleisteten fachkundigen Bestückung und Pflege des Bestandes. Die Etats müssten der Bibliothek zusätzlich zu dem Sockelbetrag übertragen werden

- Ausstattung der öffentlichen Bibliotheken mit einem ausreichenden Sockelbetrag für Personal, Sachmittelbeschaffungen und die Medienbeschaffung

- Zusätzliche politische/gesellschaftliche Anforderungen müssen hinsichtlich des Mittelbedarfs konkretisiert und finanziell abgesichert werden

- Beurteilung der Bibliotheksarbeit nach Effizienz (Output pro Mitteleinsatz) und nicht länger nach Zuschussbedarf

- Intensivierung der Zusammenarbeit der Bibliotheken mit pädagogischen Einrichtungen, indem Schulen und Kindergärten besucht werden, um über das Angebot zu informieren

- Jedes Kind sollte spätestens ab der Grundschule einen Bibliotheksausweis und damit die Möglichkeit der Mediennutzung haben. Realisiert werden kann dies durch eine Doppelfunktion von Schulausweis und Bibliotheksausweis

- Spezialisierung der Bibliotheken auf den Bereich der Kinder-, Jugend- und Freizeitmedien, damit die Etats zielgerichteter eingesetzt werden und unnötige Überschneidungen zu wissenschaftlichen Bibliotheken vermieden werden

- Vermehrte Zusammenarbeit mit anderen Bildungsträgern schafft eine Vernetzung der Angebote

- wissenschaftliche Begleitung der Bibliotheksarbeit durch die pädagogischen Fakultäten der Hochschulen

- Die gesellschaftlich unmittelbaren und mittelbaren Wirkungen der Bibliotheksarbeit sollten ermittelt und beziffert werden, um die positive volkswirtschaftliche Bedeutung der Bibliotheksarbeit herauszustellen

Autorinnen und Autoren

Isabel Biegel,
Diplom-Betriebswirtin (FH), Mitglied des KÜM-Projektteams der Metropolregion Rhein-Neckar GmbH und wissenschaftliche Mitarbeiterin am Institut für Beschäftigung und Employability. Gegenwärtige Schwerpunkte: Übergangsmanagement Schule–Beruf, Trendforschung in Bezug auf den Arbeitsmarkt und die Freizeit, internationale Rekrutierung, Employability, Vereinbarkeit von Beruf und Pflege und demografischer Wandel.

Katja Birkner,
Diplom-Pädagogin, Bildungsreferentin AJB, Diözesanreferentin im Erzbistum Köln.

Dr. Tim Brüggemann,
Diplom-Pädagoge, zertifizierter Berater (KM Institut), Studienrat im Hochschuldienst am Institut für Erziehungswissenschaft der Westfälischen Wilhelms-Universität Münster. Forschungsschwerpunkte: Berufsorientierungsforschung und Übergangsmanagement Schule–Beruf.

Bernhard Buchta,
Grund-, Haupt- und Realschullehrer, Fakultas in Wirtschaftswissenschaften (AW), Deutsch, kath. Religion und Technik, seit 1976 Berufswahlkoordinator an der Hauptschule Pr. Oldendorf. Erstellung, Gestaltung und Begleitung schulinterner und -externer Innovations- und Sozialprojekte, Teilnahme an schulübergreifenden Wettbewerben, Projektleiter NIKAO.

Elisabeth Buschmann,
Lehrerin, pädagogische Mitarbeiterin im Rhein-Erft-Kreis mit dem Arbeitsschwerpunkt regionales Bildungsmanagement beim Übergang von der Schule in die Arbeitswelt.

Dr. Lars Castellucci,
Studium der politischen Wissenschaft, mittleren und neueren Geschichte und Rechtswissenschaften; seit 2000 bei der IFOK GmbH tätig, derzeit als

Senior-Berater im Bereich Beschäftigung; berufsbegleitend angefertigte Dissertation über Inklusionswirkungen von Beschäftigungsnetzwerken. Arbeitsschwerpunkte: Regionalentwicklung und regionale Beschäftigungsnetzwerke.

Jürgen Dillmann,
Zurzeit Mitglied des KÜM-Projektteams der Metropolregion Rhein-Neckar GmbH. Vorher operativer Geschäftsführer bei der Agentur für Arbeit Trier, Berufsberater für Abiturienten und Hochschüler in Saarlouis, Lehrbeauftragter an der Deutschen Hochschule für Verwaltungswissenschaften Speyer. Gegenwärtige Schwerpunkte im Übergangsmanagement Schule–Beruf: Projektmanagement, -controlling, Qualitätssicherung und Nachhaltung sowie Marketing und Öffentlichkeitsarbeit.

Katja Driesel-Lange,
Diplom-Pädagogin, Mitarbeiterin im Forschungsprojekt „Thüringer Berufsorientierungsmodell" (ThüBOM) an der Universität Erfurt. Derzeitige Forschungs- und Arbeitsschwerpunkte: berufsbezogene Entwicklung, Berufswahl und Geschlecht, Trainings zur Berufsorientierung.

Elisabeth Fuchs-Brüninghoff,
selbständig als Beraterin, Trainerin, Coach; Studium: Germanistik, Pädagogik, Geographie; individualpsychologische Beraterin, Lehrberaterin, Lehrcoach (DGIP); langjährige Tätigkeit am Deutschen Institut für Erwachsenenbildung (DIE). Arbeitsschwerpunkte: Coaching, Konfliktberatung, Begleitung von Veränderungsprozessen, Beratungsausbildung, das Thema „Macht"; Autorin zahlreicher Fachveröffentlichungen.

Sibylle Groh,
Diplom-Betriebswirtin (FH), Mitglied des KÜM-Projektteams der Metropolregion Rhein-Neckar GmbH und wissenschaftliche Mitarbeiterin am Institut für Beschäftigung und Employability. Gegenwärtige Schwerpunkte: Übergangsmanagement Schule–Beruf, Employability, Vereinbarkeit von Beruf und Familie, Electronic Mobility, Personalpolitik in Krisensituationen und demografischer Wandel.

Dr. Ernst Hany,
Diplom-Psychologe, Dr. phil. habil., Universitätsprofessor für Pädagogisch-psychologische Diagnostik und Differentielle Psychologie der Universität Erfurt. Arbeitsschwerpunkte: Begabtenförderung, Berufsorientierung, Evaluation, Kompetenzdiagnostik, differentielle Entwicklung, Politikberatung.

Kirstin Hein,
Studium der Politikwissenschaft, Medienwissenschaft und Germanistischen Linguistik; seit Anfang 2008 als Junior-Beraterin bei der IFOK GmbH tätig. Arbeitsschwerpunkte: regionale Beschäftigungsnetzwerke und Begleitung von schulischen Innovationsprojekten.

Roland Herzog,
Diplom-Sozialpädagoge (FH), Rettungsassistent, Erlebnispädagoge, Leiter mehrerer Projekte an Lebensübergängen. Derzeitige Arbeitsschwerpunkte: Berufsorientierung und Übergangsmanagement Schule–Beruf, Netzwerkmanagement, verantwortlich für ca. 100 Seminare im Bereich der schulbezogenen Jugendbildung in der Jugendbildungsstätte Königsdorf, Mitglied im Expertennetzwerk des Bayerischen Jugendrings.

Dr. Eberhard Jung,
M.A., Dipl.-Ing., StD. a.D., Professor für Wirtschaftswissenschaften und Didaktik der ökonomischen Bildung am Institut für Sozialwissenschaften (Abteilung Ökonomie) der Pädagogischen Hochschule Karlsruhe. Derzeitige Forschungs- und Arbeitsschwerpunkte: Berufsorientierung, Selbstkonzept- und Kompetenzforschung, Lehr-/Lernmethoden, Regionalisierung und Globalisierung.

PD Dr. Dorothee Karl,
Diplom-Psychologin mit Lehrbefugnis in Personal- und Arbeitswissenschaften, Leitung des KÜM-Projekts und der Arbeitsmarkt- und Beschäftigungspolitik der Metropolregion Rhein-Neckar GmbH. Gegenwärtige Schwerpunkte: Übergangsmanagement Schule–Beruf für Hauptschüler, regionaler Fachkräftebedarf, Unterstützung regionaler Netzwerke für den Arbeitsmarkt, Unterstützung von interdisziplinären Hochschulnetzwerken und das Wirtschafts-, Arbeitsmarkt- und Sozialmonitoring der Metropolregion Rhein-Neckar.

Dr. Bärbel Kracke,
Diplom-Psychologin, Professorin für Entwicklungs- und Erziehungspsychologie an der Erziehungswissenschaftlichen Fakultät der Universität Erfurt. Derzeitige Forschungs- und Arbeitsschwerpunkte: berufsbezogene Entwicklung im Jugendalter, Übergänge im Ausbildungssystem, familiäre und schulische Kontexte der berufsbezogenen Entwicklung Jugendlicher, Vereinbarung von Beruf und Familie.

Jürgen Lange,
arbeitet nach der abgeschlossenen Ausbildung zum Lehrer der Sekundarstufe I für Deutsch und Geschichte seit über 20 Jahren in der Erwachsenenbildung und seit 1994 in der politischen Erwachsenenbildung als Bildungsreferent bei Arbeit und Leben DGB/VHS NW e.V. Er entwickelt, plant und koordiniert Projekte und das Düsseldorfer Institut für Soziale Dialoge, eine Abteilung von Arbeit und Leben für die Themen soziale Kompetenz und Kommunikation. Beteiligt am Nationalen Forum Ehrenamt und am Vorbereitungsteam Nationales Forum Intergenerationelles Arbeiten.

Björn Müller-Bohlen,
Honorarreferent der Jugendakademie Walberberg und freiberuflicher Trainer und Bildungsreferent im Bereich der Erwachsenenbildung, wissenschaftlicher Mitarbeiter am Institut für Kommunikationswissenschaft, Abteilung für Musikwissenschaft, der Universität Bonn.

Dr. Martina Nohl,
Berufspädagogin, Laufbahnberaterin (ZML), Kompetenzenbilanzcoach, Laufbahnberaterin mit den Schwerpunkten Laufbahngestaltung, Potentialentwicklung, Bewerbungsberatung (www.meinberufsweg.de); Berufsschullehrerin im Fachbereich Medientechnik; Fachbuch- und Ratgeberautorin.

Aline Oesterle,
Diplom-Pädagogin und Lehrerin für Grund- und Hauptschulen, seit 2005 wissenschaftliche Projektmitarbeiterin am Institut für Sozialwissenschaften (Abteilung Ökonomie) an der Pädagogischen Hochschule Karlsruhe. Gegenwärtiges Forschungsprojekt: „Förderung von Ausbildungsfähigkeit und

Berufsfindungsprozessen an Ganztagsschulen", Forschungsschwerpunkt: fachlich-didaktische Förderung durch Schule.

Dr. Matthias Rübner,

Diplom-Soziologe, wissenschaftliche Lehrkraft an der Hochschule der Bundesagentur für Arbeit.

Dr. Ursula Sauer-Schiffer,

Professorin für Erwachsenenbildung an der Westfälischen Wilhelms-Universität Münster, Lehrerin für die Sekundarstufe I, Diplom-Pädagogin, Individualpsychologische Beraterin (DGIP), Lehrberaterin (DGIP), Leiterin des Masterstudiengangs (Master of Arts) Beratung in (Weiter-) Bildung und Beruf an der Universität Münster.

Fred Schelp,

Diplom-Verwaltungswirt (FH), Umweltwissenschaftler (Ma. Env. Sc.), Verwaltungsleiter der Stadtbibliothek Bielefeld und Umweltpädagoge (nebenberuflich).

Nicola Schindler,

M.A., Mitarbeiterin im Forschungsprojekt „Thüringer Berufsorientierungsmodell" (ThüBOM) an der Universität Erfurt. Derzeitige Forschungs- und Arbeitsschwerpunkte: Berufsorientierung, soziale Unterstützung.

Jochen Tscheulin,

Politik- und Medienwissenschaftler; seit 1996 bei der IFOK GmbH tätig, von 1998 bis 2007 Leiter des Bereichs Beschäftigung, seit 2007 Geschäftsführer; Mitglied des Exekutivstabs der *Initiative für Beschäftigung!* und Gründungsmitglied des Heinrich-Vetter Forschungsinstituts für Arbeit und Bildung. Derzeitige Arbeitsschwerpunkte: strategische Beratung von arbeitsmarkt- und bildungspolitischen Akteuren bei der Gestaltung kooperativer Arbeitsmarktstrategien und des wirkungsvollen Übergangs Schule–Beruf sowie inhaltlich-strategische Beratung zu innovativer Personalpolitik im Licht des demografischen Wandels.

Jürgen Udwari,
Student der Politikwissenschaften, Rechtswissenschaft (öffentliches Recht) und Psychologie an der Universität Gießen.

Thomas Wagenfeld,
Diplom-Kaufmann, seit 2003 freiberuflicher Unternehmensberater. Beratungsschwerpunkte in den Bereichen Strategieentwicklung, Prozessoptimierung, Softwareintegration. Gründer und Vorstand der gemeinnützigen Forschungseinrichtung IMPIRIS Institut e.V. Initiierung und Leitung diverser nationaler und internationaler Forschungsprojekte. Gründer und seit 2006 Vorstand NIKAO e.V. (www.Nikao.de).

Waxmann

Beiträge zur Beratung in der Erwachsenenbildung und außerschulischen Jugendbildung

Band 2

Ursula Sauer-Schiffer, Michael Ziemons (Hrsg.)

In der Balance liegt die Chance

Themenzentrierte Interaktion in Bildung und Beratung

2006, 204 Seiten, br., 24,90 €, ISBN 978-3-8309-1643-7

Die Reihe „Beiträge zur Beratung in der Erwachsenenbildung und außerschulischen Jugendbildung" nimmt aktuelle Entwicklungen im Bereich der pädagogischen Beratung auf und bietet damit einen Rahmen für innovative theorie- und praxisgeleitete Publikationen aus beratungsrelevanten Themenfeldern wie Bildung, Lernen und Organisation.

Der zweite Band stellt die Themenzentrierte Interaktion (TZI) nach Dr. Ruth Cohn vor. Als Gruppenleitungsmodell hat sich die TZI in vielen Anwendungsbereichen bewährt: in Schulen und Bildungseinrichtungen, im Sozial- und Gesundheitswesen, in Kirche und Politik sowie in Betrieben und Organisationen. Die Formen und Methoden sind vielfältig: Einzel- und Teamberatung, Coaching und Supervision, Organisationsentwicklung, Ausbildung von Beraterinnen und Beratern bis hin zum Thema „Train the Trainer".

In einem internationalen Austauschtreffen 2004 an der Landvolkshochschule Schorlemer Alst in Freckenhorst wurden erprobte Beratungsansätze mit TZI vorgestellt und mit über 180 Teilnehmerinnen und Teilnehmern aus fünf Ländern diskutiert. Dieser Band dokumentiert die Tagung und stellt mögliche Beiträge des TZI-Modells in Beratungsprozessen vor.

MÜNSTER · NEW YORK · MÜNCHEN · BERLIN